编委会

主任：吴一安　教授（北京外国语大学英语学院）

顾问：刘润清　教授（北京外国语大学中国外语教育研究中心）

　　　文秋芳　教授（北京外国语大学中国外语教育研究中心）

委员（按姓氏音序）：

　　　傅　荣　教授（北京外国语大学法语系）

　　　龚亚夫　研究员（中国教育科学研究院）

　　　梁茂成　教授（北京外国语大学中国外语教育研究中心）

　　　陆经生　教授（上海外国语大学西方语系）

　　　隋　然　教授（首都师范大学外国语学院）

　　　王　蔷　教授（北京师范大学外国语语言文学学院）

　　　徐一平　教授（北京外国语大学日本学研究中心）

　　　殷桐生　教授（北京外国语大学德语系）

主编：王文斌、徐浩

i

教育部人文社会科学重点研究基地北京外国语大学中国外语教育研究中心
"2011计划"——中国文化"走出去"协同创新中心

王文斌 徐 浩 主编

2014

中国外语教育年度报告

外语教学与研究出版社
FOREIGN LANGUAGE TEACHING AND RESEARCH PRESS
北京 BEIJING

图书在版编目 (CIP) 数据

2014中国外语教育年度报告 / 王文斌，徐浩主编 . — 北京 ：外语教学与研究出版社，2015.11（2015.12 重印）
ISBN 978-7-5135-6843-2

I . ① 2… II . ① 王… ② 徐… III . ① 外语教学－研究报告－中国－2014
IV . ① H09

中国版本图书馆 CIP 数据核字 (2015) 第 281361 号

出 版 人 蔡剑峰
责任编辑 毕 争 解碧琰
执行编辑 王丛琪
封面设计 孙敬沂
出版发行 外语教学与研究出版社
社　　址 北京市西三环北路 19 号（100089）
网　　址 http://www.fltrp.com
印　　刷 北京九州迅驰传媒文化有限公司
开　　本 650×980 1/16
印　　张 20
版　　次 2015 年 11 月第 1 版 2015 年 12 月第 2 次印刷
书　　号 ISBN 978-7-5135-6843-2
定　　价 59.90 元

购书咨询：（010）88819929 电子邮箱：club@fltrp.com
外研书店：http://www.fltrpstore.com
凡印刷、装订质量问题，请联系我社印制部
联系电话：（010）61207896 电子邮箱：zhijian@fltrp.com
凡侵权、盗版书籍线索，请联系我社法律事务部
举报电话：（010）88817519 电子邮箱：banquan@fltrp.com
法律顾问：立方律师事务所 刘旭东律师
　　　　　中咨律师事务所 殷 斌律师
物料号：268430001

目　录

前　言

　　《2014 中国外语教育年度报告》是教育部人文社会科学重点研究基地北京外国语大学中国外语教育研究中心组织编写的中国外语教育系列年度报告的第四份。《2014 中国外语教育年度报告》涵盖高等外语教育、基础外语教育、社会外语教育、外语教师教育与发展、信息技术与外语教育等五大领域，共 22 篇综述（含总报告）。

　　具体来说，本书共包括六章。第一章为总报告。第二章为高等外语教育，包括英语（分小节对大学英语、英语专业分别作了综述）、俄语、德语、法语、西班牙语、阿拉伯语、日语和韩语共 8 节。第三章为基础外语教育，包括高中英语、初中英语、小学英语和中小学日语共 4 节。第四章为社会外语教育，包括社会外语培训和社会外语考试共 2 节。第五章聚焦外语教师教育与发展，分为高等外语教师教育与发展和基础外语教师教育与发展 2 节。第六章信息技术与外语教育包括 3 节，分别综述外语教育技术、信息技术与外语教育（分中小学和大学 2 个小节）和网络外语学历教育。全书有重点地对我国外语教育各个领域的事件、活动和发展进行描述、梳理和总结，尤其注重对教育教学改革的情况进行记载和讨论。本书的编写是集体智慧的结晶和团队集体努力的结果，参与本书编写的人员有（根据执笔人撰文在书中出现的次序排列）：王文斌、徐浩、王海啸、王文宇、陈则航、邹敏、徐先玉、何红梅、崔岚、徐艳、常福良、叶良英、朱桂荣、金京善、汪波、康艳、王颖、田雨捷、黄文秀、黄志鹏、刘宏刚、赵连杰、林洪、裴晨晖、孙桐、叶晓雅、刘青文、李清漪、崔琳琳、刘燕、胡晓娜、崔伟、宋杰青、唐莹、陈丽萍、唐锦兰。

　　尽管有先前三份年度报告的编写经验，但《2014 中国外语教育年度报告》一定存在各种问题和不足。因此，我们恳请广大读者一如既往地给予批评指正，帮助我们不断改进，和我们一起关注中国外语教育的现状，一道为中国外语教育的发展作出贡献。

　　在编写过程中，我们得到了众多专家学者的大力支持和帮助。2011 年，文秋芳教授创办这份报告，并连续三年担任主编，为这份报告的长远发展打下坚实基础。她每年都审阅、修改大量稿件，并亲自撰写总报告。这份报告之所以能在 2014—2015 年继续向前发展，文秋芳教授功不可没。傅荣教授和梁茂成教授帮助联系、推荐撰写人选；唐锦兰教授主持信息技术与外语教育和网络外语学历教育的组稿工作，并亲自撰写部分综述。在编写的过程中，还有很多同事、老师、朋友和同学对我们提供过各种形式的帮助、鼓励和支持，在此我们一并表示衷心的感谢！最后要感谢本书的责任编辑毕争和解碧琰，是她们的专业编校，进一步确保了本书的质量。

王文斌、徐浩

北京外国语大学中国外语教育研究中心

2015 年 6 月

第一章　总报告

一、引言

　　2014年，我国外语教育领域发生若干意义重大、影响深远的事件。首先，持续了一年多的社会各界广泛参与的对高考英语改革问题的热议，随着中共中央政治局8月29日审议通过《国务院关于深化考试招生制度改革的实施意见》[1]而暂告一个段落。教育部颁布《教育部关于全面深化课程改革落实立德树人根本任务的意见》[2]，启动了修订课程方案和课程标准的工作。据悉，此次修订工作在总体设计的基础上，先行启动普通高中课程修订工作，且将研究制订学生发展核心素养体系和学业质量标准作为修订工作的核心内容之一。与此同时，"国家外语能力测评体系建设启动会暨中国英语能力等级量表研制总体方案论证会"于10月30至31日在京召开，提出制定国家外语能力量表，明确外语能力标准和制定适合我国国情的外语考试质量标准，规范大规模外语考试[3]。可见，对基础外语教育来说，2014年是承前启后、继往开来的一年。在高等外语教育领域，对大学英语的定位问题也是2014年的热议话题之一，而于2013年启动的外语类专业本科教学质量国家标准的研制工作也于2014年取得进展。

　　本章拟客观记录并剖析2014年我国外语教育领域全局性的热点问题，尤其是对高考外语改革、大学英语的定位问题和外语类专业本科教学质量国家标准研制的工作进展进行专题介绍。同时，将介绍我国外语教育在其他语种专业人才培养模式改革探索、教育技术与教学资源建设、外语教师教育与发展等方面的发展概况。

二、高考外语改革

　　2014年9月3日，国务院颁布《国务院关于深化考试招生制度的实施

1　本章作者：王文斌、徐浩，北京外国语大学。

意见》，决定启动高考综合改革试点工作，其中最引人注目的是考试科目设置的改革。文件中明确要求"增强高考与高中学习的关联度，考生总成绩由统一高考的语文、数学、外语 3 个科目成绩和高中学业水平考试 3 个科目成绩组成。保持统一高考的语文、数学、外语科目不变、分值不变，不分文理科，外语科目提供两次考试机会。计入总成绩的高中学业水平考试科目，由考生根据报考高校要求和自身特长，在思想政治、历史、地理、物理、化学、生物等科目中自主选择"。至此，持续了一年多的社会各界广泛参与的对高考英语改革问题的热议暂告一个段落。

《国务院关于深化考试招生制度改革的实施意见》颁布后，上海市和浙江省作为全国两个试点地区，出台了各自的高考综合改革试点方案，从 2017 年高考开始实行，即从 2014 年秋季新入学的高中一年级学生起，在参加高考时将执行试点方案。上海市的《上海市深化高等学校考试招生综合改革实施方案》[4] 提出，外语考试包括笔试和听说测试，引导外语教学注重应用能力的培养。高中生最多可参加两次外语考试，选择其中较好的一次成绩计入高考总分。上海市还提出，要建设外语标准化考试题库和标准化考场，为今后其他科目逐步推行标准化考试积累经验。浙江省的《浙江省深化高校考试招生制度综合改革试点方案》[5] 提出，高考外语科目（包括英语、日语、俄语、德语、法语和西班牙语）满分 150 分，得分计入考生总成绩。外语每年安排 2 次考试，一次在 6 月，与语文、数学同期进行，考试对象限于当年高考考生；另一次在 10 月，与选考科目同期进行。外语可报考 2 次，选用其中 1 次成绩。

除试点省、市外，其他各地的改革方案大多处于研制阶段。根据教育部要求，各地都要制定具体的改革方案，经省委省政府同意后于 2015 年 6 月 30 日前报教育部备案 [6]。因此，各地高考改革方案的制定将于 2015 年上半年完成。2014 年，北京、江苏、湖南、海南、安徽、宁夏等省、市、自治区都曾明确表示，将对高考外语等科目实施社会化考试，允许一年多考 [7]。2015 年 1 月公布的江西省高考改革路线图提出，将从 2017 年高中一年级新生开始，取消文理分科，实施外语学科一年两考 [8]。但江西省教育考试相关部门负责人也表示，2017 年江西省高考究竟实施何种模式，既要看上海、浙江的试点情况，又要根据本省的实际情况再行研究确定 [9]。另外，值得注意的是，山东省教育厅于 10

月下发关于 2015 年普通高校考试招生有关事项的通知 [10]，规定自 2015 年起，山东夏季高考英语科目使用全国卷，这意味着山东省将恢复刚刚取消一年的高考英语听力。

2014 年公众对全国及各地高考改革方案的关注和期待非常强烈，改革和调整的力度在近些年也是空前的。但外语继续作为必考科目已成定论，且分值不变，可见国家对基础外语教育的价值有清楚的认识，对先前存在的广泛争议作出了明确的回应。但除了考试科目设置改革以外，《教育部关于深化考试招生制度改革的实施意见》还明确要求同时开展考试形式和内容的改革，因此后续工作仍将具有极大挑战，需各方继续共同努力。

三、大学英语的定位问题

教育部高等学校大学外语教学指导委员会（以下简称大外教指委）于 2013 年正式启动《大学英语教学指南》的研制工作 [11]，此项工作在 2014 年间顺利开展。然而，专家、学者在大学英语的定位问题上观点不一，争论激烈，其焦点就是关于大学英语教育的最终目的及其实现途径问题。换句话说，就是关于大学英语教育中通用英语和学术英语的关系、比重问题。

就通用英语和学术英语的关系问题，总体来看存在三种不同的观点和主张。蔡基刚 [12][13] 认为，长期以来，我国大学英语教学未能体现出与英语专业教学的差异性，即按照英语专业的课程设置和教学模式，把英语当成一门专业来教，这导致大学英语与专业英语同质化现象日趋严重。他认为，大学英语不是专业，它只有满足国家战略需求，培养学生用英语从事专业学习和研究的学术能力，才能在高等教育中找到自己的地位。具体来说，他认为我国大学英语教学必须重新定位，从通用英语向学术英语转型，从应试到应用，回归大学英语教学本位。学术英语是培养学生开展专业学习的英语能力的教学，它和专业英语、综合英语、通识英语在目的、内容和方法上都有区别。尽管学术英语在本科新生中开展有一定阻力，但这是我国高校大学英语教学发展的方向。

文秋芳 [14] 则对上述主张提出了反对意见。她将持"以学术英语替代通用英语"观点的学者称为"替代派"，剖析了替代派思想上存在的主要误区，即将通用英语等同于基础英语。她还提出了通用英语与专用英语互为补充的三个理据，并基于此阐述了互补教学理念及其实施建议。她同时指出，国际化人才必须具有国际视野、通晓国际规则、能够参与国际事务与国际竞争，这些能力的培养难以单靠学术英语课程来完成。通用英语课程能够培养国际化人才所需的跨文化交际能力、传播中国文化的能力、用中国眼光学习和分析西方文明的能力。因此，大学英语教学体系应包含通用英语与学术英语两大模块。

还有一类观点既不属于"替代派"，也不属于"互补派"，而更像"主次派"。胡开宝和谢丽欣[15]分析了学术英语的起源、我国大学英语教学的属性以及复合型人才培养的实际需求，指出倡导将学术英语作为我国大学英语教学未来发展方向的依据并不成立。他们进而从外语教育的本质属性和我国高等教育的发展趋势等角度，论证了我国大学英语教学的未来发展方向是通用英语和通识英语教学为主、学术英语教学为辅。

可以预见，关于大学英语定位的讨论，虽已跨越2014年，但会持续更长时间。与此同时，我们也注意到基于对大学英语定位的认识所开展的实践努力。例如，上海高校大学英语教学指导委员会于2013年颁布的《上海市大学英语教学参考框架（试行）》[16]在2014年继续推进。再如，基于产出导向法[17]编写的教材也将陆续出版。

四、外语类专业本科教学质量国家标准研制的工作进展

于2013年启动的外语类专业本科教学质量国家标准的研制工作也于2014年取得进展。2014年，教育部高等学校英语专业教学指导分委员会（以下简称外指委英语分委会）结合国家发展战略及现实需求，制订并颁布了《英语类专业本科教学质量国家标准》，它标志着英语专业进入了一个全新发展时期，奠定了未来十年甚至更长时期英语专业的发展方向，对指导今后英语专业发展具有重大的历史性意义。2014年1月、4月和6月，三次相关研讨会先后举行，来自全国各高校的外指委英语分委会委员代表和参与起草标准的专家，从专业培养目标、培养规格、课程体系、教学与评估、师资队伍、教学条件等方面进行了热烈的讨论和积极的探索，为新国标的制定打下了坚实的基础。《英语类

专业本科教学质量国家标准》是对《英语专业英语教学大纲》的继承和发展，是英语类专业建设的准入标准，是英语专业建设和发展的指导标准，是英语专业质量的评价标准，具有指导性和规定性。《英语类专业本科教学质量国家标准》体现国家需求和学校特色；它既体现了英语类专业的共通之处，也体现了英语、翻译和商务英语三个专业的特殊性（特色）；标准制订注重学生的能力培养和个性化发展，体现"以人为本"。

2014 年，教育部高等学校外语专业教学指导委员会德语专业教学指导分委员会（以下简称外指委德语分委会）也在对德语专业国内现状调查、对国外同类专业调查、对国内用人单位调查的基础上，组建了国家标准起草专家组。专家组起草并经过深入讨论形成初稿，然后再通过不同层次和不同范围的专家论证会反复研讨和修订，形成了定稿。据悉，《德语专业本科教学质量国家标准》已经报送教育部。

教育部高等学校外语专业教学指导委员会法语分委员会（以下简称外指委法语分委会）和中国法语教学研究会也于 2014 年启动前期调研和文本撰写工作，分两步完成法语国家标准的制订工作。按照这一部署，上述机构在 2014 年 4 至 5 月间对全国法语专业所有教学点开展了广泛的调研，此次调研与 2011 年出版的《中国高校法语专业发展报告》实现衔接，采集了 2011—2013 年法语专业有关专业建设、科学研究、教学成果、师 / 生情况、人才培养等各项数据。这项调研工作不仅为法语教学界留下了有价值的资料，更为重要的是，它为制定法语国家标准提供了全面的、第一手的数据参考与支持，保证了国家标准的科学性和适中性。在对采集数据进行归纳、研究的基础上，外指委法语分委会和法语教学研究会组织相关专家，开始了《法语专业本科教学质量国家标准》的文本起草工作。2014 年底，法语国标全部研制完成，与其他外语类国标一起，已上报教育部。这项工作的完成，无论对上级主管部门、学校本身还是整个法语教学界都具有划时代的历史意义。这将是法语第一次国家级的规范，它不仅涵盖传统教学大纲包含的教学规范，还规定了开设、开展高等法语专业教学应具备的师资、课程设置、硬件设备等各项标准，在全国法语专业教学点及学生数量激增的现实背景下，这项标准对促进全国专业教学点的规范化建设将产生积极的现实指导意义。

教育部高等学校外语专业教学指导委员会日语专业教学指导分委员会（以下简称外指委日语分委会）为更好地推行日语专业教学质量国家标准，加深对国家标准的认识和理解，推动专业日语教学的改革与发展，也在2014年期间召开了多次会议，进行了深入的研讨。

五、其他语种专业人才培养模式改革探索

2014年，英语、俄语、德语、法语、西班牙语、日语以外的其他语种也积极开展专业人才培养模式改革。例如，2014年阿拉伯语专业积极探索人才培养模式创新和优化。不少高校的阿拉伯语专业都在制定学科发展的国际化规划，调整课程设置，改革教学模式，并进一步强调实践教学。上海外国语大学阿拉伯语专业制定了学科的国际化规划，采取"项目负责人＋承担人"的方式协调运转，计划在5年内，通过"走出去"和"请进来"的方法，提升阿拉伯语学科的国际化程度。宁夏大学阿拉伯学院修订了本科人才培养方案，确立了"阿拉伯语＋国际经贸、金融、法律、旅游等方向"的办学目标，在校内与经济管理学院、政法学院、人文学院等紧密合作，学科交叉，资源共享，形成"2＋2"型培养模式，即大一、大二阶段，学生主要学习语言及外交、经贸、金融、法律、旅游等专业知识，大三、大四阶段，选派学生赴阿拉伯国家一流大学相关专业深造，完成学士学位论文，形成全国同类专业中的本科教学特色和优势。天津外国语大学阿拉伯语专业开始实施天津市教育体制改革试点项目，从2014级阿拉伯语专业新生中选拔22名学生，开设复语双学位实验班，基本学制4—5年，增设国际经济与贸易专业模块，学业合格后可获得阿拉伯语文学学士学位和经济学学士学位。

再如，2014年，韩语专业在继续加强语言技能训练的基础上，也更加注重对学生综合素质的培养，除传统的听、说、读、写、译等方面的课程之外，各校逐渐增加各种实用性的选修课程。比如，北京外国语大学朝鲜语专业不断深化院系平台课和选修课的建设，以期提高学生对韩国国情文化、东北亚乃至整个亚洲地区情况的了解。山东大学朝鲜语专业也相应地增加了通识课和学科基础平台课的学分，同时增设了语言、文化、翻译三个课程组的选修课，力争让

学生能够根据自己的兴趣、能力和需要，在汉韩翻译、韩国文化、专业韩语等方面培养一技之长。大连外国语大学在强化基础教学的基础上不断拓宽专业口径、丰富专业内涵，实行语言技能课程和专业深化两种模块相结合的方式，在高年级开设"模块式"选修课程，鼓励学生根据个人爱好和兴趣选择语言文学模块、社会文化模块、经贸旅游模块这三个模块的课程，为毕业就业做好知识上的储备工作。山东大学威海分校于2013年招收了第一批"韩语＋国际经济与贸易双学士学位特色实验班"共计35人，旨在拓宽学生的知识面，培养具有较强社会适应能力的复合型人才，给学有余力的学生提供更多的学习机会，借以提高学生的核心竞争力。北京外国语大学也在经过充分探讨和论证之后，计划于2015年招收第一批韩语国际商务方向本科生，旨在培养能在国家部委、大型央企、金融机构和跨国公司等相关机构工作、国家亟需的应用型、复合型朝鲜语高级商务人才。

六、教育技术与教学资源建设

2014年外语教育界对MOOC、大数据、云存储、微课等概念有了更深入而系统的认识，也开展了更加贴近外语教学实践的探索。例如，2014年9月，上海外国语大学《外语电化教学》编辑部主办的"MOOCs时代的高等外语教学研讨会"在山东鲁东大学召开。大会除慕课与翻转课堂为专题以外，还包括了两个研究主题：语言技术研究、大数据与外语学习分析。华东师范大学祝智庭教授在研讨会上作了《信息化促进教学变革与创新：走向智慧教育》的主题报告，指出：要进行信息化学习和教学创新，必须实现三个突破，即突破时空限制、突破思维限制和改变教师角色。面对信息化教育对教师形成的挑战，他建议教师们应该努力选用适当技术，解决实际问题；提升自身能力，改变角色定位；革新教育观念，创新教学方略。再如，教育部人文社会科学研究新获准项目"中国大学生计算机辅助英语写作过程研究"、"'微'时代下微博语言的互动特征及规范化研究"、"基于自主学习的多模态教材设计理论研究"等也充分反映了这一趋势。

教育技术与教学实践的结合更加紧密，还体现在语料库的运用与专门用途英语的结合。"2014 语料库语言学与 ESP 研究专题研讨会"于 2014 年 10 月在西安举行。会议议题包括基于语料库的 ESP 理论研究、基于语料库的 ESP 语言研究、语料库在 ESP 教学中的应用、专门用途（商务、科技、旅游、军事等）语料库的开发与应用、语料库与专科词典编纂、学习者语料库与中介语研究、双语语料库与英汉对比及翻译研究、教材语料库的建设与评估研究等诸多方面，涉及面广，内容丰富。

另外，大学英语教育技术的应用也开始与教学模式的创新结合在一起。新的教学模式和模型也不断被提了出来。例如，张振虹等 [18] 尝试建立大学公共英语小型多模态语料库，项目组选取了总长约为 100 小时的英语音视频材料，并用 Elan（EUDICO Linguistic Annota-tor）软件对语料进行标注和检索。该研究发现，多模态语料库的真实性有助于实现"以学生为主、教师为辅"的新型教学模式，对推进我国大学英语教学改革具有重大意义。

教学资源建设已取得一定进展，且凸显了创新。例如，2014 年 10 月 18 日，外研社推出 Unipus 外语数字化教学平台。Unipus 是推动多方联动、多维空间的开放校园（Universal Campus）。Unipus 依据科学能力测评体系，汇聚国内外优势资源，优化在线互动教学环境，提升个体学习体验与效果，是师生创新发展的智慧校园（Unique Campus）。Unipus 同时为高校创新教学模式、开展课题研究、推进跨校合作提供支持保障，是共建资源、共享成果、共赢未来的共创校园（United Campus）。Unipus 的推出引起了外语教育界广泛的关注和反响。

七、外语教师教育与发展

据教育部 2012 年教育统计数据，仅在义务教育阶段和普通高级中学，2012 年全国共有外语教师 115.5 万人（其中英语 115.3 万人、俄语 832 人、日语 1,010 人），较 2011 年的 113.9 万人增加 16,000 余人 [19]。根据 2013 年的统计数据 [20]，2013 年较 2012 年的增加人数仍为 16,000 余人，表明外语教师人数的增幅仍然较大。因此，职前和职后外语教师的专业教育和职业发展依然是一项需要常抓不懈的工作。

2014 年，外语教师教育与发展的相关工作，除了延续先前的重要项目外，还体现出进一步与教育技术和网络技术结合的趋势。中小学教师培训国培计划中的部分项目即采用网络辅助远程形式，辐射面广，效果明显。例如，国培计划（2014）——骨干教师高端研修项目初中英语教师工作坊项目。该项目由以张连仲教授、徐浩副教授为首席专家的北京外国语大学专家团队和英国大使馆文化教育处提供专业指导，由中国教师研修网提供远程平台支持。培训研修时长为一年，全程采用自助式研修模式，培训研修内容由专家团队带领各地种子教师共同制定而成。参训对象是来自北京、天津、重庆、陕西、浙江、江西、湖南、山西、云南、广西、新疆等十三个省、市、自治区的 3,900 名学员，旨在推动骨干教师专业发展，提升其教育教学能力；帮助骨干教师拥有在线学习技能，提升其研修能力[21]。

八、结束语

纵观 2014 年，我们在外语教育政策调整、人才培养模式创新、教育技术与教学资源建设、外语教师教育与发展等诸多方面都取得了显著的成绩。但是，我们也面临很多棘手的问题亟待解决。基于 2014 年的整体情况，笔者建议进一步探索促进外语教育多样化及差异发展的方法和路径。无论是基础外语教育，还是高等外语教育（包括大学外语和外语专业），都面临着区域发展不均衡、发展需求多元化的现实问题和诉求，因此需要赋予教育主体和参与者更多的自主性和探索空间，既不能管得太死，又要注重分类指导。当然，自主性的发挥需要有坚实的理论和实证研究基础，而不能仅凭直觉经验和个别观点就作出重大决策，以确保决策的科学性和可持续发展。另一方面，外语教育改革中更需要"组合拳"，更需要系统思维和整体观念，因此需要进一步探索各领域、各维度综合改革的顶层设计与实践思路。

[1]　国务院，2014，国务院关于深化考试招生制度改革的实施意见 [OL]，http://www.moe.edu.cn/publicfiles/business/htmlfiles/moe/moe_1778/201409/174543.html（2015年 6 月 13 日读取）。

[2] 中华人民共和国教育部，2014，教育部关于全面深化课程改革落实立德树人根本任务的意见 [OL]，http://www.moe.gov.cn/publicfiles/business/htmlfiles/moe/s7054/201404/167226.html（2015 年 6 月 13 日读取）。

[3] 刘建达，2015，基于标准的外语评价探索 [J]，《外语教学与研究》（3）：417-425。

[4] 上海市人民政府，2014，上海市深化高等学校考试招生综合改革实施方案 [OL]，http://news.163.com/14/0919/09/A6GDOAE400014SEH.html（2015 年 6 月 13 日读取）。

[5] 浙江省人民政府，2014，浙江高招制度综合改革试点方案 [OL]，http://edu.sina.com.cn/gaokao/2014-09-19/0919434266.shtml（2015 年 6 月 13 日读取）。

[6] 新浪教育，2015，教育部：各省高考改革方案需 6 月 30 日前报备 [OL]，http://anhui.eol.cn/anhuinews/201502/t20150213_1230027.shtml（2015 年 2 月 23 日读取）。

[7] 搜狐教育，2014，2014 年高考英语改革：各省改革措施汇总 [OL]，http://learning.sohu.com/20140826/n403790139.shtml（2015 年 1 月 20 日读取）。

[8] 中国教育在线，2015，江西高考改革方案公布：用全国卷、规范加分 [OL]，http://gaozhong.eol.cn/jx/jiangxi/201501/t20150128_1225882.shtml（2015 年 2 月 23 日读取）。

[9] 今视网，2015，解读江西高考改革新政策考分将不再成录取唯一标准 [OL]，http://news.jxgdw.com/jszg/2719758.html（2015 年 2 月 23 日读取）。

[10] 济南时报，2014，2015 年山东高考英语出现重大改革 [OL]，http://jnsb.e23.cn/shtml/jnsb/20141028/1359991.shtml（2015 年 2 月 23 日读取）。

[11] 文秋芳、徐浩，2014，总报告 [A]。载文秋芳、徐浩（编），《2013 中国外语教育年度报告》[C]。北京：外语教学与研究出版社。1-13。

[12] 蔡基刚，2014，从通用英语到学术英语——回归大学英语教学本位 [J]，《外语与外语教学》（1）：9-14。

[13] 蔡基刚，2014，国家战略视角下的我国外语教育政策调整——大学英语教学：向右还是向左？[J]，《外语教学》（3）：40-44。

[14] 文秋芳，2014，大学英语教学中通用英语与专用英语之争：问题与对策 [J]，《外语与外语教学》（1）：1-8。

[15] 胡开宝、谢丽欣，2014，我国大学英语教学的未来发展方向研究 [J]，《外语界》（3）：12-19。

[16] 上海高校大学英语教学指导委员会，2013，《上海市大学英语教学参考框架（试行）》[M]。北京：高等教育出版社。

[17] Wen, Q. 2015. Production-oriented approach (POA) to teaching adult English learners in Mainland China [R]. Paper presented at the Faces of English CAES International Conference, Hong Kong, June 2015.

[18] 张振虹、何美、韩智，2014，大学公共英语多模态语料库的构建与应用初探 [J]，

《山东外语教学》（7）：50-55。

[19] 数据来源：教育部网站统计数据栏目（http://www.moe.edu.cn/publicfiles/business/htmlfiles/moe/s7567/list.html）。

[20] 数据来源：教育部网站统计数据栏目（http://www.moe.edu.cn/publicfiles/business/htmlfiles/moe/s8492/index.html）。

[21] 信息来源：中国教师研修网（http://www.teacherclub.com.cn/jsgzf/）。

第二章　高等外语教育

第一节　英语

一、大学英语[1]

1. 教学改革

2013年，教育部高等学校大学外语教学指导委员会正式启动《大学英语教学指南》研制工作。以此为契机，大学英语教学开始进入新的发展时期。大学英语教学研究领域的专家、学者们从教学目标、课程体系、教学模式、教学方法等方面进行理论探讨与实践探索，从而进一步深化大学英语教学改革。

首先，在大学英语的定位上，学者们展开了激烈的争论。蔡基刚[1] [2]发表了系列文章，提出我国大学英语教学必须重新定位，实现从通用英语向学术英语的转型。他认为经济全球化与高等教育国际化改变了外语教学的目的和性质：学习英语是为了更好地从事现在的专业学习和今后工作；大学英语不是专业，而是一门为专业配套的公共基础课程，课程设置的目的是为专业人才培养服务。文秋芳[3]对"以学术英语替代通用英语"的主张提出了反对意见。她指出，国际化人才必须具有国际视野、通晓国际规则、能够参与国际事务与国际竞争，这些能力的培养难以单靠学术英语课程来完成。通用英语课程能够培养国际化人才所需的跨文化交际能力、传播中国文化的能力、用中国眼光学习和分析西方文明的能力。因此，大学英语教学体系应包含通用英语与学术英语两

1　本部分作者：王海啸、王文宇，南京大学。

致谢：感谢全国大学英语四、六级考试委员会金艳教授、重庆市大学外语教学研究会余渭深教授、江苏省高校外语教学研究会朱宏清教授、山西省高等教育学会外语专业委员会吴亚欣教授、云南省大学外语教学研究会徐志英教授、内蒙古自治区大学外语教学研究会马占祥教授、湖北省高等教育学会大学外语教学专业委员会樊葳葳教授、吉林省大学外语教学研究会崔敏教授，以及高等教育出版社、外语教学与研究出版社、上海外语教育出版社等为本部分内容提供信息。

大模块。胡开宝、谢丽欣[4]通过分析学术英语的起源、我国大学英语教学的属性以及复合型人才培养的实际需求，指出我国大学英语教学的未来发展方向是以通用英语和通识英语教学为主、学术英语教学为辅。

另外，针对大学英语的教学目标，周燕、张洁[5]重新解读了"学以致用"的具体内涵，提出"学以致用"是目前及未来相当长一段时间内我国大学英语教学的合理目标。她们提出，这个"用"不是为了短期的、功利的应试目的需要，而是为了调动学生的学习兴趣、培养基本的语言知识和能力，提高学生的交际水平，实现跨文化的专业交流能力和服务于国家战略发展需要的综合语言运用能力。而赵雯等人[6]则梳理了欧美有关语言能力的理论研究，基于课程目标分类学框架，提出了一个集认知能力（语言知识）、功能能力（语言技能）、策略能力（学习策略）和社会能力（思辨能力等）于一体的大学英语语言能力框架。此框架能够对学习者的语言水平进行定位、描述和参照性的对比，有利于《大学英语教学指南》或其他不同类型的语言课程标准进行语言能力描述维度上的对比与参照。在学校层面，重庆大学通过组织调研，编撰了《重庆大学英语教育状况报告》蓝皮书，明确国家对外语人才的需求，本校人才培养目标及方案、院系教学计划对学生外语能力的要求及规划，学校国际化现状以及学生对于自己外语能力的认知情况及目标追求等十个方面。

在课程体系改革方面，实现基础阶段的共同必修课程与提高阶段的特色选修课程的有机结合、共同平台课程与为院系学科专门打造的专门化课程的有机结合已经成为大学英语教学界的普遍共识。如第三军医大学在推进英语教学改革创新中，结合医学教育的特点规律，在基础阶段，以课堂教学为主，重点加强学员听、说、读、写、译等基本技能的训练；在提高阶段，通过开设选修课和组织第二课堂教学活动等方式，积极向学术英语教学转向，实现英语教学与专业学习的有机结合。该校已连续两年组织本科生英语结业汇报暨医学本科生国际学术论坛，得到学校、学院以及学生的高度认可。南京大学在已有的分层次教学基础上，结合该校的匡亚明学院、海外教育学院、经济学院、法学院等院系的国际化办学需要，由相关院系与大学外语部进行深度合作，开设了一系列既符合外语教育规律，又反映院系和学科特点的个性化大学英语课程。

在对大学英语教学模式和方法的革新上，部分一线教师对国外外语教学领域里较为流行的教学理念与方法进行了应用与实践。例如，广东技术师范学院的伍萍[7]将任务教学法与语块教学法有机地结合起来，进行了为期一年的教学实验；中国政法大学的李立、杜洁敏[8]以学术英语教学为背景，进行了为期一学期的项目式教学实践；北京交通大学的邵钦瑜、何丽[9]构建基于网络和课堂混合环境下大学英语合作学习模型并加以实践；北京印刷学院的张舍茹、闫朝[10]基于多模态教学案例，研究多模态语言输出与输入相互转化、多感官协同参与学习、降低认知负荷、加深记忆并获得充盈学习体验的途径；河南师范大学的卢海燕[11]通过对"微课"和"翻转课堂"概念和特点的研究，探讨基于微课的"翻转课堂"模式在我国大学英语教学中应用的可行性，而北京科技大学的徐艳梅、李晓东[12]将电子学档系统与项目式翻转课堂模式进行有机结合，并应用于大学英语教学实践。还有部分教师积极探索结合国情、基于各校特色的个性化教学模式。例如，单文博[13]通过调查大连海事大学非英语专业学生的英语课堂需求，建立了"主体互动教学模式"，并加以实践，为大学英语"较高要求"层次教学改革的深入发展提供一个理论反思的平台和实践参考。王新、郭乃照[14]以建构主义学习理论、个体差异理论为基础，根据《大学英语课程教学要求》提出的教学目标，构建"个性化大学英语教学模式"，并在山西财经大学部分班级中试行，以探索促进学生个性化发展、提高学生英语综合应用能力的有效路径。

为推动信息技术在大学英语教学中的应用，外语教学与研究出版社于2014年10月18日正式发布了全新的数字化教学共同校园（Unipus）。Unipus源于创新教育理念，基于先进信息技术，是以外语教育为特色，集学习、教学、测评、科研、合作交流于一体的线上"共同校园"。大外教指委主任委员王守仁教授在Unipus的发布会上说，即将制定完成的《大学英语教学指南》规定"大学英语要大力推进教学与信息技术的融合"，Unipus内容丰富，符合《指南》精神，必将在贯彻《指南》的过程中发挥重要作用。

2. 学术会议

2014年间，由大学外语学术团体、院校、大外教指委以及出版社组织的大学英语学术会议频频举行，体现了各组织各部门对大学英语教学与研究工作的高度重视。

1）全国高校大学英语教学发展学术研讨会

由外语教学与研究出版社主办的"全国高校大学英语教学发展学术研讨会"于 2014 年 3 月 22 至 23 日在北京举行，来自全国 810 所高校的 1,051 位外语教学负责人及教师出席了此次大会。大会以"形势、目标、能力、策略"为主题，从宏观到具体、理论到实践深入探讨。大外教指委主任委员王守仁教授在主旨报告中以历史的眼光和国际的视野分析了大学英语教学面临的新形势及积极稳妥推进改革的重要性；北京外国语大学中国外语教育研究中心文秋芳教授提出了"输出驱动—输入促成假设"，对进一步提升课堂教学质量、推动大学英语教学改革提供了具体策略指导；北京外国语大学外国语言研究所韩宝成教授介绍了《欧洲语言共同参考框架》（Common European Framework of Reference for Languages，以下简称 CEFR）的制定背景、内容标准与启迪反思；浙江大学外国语学院何莲珍教授在专题发言中肯定了"外研社杯"全国英语写作大赛对学生语言输出能力培养的促进作用，并指出语言输出使学习者成为积极的语言输入加工者。研讨会上各院校代表也分享了探索多层次、多类别、多维度教学目标建设的经验做法。

2）第四届全国大学英语院长 / 系主任高级论坛

2014 年 4 月 11 至 12 日，由大外教指委、苏州大学外国语学院、上海外语教育出版社共同主办的"第四届全国大学英语院长 / 系主任高级论坛"在苏州举行。来自北京大学、同济大学、厦门大学、广东外语外贸大学等高校的近800 名大学英语院长、系主任和其他大学英语教学负责人参加了论坛。南京大学的王守仁教授就本论坛的四个主题，即教学目标与教学内容、课程设置、教学方法与教学资源、教学管理与教师发展，结合《大学英语教学指南》的研制作了主题发言。华南理工大学的秦秀白教授作为"新世纪大学英语系列教材"的总主编，围绕系列教材的出版、修订、使用反馈等情况，作了题为《优化教学资源、提高教学质量》的报告。上海对外经贸大学的黄源深教授则从阅读对英语学习的重要性、中国现当代阅读教学和中外阅读教学对比、"新世纪大学英语系列教材"阅读教程的编写特色等方面出发，作了题为《大学英语阅读教学再思考》的大会发言。此外，浙江大学的何莲珍教授以《关于大学英语课程评价改革的思考》为题，介绍了大学英语课程评价改革的背景、调研针对的问题、调研目的、方法、过程、问卷设计、数据分析、调研结果等事项，使代表们对将来的大学英语课程评价改革有了清晰的认识。主旨发言结束后，与会代表们分组就"教学目标与教学内容"、"课程设置"、"教学方法与手段、教学资源"、"教学管理与教师发展"等话题进行了热烈的讨论和经验交流。

3）高等学校大学英语教学改革与发展学术研讨会

2014 年 4 月 18 至 20 日，由大外教指委、高等教育出版社、国际语言研究与发展中心联合主办的"高等学校大学英语教学改革与发展学术研讨会"在北京召开。大外教指委英语组 42 名委员以及国内各高校大学英语教学领域的专家学者、院系领导、骨干教师共 700 余人齐聚北京，畅谈未来中国大学英语教学改革大计。与会代表总结了大外教指委研制《大学英语教学指南》的阶段性成果，并结合宏观政策环境和高校实际教学状况及需求，全面深入地交流了我国大学英语教学改革与发展的思路和经验。大外教指委主任委员王守仁教授在主题报告《〈大学英语教学指南〉研制的阶段性成果》中表示，正在研制中的《大学英语教学指南》以全国范围内各类各层次高校的调研数据为依据，以科学研究论证为支撑，提出建设多层次、多元化教学目标体系，满足学生个性化学习需求。大外教指委副主任委员金艳教授在主题报告《关于大学英语课程评价改革的思考》中，回顾总结了大学英语课程评价的理念以及《大学英语教学大纲／课程教学要求》中关于测试与教学评估的内容，在大外教指委前期大量调研结果的基础上，结合教育部有关文件，提出构建大学英语课程综合评价体系，建立常态化的校本综合评价体系，开发多样化课程评价手段，构建多样化大学生英语能力测试体系等思考。在大外教指委专题报告中，大外教指委秘书长王海啸教授、副主任委员余渭深教授和赵雯教授共同主讲了《构建多层次、多元化大学英语教学目标体系》，大外教指委副主任委员向明友教授主讲了《基于多元化人才培养需求的大学英语课程体系建设探究》，大外教指委副主任委员贾国栋教授主讲了《继续深化信息技术在大学英语教学中的应用》，大外教

指委副主任委员李霄翔教授主讲了《大学英语教学管理：思考与对策》。在 5
场专家论坛中，共有 20 余位大外教指委委员及有关专家作了精彩的报告，展
开了热烈的互动讨论，议题分别为"多样性、多层次的大学英语课程体系建
设"、"基于过程与结果的大学英语教学"、"现代信息技术在大学英语教学中的
应用"、"大学生英语能力与教学评估体系建构"、"大学英语教师专业发展与师
资培训"。

4）第二届全国外语测试学术研讨会

　　2014 年 5 月 24 至 25 日，由上海外国语大学《外语测试与教学》编辑部、
全国大学英语四、六级考试委员会、高校外语专业教学测试专家咨询组和上海
外语教育出版社联合举办的"第二届全国外语测试学术研讨会"在常州大学召
开，来自全国 60 多所学校的 100 余位代表参加了此次研讨会。会议邀请国家
教育考试指导委员会专家工作组成员、原全国大学英语四、六级考试委员会主
任委员杨惠中教授，外指委英语分委会副主任委员、高校外语专业教学测试专
家咨询组组长邹申教授，大外教指委副主任委员、全国大学英语四、六级考试
委员会主任委员金艳教授以及美国 *Educational Measurement* 杂志主编 Jimmy
de la Torre 教授等作主旨发言。杨惠中教授针对目前社会上存在的对于标准化
考试的各种质疑，指出考试、教学和考试结果的使用是三个紧密联系却并不相
同的过程，提出只有三者相互协调、各司其职，构成一个完整的系统，才能达
到"有效测试、有效教学、有效使用"的目标。邹申教授通过实证研究，呈现
了写作评分过程中的评分员如何构建评分的过程。Jimmy de la Torre 教授从心
理测量的角度出发，介绍了他开发的认知诊断模型 G-DINA 以及如何将这一模
型应用于外语测试。金艳教授则介绍了在开发专门用途英语测试过程中，对于
CEFR 是否适用的考量。四位专家的演讲展示了外语测试学术前沿发展，引起
了代表们的热烈提问及讨论。

5）《大学英语教学指南》研制背景下的大学英语教学发展与教材建设研讨会

　　"《大学英语教学指南》研制背景下的大学英语教学发展与教材建设研讨
会"于 2014 年 10 月 17 日在上海外语教育出版社隆重举行。大外教指委主任
委员王守仁教授和部分指导委员会委员出席并发言。专家们就我国大学英语

教学新的发展方向与《大学英语教学指南》研制等热点问题进行了深入的研讨，分析了大学英语课程设置、培养目标、教学手段、数字技术等方面的发展与变化对教育出版所带来的影响，并对新时期的教学实践、教材建设和师资培训出谋划策，提出了很多富有建设性和前瞻性的意见与建议。专家们提出，在当前高等教育倡导回归教育本质的背景下，大学英语应体现其在高等教育中的作用，将人文性和工具性展现出来，同时又具有通用性。《大学英语教学指南》研制背景下的大学英语教学发展与教材建设的目标在于培养适合各个学校定位的人才，要兼顾统一性与多样性、自主性与联合性。教材编写理念应积极更新，打破传统，从策略上引领教师个性化教学。信息技术的迅速发展和无处不在的网络给今后的学习模式带来变化，教材建设应实现多元化、多层次化和教学资源移动化。

除以上全国性会议外，2014年还有一些地方性大学英语教育相关的学术会议。为了进一步深化大学外语教学改革，湖北省高等教育学会大学外语教学专业委员会于2014年1月在华中科技大学召开了2013年常务理事会会议，对2013年学会的工作进行总结。会议讨论并制定了2014年度工作计划，讨论对本年度工作的建议等。

云南省大学外语教学研究会2014年学术年会于3月14日召开，云南省大学外语教学研究会会长徐志英教授总结研究会2013年工作，安排部署2014年工作；全国大学外语教学研究会会长杨治中教授作了题为《如何构建有效大学英语课堂，提高学生语言输出能力》的学术报告。与会代表作了交流发言和分组讨论。

为了促进吉林省大学英语教学改革取得新的成绩，吉林省大学外语研究会联合高等教育出版社于2014年5月9日共同举办了"吉林省大学英语教学改革与发展学术研讨会"。会议安排的主旨报告为重庆大学余渭深教授的《多元化、多层次的大学英语教学目标体系建设》，清华大学杨永林教授的《"慕课"时代大数据在外语教学与研究中的应用——以TRP为例》，北京科技大学张虹教授的《大数据背景下的大学英语数字化教学研究》和吉林大学崔敏教授的《大学英语四、六级考试题型调整及评分标准解析》。

为探索新形势下大学英语写作教学的有效途径，利用以写促学、多元读写等作为突破口推进我国大学英语教学改革，并促进国内外二语写作领域的交流，吉林大学公共外语教育学院暨高校外语教育研究中心于 2014 年 5 月 9 至 11 日在长春市举办"大学英语写作教学与研究专家论坛"。本次论坛邀请美国 Arizona State University 的 Paul Kei Matsuda 教授和清华大学的杨永林教授、广东外语外贸大学的郑超教授、山东大学的王俊菊教授、吉林大学的张凤娟教授等国内外知名专家作主题报告。与会者共同研讨了大学英语写作教学与研究中的相关问题。

2014 年 5 月 10 日在武汉市召开了"湖北省独立（民办）学院外语教学负责人工作会议"。参加这次会议的有来自全省 24 所独立院校的会议代表。会议由湖北省高等教育学会大学外语教学专业委员会主办。本次会议的主题是"应用型本科外语教学转型与定位"。与会代表就应用型本科外语教学模式、应用型本科外语教学课程设置和课程体系建设、应用型人才外语培养如何结合市场需要，突出专业特色等方面进行了深入探讨。

2014 年 7 月 18 至 20 日在昆明召开了闽、黔、琼、桂、粤、滇、渝七省、市、自治区大学英语教学研讨会 2014 年年会，会议主题为"转型时期的中国大学外语教学课程设计与教学定位"。全国大学外语教学研究会会长杨治中教授发表重要讲话，大外教指委副主任委员余渭深教授作主旨报告，七省、市、自治区大学英语教学研究会会长作交流发言，与会教师进行了分组讨论。

2014 年 7 月 19 至 23 日，湖北省高教学会大学外语教学专业委员会召开了"英语语言教学与跨文化交际"研讨会，研讨如何在外语教学中系统地融入文化教学，探讨以交际为最终目的的跨文化语言教学模式，培养能够与不同文化背景的人们进行有效交际的人才。会议在武汉大学外国语学院和湖北宜昌三峡大学两个分会场举行。来自中外的英语教学专家和跨文化交际专家与外语教师进行了热烈的交流，对英语教学与研究、跨文化交际理论与实践、文化与翻译等方面进行探讨。

为了综合中西部地区优厚的教育资源，交流探讨新型外语教学模式，使英语教材建设更加规范、科学地服务现代外语教学，外文出版社与内蒙古大学外语教学研究会于 7 月 27 至 30 日共同组织了"外文出版社新思维教材建设研讨会"。会议邀请了全国高校各级领导、教师 90 多人参会。会上内蒙古自治区大学外语教学研究会会长马占祥教授做了重点发言。与会者共同探讨了新时期外语教学体制改革和教材建设，为广大教学科研团队和专家学者深入拓展优势资源提供了一个广阔平台。

2014年11月1至2日，"2014年吉林省大学外语教学研究会年会暨中国外语微课大赛吉林省复赛启动会"在延吉市召开。会议旨在交流各校在深化大学外语教学改革方面所取得的经验，探索以数字化外语教学资源为依托的大学外语课堂教学的新理念、新模式，总结研究会所承办的各种赛事，以期相互取长补短，实现以竞赛促进教学水平与质量提升的目的。

2014年11月24至25日，由复旦大学外文学院大学英语教学部主办的"2014年全国EFL写作教学与理论实践研讨会"在复旦大学文科楼召开。来自全国40多所高校的80多位大学英语教师参加了此次会议。本次会议的主题为"探索中国大学英语课堂上的学术英语写作教学"。二语写作领域的知名学者悉尼大学教育与社会工作学院的沈惠忠教授作了题为"Teaching Academic Writing: Content, Process and Language"的主旨发言并主持工作坊。另外，大学英语教学部的梁正溜教授、曾建彬教授、汪中平老师以及张绪华博士也分别为参会教师作了学术报告。

2014年11月28至30日，江苏省高校外语教学研究会在扬州大学以学术研讨会的形式隆重庆祝研究会成立30周年。全国大学外语教学研究会会长、南京大学杨治中教授、江苏省省教育厅丁晓昌副厅长、扬州大学胡效亚副校长等出席了庆典并分别致辞。江苏省高校外语教学研究会会长、东南大学李霄翔教授向大会作了工作报告。大外教指委主任委员、南京大学王守仁教授，国家教育考试指导委员会专家组成员、教育部考试中心高级顾问、上海交通大学杨惠中教授应邀出席并作学术报告。藉该会成立30周年之际，该研究会还为南京大学杨治中等八名省内教授颁发了"外语教学杰出贡献奖"。

"重庆市大学外语教学研究会2014年年会暨大学英语教学改革学术研讨会"于2014年12月28日举行。本次年会特别邀请南京大学王守仁教授就《大学英语教学指南》的研制情况作主题报告，邀请中山大学的王哲教授作了《FLAP理念大学英语教育改革实践及其成效》的发言。重庆市大学外语教学研究会会长余渭深教授用提问的方式来总结了此次年会，促使大家思考并做出改变。重庆市 30 多所高校 100 多名英语教师参加了研讨会。

3. 专业活动

由中国高校英语写作教学联盟主办、句酷批改网承办的英语同题作文活动于 2014 年 4 月 10 日至 5 月 10 日在全国范围内举行。本次活动以命题作文的形式进行，参赛学生和教师全程利用句酷批改网在线系统完成作文提交、修改和系统自动及教师手动批改。原计划征集 10 万篇学生作品。活动结束后由中国高校英语写作教学联盟发表《中国学生英语写作能力调查蓝皮书》。截至 5 月 10 日，全国共有 463 所学校的 3,876 位教师和 300,814 名学生参与活动，学校分布于全国 30 个省、市、自治区，其中包括 985 院校 37 所，211 院校 58 所，普通本科院校 294 所，独立学院 34 所，专科 29 所。中国高校英语写作教学联盟基于该项活动所发表的《中国学生英语写作能力调查蓝皮书》在国内第一次以数据报告的形式介绍了中国学生英语作文的词汇、句子、篇章、典型错误、写作行为等方面的相关数据。该活动及发表的报告为研究我国高校大学英语写作教学的现状、大学生英语写作能力，探索大学英语写作教学改革的新思路提供了宝贵的数据和方向。

由南京大学大学外语部举办的首届"应用语言学前沿论坛"于 6 月 23 至 30 日在南京大学举办。论坛邀请了 15 位国内外应用语言学知名学者从各自的研究领域出发，就应用语言学的热点问题、发展趋势及理论的实际应用等内容进行深入探讨。论坛主题广泛，涉及语言管理、语言规范、语言哲学、话语歧视、跨文化语音、心理语言学、神经认知语言学和作文自动评测等话题。论坛期间，主讲专家与学员进行了形式多样、内容深入的探讨，令 100 多位参会代表深受启发。

为提高全国大学英语教师的教学与研究水平，北京外国语大学中国外语教育研究中心、上海外国语大学中国外语教材与教法研究中心、高等教育出版社国际语言研究与发展中心、全国高校教师网络培训中心等机构都积极举办各类面向大学英语教师的研修班。如中国外语教育研究中心的"学术英语课程设计与教学方法"和"有效课堂的教学与研究"研修班等；中国外语教材与教法研究中心的"跨文化视阈下的语言教学法与互动课堂"、"培养学生学习自主性"和"有效课堂教学"教师工作坊；高等教育出版社国际语言研究与发展中心的"基于课堂的研究及期刊学术英语写作研修班"、"外语教学中的定量研究方法及应用研修班"等。除此以外，以上单位在2014年还组织了多期赴英国、加拿大等国家的专题培训班。这些研修活动的举办有效促进了全国大学英语教师的教学和科研能力。

4. 重大赛事

2014年5月23日，由团中央学校部、全国学联秘书处、北京外国语大学主办，外语教学与研究出版社承办，中国教育电视台、中国国际广播电台、《英语学习》杂志社协办的"外研社杯"全国大学生英语辩论精英邀请赛总决赛在北京举行。105支来自国内的大学生团队，历经8轮循环赛、多场淘汰赛，产生全国总决赛队伍。赛场上选手们不负众望，呈现了场场精彩对决。最后，来自东北大学秦皇岛分校代表队的俞春子、刘泽华斩获桂冠，北京第二外国语学院的郑舒展、欧阳心桐获得亚军，辽宁大学的周曦蓉、刘昊阳以及北京语言大学的卢灵熠、魏新月获得季军，清华大学的陈宇茜、中山大学的祭雨竹等6名同学获得"最佳辩手"称号。

2014年5月至11月，由外语教学与研究出版社联合大外教指委、外指委英语分委会共同举办的"外研社杯"全国英语演讲大赛进行了校级初赛、省市复赛的层层选拔，全国29个省、市、自治区和中国澳门、中国台湾地区最终产生93名决赛选手。此外，本年度大赛还特别设立了网络赛场，从6月至11月，共有1,662位参赛者在网上报名，经过专家评审、远程视频提问、网络投票等环节，30名选手脱颖而出，与地面赛场的选手一道，成功晋级决赛。12月7至13日，"外研社杯"全国英语演讲大赛决赛在北京成功举办。决赛分为四个阶段进行：第一阶段为定题演讲，考验选手最为基础的演讲能力，演讲题目为Change the Unchangeable；第二、三、四阶段则以即兴演讲比赛为主，还包含知识速答和抢答题，考验选手的应变能力、逻辑能力、心理素质以及广博的知识储备。第三阶段的分组竞争、第四阶段的激烈对决更是向选手的综合能力发出挑战。评委从演讲内容、演讲语言和演讲技巧等各方面对选手进行全面评判。经过 7 天的激烈角逐，清华大学的傅书宁荣获冠军，北京外国语大学的汤天祎、东北财经大学的罗罡获得亚军，季军为暨南大学的钟诗淇、山东农业大学的魏丽君、电子科技大学的刘翰思、上海交通大学的吴非和湖南第一师范学院的李子怡。

2014 年 12 月 11 日，由外语教学与研究出版社主办，大外教指委、外指委英语分委会合办的另一项重大赛事"外研社杯"全国英语写作大赛全国决赛在北京举行，这是全国规模最大、水平最高的面向在校大学生举办的全国性英语写作赛事。今年是大赛第二年举办，经过校级初赛、省市复赛的严格挑选，来自 30 个省、市、自治区和中国澳门、中国台湾地区的 95 名选手参加决赛。为了保证大赛赛题能够充分考查当代大学生英语写作水平、拓展学生思辨能力，大赛组委会对赛制赛题进行了精心策划。比赛赛题分为三类：记叙文写作、议论文写作和说明文写作。决赛从这三类题目中选择两类现场公布赛题。

今年决赛选取记叙文和议论文两类文体。记叙文以 A Letter on Father's Day 为题，要求选手就一封写给父亲的信件开篇进行续写，选手既可基于自己的生活感悟阐述他们对于父子或父女之情的理解，也可发挥创造力来编写感人的故事；议论文则要求选手对"春晚"这个热门话题阐述自己的观点，旨在考察选手对于社会热点的理解和批判能力。最终，华中师范大学的杜砚赢得冠军，西北师范大学的冯昭瑗、广西师范学院的黄月芳荣获亚军，辅仁大学的李炳承、华中农业大学的李琦、东南大学的张一楠获得亚军。此次比赛的校级初赛环节全国有近千所院校参加，近二十万人报名参赛。高校英语教师，特别是写作教师对本次大赛给予了很大的关注。

另外，第二届外研社"教学之星"大赛全国总决赛也于 2014 年 12 月 11 日在北京隆重举行。本次大赛由大外教指委、北京外国语大学中国外语教育研究中心和外语教学与研究出版社共同举办。本届"教学之星"大赛是第二年举办，大赛采用"微课"这一全新的比赛形式，聚焦真实课堂、立足教学过程、提供教学指导。经过今年 7 月、8 月在西安、长沙两地的初赛，18 名参赛教师从全国 300 多名参赛教师中脱颖而出，进入全国总决赛。北京外国语大学文秋芳教授担任评委会主席，上海交通大学金艳教授、东南大学李霄翔教授、四川大学石坚教授、南京大学王海啸教授、山东大学王俊菊教授和南京大学杨治中教授担任评委，30名学生组成大众评审团进行现场投票。经过激烈角逐，大连海事大学的杨扬赢得冠军，沈阳药科大学的杨竞欧和山东财经大学的曹颖获得亚军，季军为烟台大学的杨震寰、西安电子科技大学的王丽莉、西北工业大学的王倩。

中国高等教育学会与高等教育出版社联合大外教指委、教育部高等学校外国语言文学类专业教学指导委员会（以下简称外指委）、中国职业技术教育学会教学工作委员会于2014年8月起举办第一届"中国外语微课大赛"，比赛分初赛、复赛和决赛三个阶段进行。截至2014年底，大赛共收到2,308件以个人或团队名义参赛的作品，参赛教师人数约2,800人，其中大学英语组作品728件，参赛教师约1,000人。该项活动在我国的大学英语教学界已经产生了积极的影响。

5. 重要考试

全国大学英语四、六级考试是教育部主管的一项全国性的教学考试，其目的是对大学生的实际英语能力进行客观、准确的测量，为大学英语教学提供服务。自1987年实施起，大学英语考试每年为我国大学生的英语水平提供客观的描述，为各级教育行政部门进行决策提供动态依据，为各校根据本校实际情况采取措施提高教学质量提供反馈信息，已经成为各级人事部门录用大学毕业生的标准之一，产生了良好的社会效益。按照常规，2014年6月和12月举行了两次四、六级考试。参加考试的总人数分别为7,633,203和7,944,362人，其中报考四级的总人数为9,637,774，报考六级的总人数为5,939,791人。考生群体包括研究生、本科生和部分专科生，本科生为考生主体。表2.1和表2.2为参加2014年6月和12月考试的本科生人数及各分项分和总分平均分的情况。

表2.1　2014年6月大学英语四、六级考试概况（本科生）

年次	级别	人数	听力	阅读	翻译和写作	总分
2014年6月	四级	3,689,535	129	146	124	400
2014年6月	六级	2,638,590	117	149	107	375

表2.2　2014 年 12 月大学英语四、六级考试概况（本科生）

年次	级别	人数	听力	阅读	翻译和写作	总分
2014 年 12 月	四级	4,067,410	129	139	126	395
2014 年 12 月	六级	2,532,625	119	143	109	373

　　自 2014 年 5 月起，大学英语四、六级考试—口语考试（CET-SET）用机考替代了面试型口语考试。考官和试题都在计算机屏幕上呈现。考官以录像形式呈现，试题材料采用画面提示（如图片、图表、照片等）或文字提示。每个考场内，考生由计算机系统随机配对成组。考试内容含三个部分：问答、陈述及讨论。试卷构成及考试过程见表 2.3。口语考试成绩分四个等级：A、B、C和 D（描述见表 2.4）。全国大学英语四、六级考试委员会向考生发放"大学英语四、六级考试成绩报告单"。成绩报告单上除口试成绩外，还包括考生的四、六级考试笔试成绩。

表2.3　大学英语四、六级考试——口语考试试卷构成及考试过程

部分	时间	题型	说明
Part 1	3 分钟	问答	"热身"题，包括考生自我介绍、回答问题。
Part 2	10 分钟	发言和讨论	考生准备 1 分钟后，根据所给提示作个人发言(1.5 分钟)；两位考生就指定的话题讨论(4.5 分钟)。
Part 3	2 分钟	问答	由考官进一步提问。

表2.4　大学英语四、六级考试——口语考试能力等级描述

等级	等级描述
A+（14.5-15 分） A　（13.5-14.4 分）	能用英语就熟悉的题材进行口头交际，基本上没有困难。
B+（12.5-13.4 分） B　（11-12.4 分）	能用英语就熟悉的题材进行口头交际，虽有些困难，但不影响交际。

（待续）

（续表）

等级	等级描述
C+ （9.5-10.9 分） C （8-9.4 分）	能用英语就熟悉的题材进行简单的口头交际。
D （7.9 分以下）	尚不具有英语口头交际能力。

2014 年大学英语四、六级考试——口语考试（机考）在天津、河北、内蒙古、吉林、上海、江苏、浙江、安徽、福建、江西、山东、河南、湖北、湖南、广东、广西、重庆、四川、贵州、云南、陕西、甘肃等地开展了试点。5 月共设立 33 个考点，参加人数为 13,989 人；11 月共设立 45 个考点，参加人数为 26,516 人。表 2.5 为参加 2014 年 5 月和 11 月口语机考的考点数、考生人数及得分情况。

表 2.5　2014 年大学英语考试四、六级考试——口语考试概况

考次	考点	人数	成绩			
			A	B	C	D
2014 年 5 月	33	13,989	305	8,530	5,057	97
2014 年 11 月	45	26,516	341	12,995	12,801	379

6. 教材出版

教育部于 2014 年 10 月 16 日公布的 1,688 种入选第二批"十二五"普通高等教育本科国家级规划教材中，大学英语类的有 100 多种，其中主要的系列教材包括上海外语教育出版社的《大学英语》（第三版）；外语教学与研究出版社的《新编大学英语》（第三版）、《新视界大学英语》、《新视野大学英语》（第二版）和《新标准大学英语》；高等教育出版社的《大学体验英语》（综合、视听说、写作）、《新大学英语》和《新编大学基础英语》；北京大学出版社的《大学英语教程》；中国人民大学出版社的《新思路大学英语》；大连理工大学出版社的《应用型大学英语》；吉林大学出版社的《致

用大学英语》；译林出版社的《新世界大学英语》；武汉大学出版社的《新大学英语》等。

7. 科学研究项目

长期以来，由于大学英语教师的学历普遍偏低、教学工作量大，影响了其科研能力的发展。近几年，随着大学外语教师对科研的关注逐渐增强，其科研能力有了较大的提高。2014 年，多项由大学英语教师主持或与大学英语教学改革相关的项目得到了国家社科基金或教育部人文社科课题的资助（部分项目见表 2.6）。

表 2.6 国家社科基金或教育部人文社科课题资助项目

项目名称	负责人	工作单位	项目类别
基于证据的四六级、雅思、托福考试效度对比研究	辜向东	重庆大学	国家社科重点项目
基于学科素养的英语读写思辨能力测评研究	兰春寿	福建师范大学	国家社科一般项目
基于语类的英文科技学术话语能力研究及标准建设研究	钟兰凤	江苏大学	国家社科一般项目
中国大学生学术英语口语能力等级量表及测评标准应用研究	王华	同济大学	国家社科一般项目
中国大学英语大规模开放在线课程（CEMOOCS）建设范式研究	马武林	四川外国语大学	国家社科一般项目
中国高校学生英语学情研究	常海潮	天津理工大学	国家社科一般项目
中美二语写作研究的差异与共性化问题探析	战菊	吉林大学	国家社科一般项目

（待续）

（续表）

项目名称	负责人	工作单位	项目类别
英语写作教学形成性评价反馈模式研究	王学锋	太原师范学院	国家社科一般项目
基于语料库的汉英会话自我修补对比研究	权立宏	广东外语外贸大学	国家社科一般项目
英汉网络科普新闻语篇的多模态对比研究	张艺	广东外语外贸大学	国家社科青年项目
大学英语课堂小组互动现状调查与研究	徐锦芬	华中科技大学	教育部规划项目
多元读写能力评估指标体系研究	张征	山东大学	教育部规划项目
基于语料库的中国理工科大学生英语写作教学体系研究	刘芹	上海理工大学	教育部规划项目
中国大学生计算机辅助英语写作过程研究	徐翠芹	南京大学	教育部青年项目
中国英语学习者语言意识的特征与发展规律研究	何周春	成都中医药大学	教育部青年项目
中国英语学习者词汇搭配认知机制研究	高维	大理学院	教育部青年项目

为了促进大学英语教学研究，部分省市还在常规国家和省级社科项目和教育规划项目之外，为大学英语教学专门设立研究项目。如湖北省为大学英语设立了 15 个省级教学研究项目，吉林省大学外语教学研究会联合吉林省教育厅高等教育处为大学英语教学改革设立了 45 个专项研究课题。

8. 教学成果

2014 年大学英语教学领域共有三个项目获得了国家级教学成果奖二等奖，

详见表2.7。

表2.7 国家级教学成果奖二等奖项目

成果名称	完成单位	完成人
大学英语探究式教学模式研究与实践	东南大学	李霄翔、陈美华、朱善华、吴之昕、郭锋萍、刘蓉、杨茂霞、程俊瑜、石玲、朱宏清、侯岩、金晶、徐晓燕、郑玉琪、邹长征
新世纪大学英语系列教材（教材6种）	华南理工大学、上海交通大学、南京大学、上海对外经贸大学、上海外国语大学、对外经济贸易大学	秦秀白、杨惠中、刘海平、黄源深、束定芳、黄震华
大学英语口语评测系统的研发及其相关教育测量的应用研究与实践	中国科学技术大学、上海外国语大学	吴敏、叶艳、庄智象、黄卫、李萌涛

[1] 蔡基刚，2014，从通用英语到学术英语——回归大学英语教学本位 [J]，《外语与外语教学》（1）：9-14。

[2] 蔡基刚，2014，一个具有颠覆性的外语教学理念和方法——学术英语与大学英语差异研究 [J]，《外语教学理论与实践》（2）：1-7。

[3] 文秋芳，2014，大学英语教学中通用英语与专用英语之争：问题与对策 [J]，《外语与外语教学》（1）：1-8。

[4] 胡开宝、谢丽欣，2014，我国大学英语教学的未来发展方向研究 [J]，《外语界》（3）：12-19。

[5] 周燕、张洁，2014，学以致用：再谈大学英语教学目标的定位与实现 [J]，《外语与外语教学》（1）：22-27。

[6] 赵雯、王海啸、余渭深，2014，大学英语"语言能力"框架的建构 [J]，《外语与外语教学》（1）：15-21。

[7] 伍萍，2014，任务驱动下的语块教学训练模式有效性研究 [J]，《外语教学理论与实践》（1）：34-41。

[8] 李立、杜洁敏，2014，大学英语分科教学背景下学术英语 PBL 教学模式研究 [J]，

《外语教学》（5）：55-58。

[9] 邵钦瑜、何丽，2014，基于网络与课堂混合环境下的大学英语合作学习模型构建及实证研究 [J]，《外语电化教学》（156）：31-35。

[10] 张舍茹、闫朝，2014，多模态教学与学习内化律相关性实证研究 [J]，《中国外语》（2）：74-79。

[11] 卢海燕，2014，基于微课的"翻转课堂"模式在大学英语教学中应用的可行性分析 [J]，《外语电化教学》（158）：33-36。

[12] 徐艳梅、李晓东，2014，基于电子学档的项目式翻转课堂教学方法研究——以《新大学英语》课堂教学为例 [J]，《中国外语》（5）：81-87。

[13] 单文博，2014，主体间性视域中大学英语"主体互动"教学模式研究 [J]，《外语学刊》（5）：113-116。

[14] 王新、郭乃照，2014，个性化教学与大学生英语应用能力的提高 [J]，《外语学刊》（4）：123-127。

二、英语专业 [1]

本部分综述 2014 年我国高校英语专业教育现状,主要内容包括:(1)英语专业改革情况;(2)招生及就业形势;(3)学术研讨会;(4)学生赛事;(5)英语专业四、八级重要考试情况;(6)专著、辞典、教材出版;(7)科学研究项目;(8)英语专业大事记。

1. 教学改革

1)制订国家标准,全面推进英语类专业改革与发展

随着时代的变化与发展,英语专业的发展面临着教学理念、人才培养模式、课程设置、教学内容、教学队伍建设及教学管理模式等多重挑战。2014 年,外指委英语分委会结合国家发展战略及现实需求,制订并颁布了《英语类专业本科教学质量国家标准》(以下简称新国标),它标志着英语专业进入了一个全新发展时期,奠定了未来十年甚至更长时期英语专业的发展方向,对指导今后英语专业发展具有重大的历史性意义。

2013 年 10 月英语类专业分别开展了专业教学质量国家标准的制定工作,并于 2014 年 1 月、4 月、6 月分别举行了三次研讨会。来自全国各高校的外指委英语分委会委员代表和参与起草标准的专家从专业培养目标、培养规格、课程体系、教学与评估、师资队伍、教学条件等方面进行了热烈的讨论和积极的探索,为新国标的制定打下了坚实的基础。新国标是对《高等学校英语专业英语教学大纲》的继承和发展,是英语类专业建设的准入标准,是英语专业建设和发展的指导标准,是英语专业质量的评价标准,具有指导性和规定性。新国标体现国家需求和学校特色;它既体现了英语类专业的共通之处,也体现英语、翻译和商务英语三个专业的特殊性(特色);标准制订注重学生的能力培养和个性化发展,体现"以人为本"。

为了进一步推动我国英语专业发展建设,适应我国高校英语类专业人才培养目标和要求,外指委英语分委会还同各地区、各类型、各方向的英语类专业

1　本部分作者:陈则航、邹敏,北京师范大学。

学科围绕《英语类专业本科教学质量国家标准》的制订与实施开展了积极的尝试，对英语类专业学科发展、课程设置、教材建设、人才评价与培养等问题开展了深入的探讨。

2）新形势下英语专业人才的培养——知识、能力、素质兼顾，回归人文教育

当今和未来的竞争，说到底是人才的竞争。英语专业人才的培养对国家的长远发展有着举足轻重的作用。在2014年4月举行的"第八届全国英语专业院长/系主任高级论坛"上，来自全国各高校的多位外指委专家与近400位外国语学院院长、专业教学负责人就"英语类专业学生知识体系建构与素质培养"进行了积极的探讨，专家们提出英语专业人才培养应注重"通识教育"和"人文回归"，注意知识、能力与素质协调发展。

在"'十三五'英语类专业学科建设与发展研讨会"上，专家学者们则指出各高校要开设好英语类专业技能课、专业知识课和相关专业知识课三类课程，帮助学生打好语言功，培养学生的语言能力、思辨能力和跨文化交际能力。同时，在中南、华南外语院（系）负责人协作会议上，湖南师范大学副校长、外指委英语分委会副主任委员蒋洪新教授将英语专业定位为人文科学，厘清了人才培养中的通才和专才的辩证关系，并分析了我国英语教育过于凸显职业性、忽略人文特点的现状。

总体而言，2014年英语专业的人才培养更加注重知识、能力、素质兼顾，更加注重英语专业人才的人文素养。

2. 招生及就业情况

英语专业招生和就业有两个突出特点。一是外语专业迅速扩张，学生人数众多。教育部高教司刘贵芹副司长在"第五届教育部高等学校外国语言文学类专业教学指导委员会成立大会"上指出，目前我国有994所普通本科高校设有英语专业，翻译和商务英语两个本科专业更是从无到有，专业点分别迅速增加到106个和146个。随着外国语言文学类专业布点数量的直线上升，外语类专业的绝对招生人数也在持续增长，外国语言文学类专业在校本科生人数已达81万。[1] 同时，在考研报名人数连续下跌的情况下，外国语言学和应用语言学仍然是大热门，位居 2015 年考研报考热度的第九和第十。[2]

二是英语专业的就业情况依然不容乐观。2014 年，英语专业虽然不在全国就业率较低的 15 个专业之列，但仍在河北、山西、内蒙古、吉林、浙江、湖南、广西、云南、甘肃九个省市被亮红灯。[3] 由麦可思研究院与《麦可思研究》编辑部共同发布的《2014 年中国大学生就业报告》中，本科英语专业成为 2014 年中国大学毕业生黄牌本科专业。2014 年，英语专业毕业生的就业率是 91.6%，略低于全国本科毕业生的就业率 91.8%。[4]

3. 学术会议

2014 年我国英语教育界为推动英语专业教学改革召开了多场不同类别和级别的学术会议，现按主题简要汇报各个会议的主要目的和成效。

1）新国标和教学改革

（1）《英语类专业本科教学质量国家标准》研讨会（广州）[5]

2014 年 1 月 10 日，外指委英语分委会在广州召开"《英语类专业本科教学质量国家标准》研讨会"。

研讨会上，英语专业、翻译专业和商务英语专业的教学质量国家标准起草负责人分别从专业培养目标、培养规格、课程体系、教学与评估、师资队伍、教学条件等方面，对标准起草情况进行了介绍，并提出了起草过程中所遇到的困惑。

在研讨会总结发言中，石坚教授指出，英语类（含英语、翻译和商务英语专业）专业教学质量国家标准应能体现英语类专业的共通点，然后再体现各自的特殊性；专业发展定位要有前瞻性，标准的制定应体现"以人为本"，要注重学生能力的培养，以及学生个性化的发展。仲伟合教授强调，本科专业教学质量国家标准要有别于产品质量标准和行业标准，国家标准的制定不能脱离国家和教育部的纲领性文件。

（2）第八届全国英语专业院长／系主任高级论坛[6]

2014 年 4 月 25 至 26 日，由外指委、湖南大学外国语与国际教育学院和上海外语教育出版社联合主办的"第八届全国英语专业院长／系主任高级论坛"在长沙举行。本届论坛以"英语类专业本科教学质量国家标准的研制"、"英语专业教学面临的新形势及应对措施"和"知识、能力与素质培养如何兼顾的问题"三大热点问题为议题。各位外指委专家与全国高校英语专业约 400 位院系主任共同深入研讨了英语、翻译和商务英语专业本科教学质量国家标准制定的目标、原则与内容以及英语类专业在时代变迁和教育改革发展新形势下所面临的问题、困惑、挑战与解决方案,这对我国英语类专业的长远发展具有重大的意义和深远的影响。

(3)《英语类专业本科教学质量国家标准》研讨会(上海) [7]

2014 年 4 月 11 日,由教育部高等学校英语专业教学指导分委员会举办的"《英语类专业本科教学质量国家标准》"研讨会在上海外国语大学举行。

国标起草负责人邓杰、平洪和王立非教授分别就各专业国标所做的相关修改做了综述。仲伟合教授介绍了英语、翻译和商务英语专业教学质量国家标准的制定和讨论情况,并对下一步的工作进行了布置。他强调新国标是对《英语专业英语教学大纲》的继承和发展,兼具指导性和规定性,并在日后形成国标、行标和校标结合的格局;英语、翻译和商务英语三个专业的国标在框架、语言风格和术语使用等方面要保持一致。

(4)《英语类专业本科教学质量国家标准》第三次研讨会 [8]

2014 年 6 月 21 日,由外指委英语分委会举办的"《英语类专业本科教学质量国家标准》第三次研讨会"在上海交通大学闵行校区召开。

钟美荪教授重点传达了教育部关于"国标"工作的要点。她指出,制定国标是转变政府职能的一个具体行动,各专业制定的标准要做到"三合一",即作为今后新专业的准入标准、作为专业建设和发展的指导标准,以及作为专业质量评价的标准。戴炜栋教授认为,国标应明确总学时及学分,课程设置及课程名称可以根据各学校的具体情况进行调整。文秋芳教授认为,国标中应增加"双外语"、"英语+辅修"等内容。王守仁教授强调,国标要凸显对语言基本功、学生汉语能力、教师翻译实践和经验的要求。同时,冯光武、平洪和王立非三位教授分别就英语、翻译和商务英语等专业国标前期修改情况作了汇报。

(5)"十三五"英语类专业学科建设与发展研讨会 [9]

2014 年 11 月 13 日,"'十三五'英语类专业学科建设与发展研讨会"在上海外语教育出版社隆重举行。来自全国 30 多所高校的知名专家和院长齐聚一堂，就英语、翻译、商务英语三个专业如何发展；未来 3 至 5 年，这三个专业的教学发展会各自呈现哪些特点，人才培养会发生怎样的变化；新型媒体和数字技术对教学会产生怎样的影响等议题展开了热烈的讨论。与会专家指出在新形势下英语类专业的发展需要坚持提高质量、办出特色的八字方针：开设好英语类专业技能和知识课程，提高质量；办学要与学校和地区特点相结合，办出特色。

（6）第三届中国外语战略与外语教学改革高层论坛[10]

2014 年 11 月 22 日，由上海外国语大学《外国语》编辑部和北京师范大学外文学院联合主办的"第三届中国外语战略与外语教学改革高层论坛"在北京师范大学召开。

本届论坛梳理和提炼了中国外语教育需要研究和解决的关键问题。与会专家认为，中国外语战略和外语教育改革不仅涉及社会各界对外语教育的认知和态度，还关乎国家的"软实力"和"走出去"战略的实施。文秋芳教授表示中国外语教育需要顶层设计与规划，外语人才的培养要符合当今中国发展战略的需求。束定芳教授认为，外语教育改革需要基础阶段、大学阶段通盘考虑和协调。

2）英语专业学科建设与改革

（1）第九届中国英语教育及教学法论坛[11]

2014 年 5 月 17 日至 18 日，由外指委英语分委会、高等教育出版社联合主办，大连海事大学外国语学院承办的"第九届中国英语教育及教学法论坛"在大连召开。各高校外语学院院长、英语系主任、教研室主任等共 300 余名代表参加此次论坛。

本届论坛主题为"标准与特色——新国标下英语专业改革展望"，与会专家结合宏观政策环境、新国标研制阶段性成果和高校实际教学状况和需求，共同探讨我国英语专业教学改革的大计。与会代表就英语专业本科教学质量国家标准、英语专业人才培养目标及规格、英语专业师资队伍建设、英语专业课程体系改革、英语专业教学与评估等英语专业建设面临的主要问题和挑战进行了深入细致的研讨。

（2）2014年全国师范院校外语学院（系）院长（主任）联席会议 [12]

2014年8月15日，由外指委英语分委会主办、新疆师范大学外国语学院承办的"2014年全国师范院校外语学院（系）院长（主任）联席会议"在乌鲁木齐举行。来自全国41所院校外语学院（系）的70余位院长（主任）、教师参加了本次大会。

会上，专家们分别就"英语专业本科教学质量国家标准"、"西部地区师范院校英语专业教育建设和可持续发展"、民办高校英语专业应用型创新人才培养模式实践反思与展望"、"职前外语教师职业认同构建的调查研究"及"中外外语教育政策比较及其启示"等主题作了大会主旨发言。此外，与会者还就"外语人才培养模式及教学改革研究"、"外语专业课程体系及课程与教法研究"及"外语教师教育研究"等问题进行了交流与讨论。

3）翻译专业学科建设与改革

第十届全国翻译院系负责人联席会议 [13]

2014年5月10至11日，由教育部高等学校翻译专业教学协作组、全国翻译院系负责人联席会议理事会主办，浙江外国语学院承办的"第十届全国翻译院系负责人联席会议"在杭州召开。170余人参加了此次会议。

本次会议主题为"翻译专业内涵建设与翻译专业国家标准"。仲伟合教授对"翻译本科专业教学质量国家标准"的定义、成因、作用、编写原则、主要内容作了全面解析。他倡导各培养院校以国标为依据，制订出符合院校自身特色的校级人才培养标准。

4）商务英语专业学科建设与改革

（1）第十一届全国国际商务英语研讨会 [14]

2014年10月9至11日，由中国国际贸易学会国际商务英语研究会主办、山东工商学院承办的"第十一届全国国际商务英语研讨会"在山东烟台召开。来自全国160多所高校和科研院所的400多名专家学者出席了本次会议。

本届研讨会的主题是"教学质量标准建设和商务英语专业人才培养"。仲伟合教授、王立非教授等分别就商务英语专业的建设和发展、商务英语专业本科教学质量国家标准设计及解读等进行了交流和探讨。

（2）2014年全国高等学校商务英语专业院系负责人联席会议 [15]

2014年11月28至29日，由全国高等学校商务英语专业教学协作组主办、华中农业大学外国语学院承办的"2014年全国高等学校商务英语专业院系负责人联席会议"在武汉召开。280多位代表参加了会议。

会议通报了《高等学校商务英语专业本科教学质量国家标准》的概况，主要讨论了商务英语专业本科教学质量国家标准、商务英语专业人才培养质量、商务英语专业课程质量建设、商务英语专业师资质量建设、商务英语评价体系建设和商务英语学科理论体系建设六个议题。

5）语言学与语言教学方面的教学与研究

（1）第四届全国认知语言学与二语习得学术研讨会 [16]

2014年10月17至19日，由中国认知语言学研究会主办、宁波大学外语学院承办的"第四届全国认知语言学与二语习得学术研讨会"召开。来自国内外的110余位知名专家学者出席研讨会。

本届研讨会的中心议题是"认知语言学与二语习得研究的融合"，主要内容包括了认知语言学理论原则在外语教学中的应用实证研究；认知语言学的学科建构；二语习得过程中的认知加工与表征；认知方式与二语习得；认知语言学与应用语言学的交叉融合；语料库与应用认知语言学研究；神经认知语言学视野下的二语习得研究等。

（2）第六届中国第二语言习得研究国际研讨会 [17]

2014年10月16至18日，由中国第二语言习得研究专业委员会主办、浙江大学外语学院承办的"第六届中国第二语言习得研究国际研讨会"隆重举行。国内外专家学者170余人参加此次会议。

本届研讨会的主题为"中国二语习得的新进展：全球化与科技进步"。美国宾夕法尼亚州立大学的James Lantolf教授从维果茨基的社会文化理论视角研究发现第二语言习得并不存在预先决定的自然顺序，合理的教学可以改变二语习得的发展轨迹。教育部人文社会科学重点研究基地中国外语教育研究中心文秋芳教授介绍了轴支撑比较假说的内容、动机以及今后可能的研究方向，认为对比在二语习得中不可或缺。美国夏威夷大学马诺阿分校 Gabriele Kasper 教授则从会话分析视角研究二语习得，介绍了基本对话分析的二语习得研究动态。

（3）第七届中国英语教学国际研讨会 [18]

2014 年 10 月 23 至 26 日，由中国英汉语比较研究会英语教学研究分会主办、南京大学外国语学院承办的"第七届中国英语教学国际研讨会"在南京大学圆满召开。来自全球各地的近千名专家、学者围绕"面向本土化与个性化的中国英语教学改革与研究"这一主题进行了广泛而深入的研讨。

宾夕法尼亚州立大学知名学者 James Lantolf 教授指出教学环境下的语言发展过程是学生在自身对事物的理解的基础上，通过与教师的互动形成对世界的新理解。南京大学王守仁教授指出英语教育应适应特殊目的和要求，适应社会对人才多样化的需求，推行个性化教育和多样化教育。北京外国语大学中国外语教育研究中心文秋芳教授则提出了针对中国成年二语学习者的"Production-oriented"教学法，阐释了其理论依据和实践应用。

6）文学与翻译方面的教学与研究

（1）中国英语诗歌研究会第四届年会暨"现代英语诗歌的主题与形式"学术研讨会 [19]

2014 年 9 月 26 至 27 日，由中国英语诗歌研究会主办，西南大学外国语学院、西南大学莎士比亚研究中心、重庆市莎士比亚研究生会承办的"中国英语诗歌研究会第四届年会暨'现代英语诗歌的主题与形式'学术研讨会"在西南大学召开。来自全国 30 多家高校、科研机构和出版社的 109 余名代表参会。

本次研讨会以"现代英语诗歌的主题与形式"为主题，与会代表围绕主题展开了深入探讨。黎志敏教授从认知方法论角度对诗歌的形式作出了新的理论构建。罗良功教授对美国非裔诗歌进行了严谨细致的探讨。罗益民教授引入了"形势学"这一新的学术概念。李正栓教授对玄学派与意象派诗歌进行了比较研究。章燕教授对布莱克诗画合体艺术中的多元互动关系进行了探讨。

（2）全国美国文学研究会第十七届年会暨学术研讨会 [20]

2014 年 10 月 25 至 26 日，由全国美国文学研究会主办、中国人民大学外国语学院承办的"全国美国文学研究会第十七届年会暨学术研讨会"在中国人民大学苏州校区举行。来自全国 28 个省、市、自治区的高等院校和研究所的 300 多名代表出席。

本次大会主题为"全球化语境中的美国文学研究：理论与实践"。学者们围绕"全球化理论反思与美国文学研究新视野"、"美国文学与地缘政治"、"美国文学中的阶级、性别与种族"、"美国文学文类研究新趋势"、"美国文学与伦理批评"、"美国文学中的生态意识"、"美国文学中的后人文主义倾向"、"美国文学研究的中国视角"及"其他（创伤、后现代、历史、身份、叙事等）"九个分议题，进行了充分的交流与探讨。

（3）中美诗歌诗学协会第三届年会 [21]

2014 年 12 月 18 至 19 日，由上海师范大学主办的"中美诗歌诗学协会第三届年会"在上海召开。来自全球 70 多所国内外知名院校、研究机构的近 120 名专家、学者参加了会议。

本届年会围绕以下七个子议题展开：现当代诗歌与诗学、诗歌形式的意义 / 政治、翻译诗学、比较文学和比较艺术视野下的诗歌与诗学、全球语境下的诗歌、文本内外、诗歌经典重读。

（4）中国英汉语比较研究会第十一次全国学术研讨会暨 2014 英汉语比较与翻译研究国际研讨会 [22]

2014 年 8 月 26 至 28 日，由中国英汉语比较研究会主办、清华大学承办的"中国英汉语比较研究会第十一次全国学术研讨会暨 2014 英汉语比较与翻译研究国际研讨会"在清华大学举办。来自国内外各高校、研究所共 400 余名专家和学者出席会议。

本次研讨会的主题为"机遇、创新、和谐"，与会嘉宾就当代语言学理论与英汉语对比研究、双语对比分析在英语教学中的应用、中外语言教学传统的比较、双语习得与双语加工、翻译史与案例研究、翻译社会学的研究途径、语言哲学对语言学理论的贡献、典籍英译现状研究、计算语言学与语料库研究、中国文化外译的接受研究、英汉文化差异与文本误读、英汉语言与文化的界面研究等多个议题展开讨论。

（5）第十届全国口译大会暨国际口译研讨会 [23]

2014年10月17至18日，由中国翻译协会和厦门大学主办，厦门大学外文学院、厦门大学口译学研究所承办的"第十届全国口译大会暨国际口译研讨会"在厦门大学召开。来自中国、英国、美国等国家和地区的300余名海内外学者深入探讨"口译研究"的新课题。

本届研讨会以"口译研究：新视野、新跨越"为主题，围绕跨学科口译研究、口译教育、口译质量评估、手语传译、技术与口译、语料库口译研究、口译服务等多项议题进行深入探讨。

（6）语用与翻译国际学术研讨会 [24]

2014年12月12至14日，由广东外语外贸大学主办的"语用与翻译国际学术研讨会"在广州召开。

仲伟合教授指出，翻译学现已形成相对完整成熟的体系，更是成为了"外国语文学发展的新的增长点"。罗选民教授提出了"学养为翻译者的立身之本"的观点。何自然教授强调翻译工作者必须要在翻译实践中注意识别汉英两种语言因思维方式不同形成的概念结构差异，实现等效转换。加拿大 MacEwan 大学 Valerie Henitiuk 教授指出译者在翻译中的重要作用，并论述了如何帮助西方读者跨过文化差异的鸿沟。黄国文教授提出了"语言使用的选择是作者表达意义和表明身份的一种重要形式"的观点，并探讨了翻译和语言对比中的语言变异问题。

4. 学生赛事

1）第五届"《英语世界》杯"翻译大赛 [25]

由商务印书馆《英语世界》杂志社主办，中国翻译协会社科翻译委员会、四川省翻译协会、南开大学、成都通译翻译有限公司、上海翻译家协会、广东省翻译协会、湖北省翻译理论与教学研究会、陕西省翻译协会和江苏省翻译协会协办，悉尼翻译学院独家赞助的第五届"《英语世界》杯"翻译大赛于2014年5月成功举办。本次大赛共收到参赛稿件近4,000份，大赛陪审团队以盲审方式对复审稿件独立打分审阅。最终评出一等奖 1 名、二等奖 2 名、三等奖 3 名、优秀奖 35 名。

2）第十八届"外研社·京东杯"大学生英语辩论赛 [26]

本届大学生英语辩论赛由团中央学校部、全国学联秘书处、北京外国语大学主办，外语教学与研究出版社及中国教育电视台承办。本次大赛于 2014 年 9 月开始进行校选赛，随后在全国六大片区的六所高校举办地区赛决赛，选拔参加全国总决赛的参赛队伍。

2014 年的辩题紧扣时代脉搏，紧贴社会变革的热点话题，体现了时事性、政策性和人文性，引领青年学子关注"家事，国事，天下事"。

3）第五届海峡两岸口译大赛 [27]

2014 年 10 月 19 日，由厦门大学和台湾翻译学学会主办的第五届海峡两岸口译大赛总决赛在厦门大学举行。此次大赛历时 7 个月，来自各高校的 25 名顶尖选手进入总决赛。最终，台湾师范大学的张家福获得大赛特等奖。上海交通大学钱羽斐、台湾师大江世麒与范尧宽获大赛一等奖。

5. 重要考试

1）全国高校英语专业四级考试

全国高校英语专业四级考试（TEM-4，Test for English Majors—Band 4）自 1991 年起由中国大陆教育部实行，考察已学完英语专业四级课程的学生是否达到教学大纲所规定的各项要求。考试内容涵盖英语听、读、写、译各方面，既测试学生的综合能力，也测试学生的单项技能。

2014 年，参加全国英语专业四级考试的院校共 229 所，全国专四平均分为 58.67，全国平均通过率为 50.43%，相较于去年的 51.37% 略有下降。同时，全国综合性大学的通过率为 65.1%，全国独立学院平均通过率为 36.52%，全国师范类大学平均过级率为 50.57%，全国理工类大学通过率为 58.51%。

2）全国高校英语专业八级考试

全国高校英语专业八级考试（TEM-8，Test for English Majors—Band 8）是

由外指委主办的，评估各高校英语专业本科学生培养质量和检测各高校英语专业本科教学水平的全国性统一考试。

2014 年，全国高校英语专业八级考试平均通过率为 42.76%，相较于去年的 40.08% 略有上升。全国外语院校通过率为 65.47%，全国理工类高校平均通过率为 47.47%。

6. 专著、辞典、教材出版

1）专著出版

2014 年各大出版社都出版了不少高质量的学术专著，笔者仅列出一些代表作使读者对本年度学术专著的出版概况有个大致的了解（详见表 2.8）。

表 2.8　学术专著的出版（按出版社拼音顺序排列）

序号	出版社	书名	作者 / 编者 / 译者
1	北京大学出版社	语言与文体	麦金太尔
2	北京大学出版社	影响大学生英语学习因素之研究	张文霞
3	北京大学出版社	语篇研究跨越小句的意义（第二版）	马丁
4	北京大学出版社	英语语音与听说词汇	梁波
5	北京大学出版社	语言哲学研究——21 世纪中国后语言哲学沉思录	王寅
6	北京大学出版社	延异之链——《俄狄浦斯王》影响研究新论	杨俊杰
7	北京师范大学出版社	第二语言教学研究中的前沿问题	程晓堂
8	北京师范大学出版社	绿色教育中学英语课堂：以教师发展促进课堂教学改进	王蔷 等
9	复旦大学出版社	从翻译出发——翻译与翻译研究	许钧
10	复旦大学出版社	汉英语气系统对比研究	王飞华

（待续）

（续表）

序号	出版社	书名	作者/编者/译者
11	复旦大学出版社	中西文学与诗学关系的实证和诠释	刘耘华
12	复旦大学出版社	性别·城市·异邦——文学主题的跨文化阐释	陈晓兰
13	复旦大学出版社	跨文化形象学	周宁
14	复旦大学出版社	超越文本 超越翻译	谢天振
15	复旦大学出版社	翻译研究：从文本、语境到文化建构	廖七一
16	复旦大学出版社	比较文学、世界文学与翻译研究	王宁
17	高等教育出版社	认知语言学研究 第五辑——"把"字句的认知语法研究	席留生
18	国防工业出版社	现代英语教学论	贾冠杰
19	国防工业出版社	英语情感、夸张、谬误、语法和隐义辞格考辨	韩仲谦
20	南京大学出版社	"主题式"课程中二语写作词汇发展研究	夏珺
21	南京大学出版社	隐喻与话语基调：批评语言学视角	朱炜
22	南京大学出版社	语言学习，动起来——无缝与移动语言学习探索	黄龙翔 陈之权
23	南京大学出版社	创新与前瞻：翻译学科研究型教学暨教材探索	屠国元
24	南京大学出版社	语法隐喻理论及意义进化观研究	杨雪芹
25	南京大学出版社	多元视角下的外国文学研究	何江胜 姜礼福
26	南京大学出版社	王尔德与萧伯纳之比较研究	张明爱
27	清华大学出版社	任尔东西南北风——许渊冲中外经典译著前言后语集锦	许渊冲

（待续）

（续表）

序号	出版社	书名	作者/编者/译者
28	清华大学出版社	中国环境下的英语教学研究	崔刚
29	清华大学出版社	影响中国外语学习者英语写作的认知因素	吕燕彬
30	清华大学出版社	英语转类词研究——语料库视角	司显柱
31	上海外语教育出版社	口译教学：从理论到课堂	陈菁 肖晓燕
32	上海外语教育出版社	文体学研究论丛·文体学研究：实证 认知 跨学科	苏晓军
33	上海外语教育出版社	外教社语言学系列丛书·语义理论与语言教学（第二版）	王寅
34	上海外语教育出版社	外教社新编外国文学史丛书·澳大利亚文学史	黄源深
35	上海外语教育出版社	外国现代作家研究丛书·庞德研究	蒋洪新
36	上海外语教育出版社	跨文化研究系列·价值观维度：跨文化的动态体现	顾力行 等
37	上海外语教育出版社	跨文化视角下的翻译研究与翻译教学	郑玉琪
38	上海外语教育出版社	译林留痕——方梦之译学文集	方梦之
39	商务印书馆	语言论——语义型语言的结构原理和研究方法	徐通锵
40	商务印书馆	译者行为批评：路径探索	周领顺
41	商务印书馆	应用语言学研究的质性研究方法	杨延宁
42	外语教学与研究出版社	英语知识课程教学与思辨能力培养研究	孙有中

（待续）

（续表）

序号	出版社	书名	作者/编者/译者
43	外语教学与研究出版社	英语发展史	张勇先
44	外语教学与研究出版社	美国研究读本	梅仁毅
45	外语教学与研究出版社	翻译学导论	李德凤
46	外语教学与研究出版社	对比短语学探索——来自语料库的证据	卫乃兴 陆军
47	外语教学与研究出版社	认知心理与社会文化视角下的英语写作教学与研究——第八届写作会论文集	王俊菊 林殿芳
48	中国社会科学出版社	英语主位化评述结构的功能语言学研究	邵春
49	中国社会科学出版社	第二语言声调习得实验研究——个案对比分析	易斌
50	中国社会科学出版社	语言世界观视野中的理论与文学	赵志军
51	中国社会科学出版社	网络语言的语体学研究	张玉玲
52	中国社会科学出版社	文学、语言学科前沿研究报告（2010—2012）（中国哲学社会科学学科发展报告·学科前沿研究报告系列）	中国社会科学院科研局组织撰写
53	中国社会科学出版社	文学批评的方法论研究	杜宁
54	中国社会科学出版社	贝尔·胡克斯黑人女性主义文学批评研究	赵思奇

（待续）

（续表）

序号	出版社	书名	作者 / 编者 / 译者
55	中国社会科学出版社	莎士比亚历史剧与元代历史剧比较研究（比较文学与文化丛书）	李艳梅

2）辞典出版

（1）《朗文当代高级英语辞典》（英英·英汉双解）（第五版）

2014 年 5 月，外研社联合培生教育出版集团共同推出了《朗文当代高级英语辞典》（英英·英汉双解）（第五版），该版双解本为英语学习者提供了交流、阅读、写作和翻译的全面解决方案。本辞典收录词条、短语和释义达 230,000 条，包含了大量新词新义；涵盖了各种文化词目，帮助读者学习英语国家文化。[30]

2014 年 8 月 28 日，外研社联合培生教育出版集团宣布：《朗文当代高级英语辞典》（英英·英汉双解）（第五版）光盘版首发上市。光盘收录了词典的全部内容，具有查询、发音、笔记、书签、超链接等 5 大功能，使得"朗当"成为中国市场上唯一一配备全文光盘的英汉双解词典。[31]

（2）《牛津高阶英汉双解词典》第 8 版 [32]

《牛津高阶英汉双解词典》第 8 版于 2014 年 8 月 27 日由商务印书馆首发。新版《牛津高阶英汉双解词典》内容增加 20%，增加 1,000 新词，5,000 余项修订，强化牛津 3,000 核心词，新增"词语搭配"和"用语库"、"牛津写作指南"和"iWriter 交互式软件"指导写作等。同时，越来越多的中国元素逐渐融入英语的语言生活，诸如 chowmein（炒面）、wonton（馄饨）、dragonboat（龙舟）、sampan（舢板）、putonghua（普通话）等具有中国特色的词汇被收录。

（3）《新牛津英汉双解大词典》APP 发布 [33]

2014 年 10 月 30 日，《新牛津英汉双解大词典》APP 发布会在上海外语教育出版社举行。《新牛津》APP 完全保留了纸质本正文内容，其手机应用增加了真人发音、候选词表、查询历史、拍照查词、全终端单词本以及复习计划等应用功能，以期在内容权威性和查阅便捷性等方面，为用户带来更为便捷与高效率的学习体验。

3）教材出版

2014 年，清华大学出版社主要推出了博采英语系列听说、阅读教材的第二版；上海外语教育出版社主要推出了新世纪商务英语专业本科教材修订版系列、新世纪高等院校英语专业本科生教材修订版系列、新世纪师范英语系列教材以及翻译专业本科生系列教材；外语教学与研究出版社则继续完善了现代大学英语（第二版）系列教材，推出了《跨文化沟通》一书。

7. 科学研究项目

2014 年国家社科基金年度项目立项中外国文学及语言学两个方向共立项 276 项，大幅超越了 2013 年该方向的立项项目数。外国文学方向重点项目立项 2 项，一般项目立项 78 项，共立项 80 项。语言学方向重点项目立项 23 项，一般项目立项 173 项，共立项 196 项。其中，与英语专业相关项目立项 123 项。英语文学方向重点项目立项 1 项，一般项目立项 48 项，共立项 49 项。英语语言学方向重点项目立项 7 项，一般项目立项 67 项，共立项 74 项。

2014 年国家社科基金青年项目立项中，外国文学方向立项 27 项，语言学方向立项 63 项，共立项 90 项。其中，与英语专业相关项目立项 123 项，英语文学方向立项 17 项，语言学方向立项 16 项。

2014 年度教育部人文社会科学研究项目中，外国文学及语言学两个方向共立项 246 项，略低于 2013 年的该方向的立项项目数。其中，外国文学规划基金项目有 20 项，青年基金项目有 37 项。语言学规划基金项目有 62 项，青年基金项目有 127 项。与英语专业相关项目立项 120 项，英语文学规划基金项目有 15 项，青年基金项目有 25 项。英语语言学规划基金项目有 33 项，青年基金项目有 47 项。

---

[1] 钟美荪、孙有中，2014，以人才培养为中心，全面推进外语类专业教学改革与发展——第五届高等学校外国语言文学类专业教学指导委员会工作思路 [J]，《外语界》（1）：2-8。

[2] 中国网，2014，2015 年考研报考热度前十个专业名单揭晓 [OL]，http://edu.china.com.cn/2015-01/07/content_34494413.htm（2014 年 12 月 30 日读取）。

[3] 腾讯教育新闻网，2014，教育部公布就业率低专业名单 15 专业被亮红牌 [OL]，

http://edu.qq.com/a/20141014/010099.htm（2014 年 12 月 30 日读取）。

[4] 麦可思研究院，2014，《2014 年中国大学生就业报告》[M]。北京：社会科学文献出版社。

[5] 教育部高等学校英语专业教学指导分委员会，2014，专家聚我校研讨英语类专业本科教学质量国标 [OL]，http://elt.gdufs.edu.cn/info/1015/1035.htm（2014 年 12 月 30 日读取）。

[6] 上海外语教育出版社，2014，第八届全国英语专业院长 / 系主任高级论坛综述 [OL]，http://www.sflep.com/press-center/news/1057-2014-05-14-03-39-20（2014 年 12 月 30 日读取）。

[7] 教育部高等学校英语专业教学指导分委员会，2014，英语类专业本科教学质量国家标准上海研讨会 [OL]，http://elt.gdufs.edu.cn/info/1028/1024.htm（2014 年 12 月 30 日读取）。

[8] 上海交通大学新闻网，2014，《英语类专业本科教学质量国家标准》第三次研讨会在交大召开 [OL]，http://news.sjtu.edu.cn/info/1003/262174.htm（2014 年 12 月 30 日读取）。

[9] 上海外语教育出版社，2014，外教社召开"十三五"英语类专业学科建设与发展研 讨 会 [OL]，http://www.sflep.com/press-center/3-news/1104-2014-11-19-08-07-03（2014 年 12 月 30 日读取）

[10] 中国教育新闻网，2014，第三届中国外语战略与外语教学改革高层论坛举行 [OL]，http://www.jyb.cn/high/gdjyxw/201411/t20141123_605129.html（2014 年 12 月 30 日读取）。

[11] 教育部高等学校英语专业教学指导分委员会，2014，标准与特色——新国标下英语专业改革展望 [OL]，http://elt.gdufs.edu.cn/info/1015/1038.htm（2014 年 12 月 30 日读取）。

[12] 新疆师范大学，2014，2014 年全国师范院校外语学院（系）院长（主任）联席会议在我校举行 [OL]，http://www.xjnu.edu.cn/s/1/t/36/21/70/info74096.htm（2014 年 12 月 30 日读取）。

[13] 教育部高等学校翻译专业教学协作组，2014，第十届全国翻译院系负责人联席会议召开 [OL]，http://cnbti.gdufs.edu.cn/news/306.html（2014 年 12 月 30 日读取）。

[14] 中国国际商务英语研究会，2014，第十一届全国国际商务英语研讨会 [OL]，http://www.caibe.org/Meeting/Detail.asp?id=79&cateID=10（2014 年 12 月 30 日读取）。

[15] 中国对外经济贸易大学新闻网，2014，2014 全国高等学校商务英语专业相关会议顺利召开 [OL]，http://news.uibe.edu.cn/uibenews/10_article.php?articleid=22153（2014 年 12 月 30 日读取）。

[16] 宁波大学人文科学处，2014，第四届全国认知语言学与二语习得学术研讨会在我校召开 [OL]，http://skc.nbu.edu.cn/info/1074/18773.htm（2014 年 12 月 30 日读取）。

[17] 中国第二语言习得研究专业委员会，2014，第六届中国第二语言习得研究国际研讨会总结报告 [OL]，http://www.l2china.com/Show.Asp?ID=1121（2014 年 12 月 30 日读取）。

[18] 外语教学与研究出版社，2014，面向本土化与个性化的中国英语教学改革与研究——第七届中国英语教学国际研讨会在南京大学召开 [OL]，http://www.fltrp.com/academicnews/15624（2014 年 12 月 30 日读取）。

[19] 西南大学党委研究生工作部，2014，国英语诗歌研究会第四届年会暨"现代英语诗歌的主题与形式"学术研讨会顺利举行 [OL]，http://ygb.swu.edu.cn/final/content.php?article=4374（2014 年 12 月 30 日读取）。

[20] 人大新闻网，2014，全国美国文学研究会第十七届年会暨学术研讨会在中国人民大学苏州校区举行 [OL]，http://news.ruc.edu.cn/archives/90774（2014 年 12 月 30 日读取）。

[21] 上海师范大学，2014，我校主办中美诗歌诗学协会第三届年会 [OL]，http://www.shnu.edu.cn/Default.aspx?tabid=9597&ctl=Details&mid=19994&ItemID=152029（2014 年 12 月 30 日读取）。

[22] 清华大学新闻网，2014，中国英汉语比较研究会第十一次全国学术研讨会暨 2014 英汉语比较与翻译研究国际研讨会在清华开幕 [OL]，http://news.tsinghua.edu.cn/publish/news/4205/2014/20140827094201807484584/20140827094201807484584_.html（2014 年 12 月 30 日读取）。

[23] 厦门大学新闻网，2014，第十届全国口译大会暨国际口译研讨会在我校召开 [OL]，http://news.xmu.edu.cn/s/13/t/542/5c/1c/info154652.htm（2014 年 12 月 30 日读取）。

[24] 广东外语外贸大学，2014，语用与翻译国际学术研讨会广外召开 [OL]，http://www.gdufs.edu.cn/info/1106/42877.htm（2014 年 12 月 30 日读取）。

[25] 商务印书馆，2014，第五届"《英语世界》杯"翻译大赛结果揭晓 [OL]，http://www.cp.com.cn/Content/2014/09-28/1555116945.html（2014 年 12 月 30 日读取）。

[26] 外语教学与研究出版社，2014，第 18 届"外研社·京东杯"全国大学生英语辩论赛，http://www.chinadebate.org/18th/cn/（2014 年 12 月 30 日读取）。

[27] 厦门大学新闻网，2014，第五届海峡两岸口译大赛总决赛顺利举行 [OL]，http://news.xmu.edu.cn/s/13/t/542/5c/8d/info154765.htm（2014 年 12 月 30 日读取）。

[28] 外语教学与研究出版社，2014，2014"外研社杯"全国英语演讲大赛各奖项终有所属 [OL]，http://speaking.unipus.cn/2014/notice/415860.shtml（2014 年 12 月 30 日读取）。

[29] 外语教学与研究出版社,2014,2014"外研社杯"全国英语写作大赛决赛举行 [OL], http://writing.unipus.cn/2014/notice/415834.shtml(2014 年 12 月 30 日读取)。

[30] 外语教学与研究出版社,2014,朗文当代高级英语辞典(英英·英汉双解)(第五版)[OL], http://www.fltrp.com/products/14980(2014 年 12 月 30 日读取)。

[31] 中国高校教材图书网,2014,《朗文当代高级英语辞典》(英英·英汉双解)(第五版)全文光盘版首发式在 BIBF 举行 [OL], http://www.sinobook.com.cn/press/newsdetail.cfm?iCntno=19727(2014 年 12 月 30 日读取)。

[32] 中国新闻网,2014,商务印书馆推《牛津高阶英汉双解词典》第 8 版首发 [OL], http://www.chinanews.com/cul/2014/08-27/6537602.shtml(2014 年 12 月 30 日读取)。

[33] 上海外语教育出版社,2014,辞书数字化工作研讨会暨《新牛津英汉双解大词典》APP 发布会召开 [OL], http://www.sflep.com/press-center/news/1098-app(2014 年 12 月 30 日读取)。

第二节 俄语

一、大学俄语[1]

1. 引言

　　回顾中国俄语教学的历史，均与中俄（苏）关系的发展密切相关。中国俄语教学的历史可以追溯到清朝康熙四十七年（1708 年）俄罗斯文馆的设立[1]。300 多年来，中国俄语教学始终是中国外语教学的重要组成部分，经历了新中国成立前的起步阶段、新中国成立后的逐步发展以及中俄战略合作框架下进一步发展壮大的曲折历程[2]。今天，国内已有 400 多所高校开设了大学俄语课程。在中俄战略合作的框架下[3]，中国大学俄语教学取得了令人瞩目的成就，但也面临着诸多的问题与挑战。

2. 2014 年教学改革工作的简要回顾

　　2014 年是我国大学俄语教育改革与发展的一年。是新一届教育部高等学校大学外语教学指导委员会俄语组（以下简称大外教指委俄语组）在 2013 年换届后，带领全国大学俄语师生锐意改革、勇于进取的一年。在大外教指委俄语组和大学外语教学研究会俄语分会的领导下，在全国大学俄语师生的共同努力下，大学俄语教学改革取得了一些成绩。

1）做好组织上的保障

　　2013 年大外教指委俄语组换届，成立了新一届 2013—2017 年大外教指委俄语组班底，为做好 2014 年的大学俄语教学改革与发展工作提供了强有力的组织保障。

　　这一届的特点是顺利完成了新老交替，有四位老委员离任（蒋财珍、马步

1　本部分作者：何红梅，清华大学。

宁、刘玉英、刘永红教授）。留任三人（何红梅、刘颖、李庆华教授），同时增补三位新委员。

2）加强俄语用于通识教育和第二外语教材的建设

教材建设历来是大外教指委俄语组和大学外语教学研究会俄语分会的重要工作之一。2000—2005年、2006—2010年期间，俄语用于第一外语的"十五"、"十一五"两套（共计24册）国家级规划教材《新大学俄语》[4] 和《全新大学俄语》[5] 系列教材的建设工作圆满完成，并双双荣获"北京市精品教材"的称号。

自2013年至今本届教学指导委员会又在努力创新，开发编写两套全新的教材：

（1）由何红梅教授和马步宁教授作为总主编主持，重点打造《魅力俄罗斯》多媒体通识教育系列教材（共计4册）[6]

此项目自2013年起开始筹划，2014年起开始编写，截至目前第一册和第二册的编写工作已经完成并出版。2016年年底将出版第三册、第四册，同时完成网上资源包和多媒体课件的建设工作。

（2）由武晓霞教授主编，面向二外教学的教材《大学通用俄语》（共计2册）已经完成编写工作，预计2015年下半年和2016年出版完毕。

3）2012年增设六级测试，进一步完善大学俄语四、六级测试体系[7]

（1）全国大学俄语四、六级测试历史的简要回顾[8]

全国大学俄语测试分为三个发展阶段：

1990年至2003年是第一阶段：探索；

2004年至2011年是第二个阶段：改革与发展；

2012年至今是第三个阶段：逐步完善成熟。

（2）与全国四、六级测试改革的相关数据

自1990年起至今已经进行26次全国大学俄语测试。其间曾进行了两次测试改革[9]：

第一次是2003年：修订四级测试大纲[10]；

第二次是2011年：再次修订四级测试大纲[11]，同时增设六级测试[12]；

截至 2015 年，按照新的考试大纲，四、六级测试已经成功进行了四次。通过率基本保持在30%-35% 之间，从而进一步推进了我国大学俄语教学建设，提升了教学质量。

近年全国大学俄语四、六级测试具体数据如下：（感谢马步宁教授提供以下数据）

全国大学俄语四级统考考生人数统计：

2012 年全国实考总数为 6,584 人；

2013 年全国实考总数为 5,484 人；

2014 年全国实考总数为 4,915 人；

2015 年全国实考总数为 5,725 人；

全国大学俄语六级统考考生人数统计：

2012 年实考总数为 2,469 人；

2013 年实考总数为 2,896 人；

2014 年实考总数为 2,699 人；

2015 年实考总数为 2,466 人；

自 2013 年起，在上海同济大学蒋财珍教授和北京航空航天大学马步宁教授的努力下，阅卷点从上海迁至北京，自 2014 年起实现机器阅卷，这极大地提升了阅卷的准确性和工作效率。

4）2014 年 3-7 月首次举办全国大学俄语教学多媒体课件大赛

参赛作品：28 个

获奖作品：14 个（分特等奖、一等奖、二等奖和优秀奖）

作品特色：全部以教学正在使用的教材为依据，利用丰富多彩的多媒体教学技术手段，图文并茂、妙趣横生，充分展示了教师们运用新教学模式和技术手段的能力和水平。

评判规则：制定了严格的比赛规则，聘请全国大学俄语界知名专家和教授组成评审组进行评审。

意义：通过组织此项活动，极大地提升了广大一线教师学习新的教育技术和理念的积极性，与时俱进，从而进一步提高大学俄语的教学质量。

5）圆满完成全国大学俄语教学现状的调查项目

为了全面适应现代化建设对各类人才培养的需要，教育部教学指导委员会大学外语教学改革研究项目为俄语组设立了子课题"全国大学俄语教学现状调研"[13]。

我们将本次调研结果与2003年的调研结果相结合[14]，做统一归纳整理，目的是引起相关部门和领导的关注，提出解决问题的方案，开创我国大学俄语教学的美好未来。调研报告已由高等教育出版社出版。

6）加强师资队伍建设，注重教师培训工作，每年召开全国大学俄语教学研讨会，迄今已成功举办28届

除"非典"和2014年未举办，每年均举办全国研讨会。迄今已成功举办28届，这也可以称作是大学俄语教学界的一个"奇迹"。会长马步宁教授、秘书长武晓霞教授为此付出了巨大的努力，高等教育出版社和全国大学英语四六级考试委员会以及教育部考试中心也对全国大学俄语教学研讨会给予了大力支持。

研讨会注重对教师进行新的教学理念和教学手段的培训。与会代表畅所欲言，宣读论文，就大学俄语教学改革与发展的热点问题进行广泛的交流和热烈的讨论。

令人可喜的是，出席会议的代表中，青年教师的比例也在逐年加大，这说明我国大学俄语教师队伍的新老交替工作已基本完成，我国大学俄语教学事业后继有人。

7）配合"俄罗斯旅游年"、"青年交流友谊年"等举办系列活动

近年来，随着中俄战略协作伙伴关系的日益推进，两国人文交流与合作日益频繁[15]：2012-2013年为中国的"俄罗斯旅游年"和俄罗斯的"中国旅游年"；2014年为两国"青年交流友谊年"；2015年为两国"媒体交流年"。

利用以上契机，我们组织学生参加多项人文交流活动：参观俄罗斯驻中国使馆、俄罗斯文化中心、品尝俄罗斯美食、观看俄罗斯歌舞等。同时，我们协助两国使馆教育处完成互派留学生和访问学者等工作。

3. 面临的问题与挑战

虽然近年来中俄两国的关系发展得越来越密切，但遗憾的是，这一切并没有给大学俄语教学带来明显的转机。随着苏联的解体，俄语教学在世界范围内，包括中国，受到了严重的冲击。俄语教学面临着严峻的问题与挑战。具体体现在：

1）俄语教学尚未得到教育部门应有的重视，导致俄语人才极度匮乏，不能完全满足社会需求。

2）近些年作为一外学习的俄语学生数量锐减，大学俄语教学生源面临严峻危机。

3）学生学习俄语的积极性和主动性不高。

4）大学俄语教师队伍的稳定性不容乐观。

5）大学俄语教材仍不能完全满足教学的需要等 [16]。

4. 解决问题的方略

1）习近平总书记提出"一带一路"伟大构想后 [17]，对俄语人才的需求将有大幅度的增加，这为大学俄语教学的发展创造了新的机遇和契机。

2）再次呼吁政府相关部门，应大力扶持大学俄语教学，就俄语学生在高考、考研、留学、就业等方面制定一些特殊的优惠政策，使更多的学生愿意学习俄语，研究俄语，从而成为国家的有用之才。

3）应按计划、按比例在重点省份和地区的中学开设俄语课程，保障大学俄语生源不断线。

4）应重视俄语师资力量的培养，稳定教师队伍，提高大学俄语教师的待遇和地位。

5）应集中人力、财力进一步加强教材体系建设 [18]，尤其是俄语用于研究生第一外语教材的建设。

5. 下一步的工作思路

1）紧紧抓住"一带一路"的伟大构想为大学俄语教学所创造的难得的发展机遇和契机，积极向相关领导部门建言献策，力争获得理解与支持，改善目前大学俄语教学的现状，使大学俄语教学能够培养出国家所需要的人才。

2）再次对全国大学俄语教学的现状进行调研，为教育部和相关领导制定俄语教学的规划提供第一手数据和资料。

3）积极开展学术研究，力争完成《中国大学俄语教学研究理论与实践》论文集的编辑与出版工作。这是继教育部副部长刘利民策划并主编、由外语教学与研究出版社出版的《中国俄语教学研究理论与实践》论文集之后，对我国大学俄语教学 300 多年的历史与发展、成就与挑战以及解决问题的方略进行的全面梳理与总结，是对刘利民副部长的论文集很好的补充与完善，其出版将对未来的中国大学俄语教学带来一定的指导和借鉴意义。

4）进一步加强教材建设。2016 年底前完成通识教育多媒体系列教材《魅力俄罗斯》以及俄语用于第二外语教材《大学通用俄语》的出版工作。如具备条件，力争启动俄语用于研究生第一外语的教材建设。

5）如条件允许，继全国大学俄语多媒体课件大赛之后，举办首届"全国大学俄语微课"竞赛，充分体现以"学"为主的教学理念。

6）积极协助俄使馆推荐中国优秀学生赴俄留学。近年，中俄教育部签署协议，每年互派 300 名优秀学生留学，两国将在学生的未来学习生活中提供很多优惠和便利 [19]。

7）每年继续召开全国大学俄语教学研讨会。

我们相信：在教育部高等教育司的领导下，大外教指委俄语组和大学外语教学研究会俄语分会一定会带领全国大学俄语师生，团结一致，不惧困难，砥砺进取，求实创新。在中俄战略协作的大好环境下，在"一带一路"伟大构想的感召下，我国大学俄语教学一定会战胜困难，迎接中国大学俄语教学改革与发展更加美好的明天！

---

[1]　戴炜栋、胡文仲，2009，《中国外语教育发展研究》（1949—2009）[M]。上海：上海

外语教育出版社。

[2] 王守仁，2008，《高校大学外语教育发展报告》（1978—2008）[M]。上海：上海外语教育出版社。

[3] 赵鸣文，2012，《浅论中俄关系的挑战与机遇》[J]，《和平与发展》(3)。

[4] 何红梅、马步宁等，2004—2005，《新大学俄语》[M]。北京：高等教育出版社。

[5] 何红梅、马步宁等，2009—2010，《全新大学俄语》[M]。北京：高等教育出版社。

[6] 何红梅、马步宁等，2015，《魅力俄罗斯》[M]。北京 : 高等教育出版社。

[7] 何红梅等，2003，我国大学俄语教学的新思路——评全国大学俄语四级统考测试改革方案 [J]，《清华大学教育研究》(2)。

[8] 何红梅，2002，全国大学俄语四级测试改革与试题库建设 [J]，《大学俄语教学与研究》。

[9] 何红梅等，2003，试论全国大学俄语四级测试改革方案 [J]，《清华大学教育研究》(1)。

[10] 大学俄语考试设计组，2003，《大学俄语四级考试大纲》[M]。 北京：高等教育出版社。

[11] 全国大学俄语考试设计组，2010，《大学俄语四级考试大纲及说明》[M]。北京：高等教育出版社。

[12] 全国大学俄语考试设计组，2011，《大学俄语四、六级考试大纲及说明》[M]。北京：高等教育出版社。

[13] 王守仁、王海啸，2013，《大学外语教学改革研究》[M]。北京：高等教育出版社。

[14] 马步宁，2007，全国大学俄语教学情况调查 [J]，《外语与外语教学》(6)。

[15] 李亚男，2011，《论中俄关系发展进程中的人文交流与合作》[J]，《东北亚论坛》(6)。

[16] 何红梅，1995，从《教学大纲》要求看《大学俄语基础教程》[J]，《中国俄语教学》(1)。

[17] 人民网，2015，"一带一路"战略蕴藏无限机遇 [OL]，http://culture.people.com.cn/n/2015/0402/c172318-26787670.html（2015 年 8 月 2 日读取）。

[18] 何红梅，1999，试论面向二十一世纪的新编大学俄语阅读教程的编写原则 [J]，《清华大学教育研究》(3)。

[19] 韩存礼，2003，加强中俄教育合作，培养具有专业知识的俄语人才 [J]，《俄语学习》(2)。

二、俄语专业 [1]

1. 教学改革

1）学科建设的内涵式发展

2014 年，中俄全面战略协作伙伴关系进入新的历史阶段，上合组织成员国在各领域合作有效开展，新丝绸之路经济带建设统筹推进，又适逢中俄青年友好交流年，俄语教育由此提升到国家发展战略的高度。此前中国俄语教学研究会会长刘利民早就指出："应从国家战略的高度给予俄语教学足够的重视"。[1]

学科建设是内涵式发展战略的基石和平台。要使学科建设获得生命力和可持续发展的动力，就必须要弄清楚俄语学科建设的理念、俄语教育的宗旨和任务，以及改革的目标。2013 年，俄语学界多次强调俄语的学科发展和专业建设应遵循人文理念，实现语言"工具性"和"人文性"的统一。2014 年，又先后举办了两次全国高校俄语专业学科建设高层论坛，再次共商俄语学科建设的定位、发展和方向，将俄语专业教育改革继续向纵深推进。目前，全国共有三所院校的俄语语言文学专业是国家重点学科，它们是黑龙江大学、上海外国语大学、解放军外国语学院[2]。全国共有十所院校的俄语专业是国家级特色专业，它们是黑龙江大学、西安外国语大学、黑河学院、北京外国语大学、四川外国语大学、上海外国语大学、首都师范大学、大连外国语大学、呼伦贝尔学院、天津外国语大学[3]。

2）人才培养与课程设置

新时期新形势下国家和社会对人才培养提出多元要求，不同类型的院校根据自身的特点和比较优势也"随需应变"，并以 2012 年出版的《高等学校俄语专业教学大纲》（第 2 版）为指南，相继重定俄语人才培养方案和创新机制，旨在打造具有自身院校特色的复合型人才培养模式。课程设置和学分体系也在逐步进行相应的调整，以保证人才培养模式改革的成功推进。目前全国俄语专

---

1 本部分作者：徐先玉，首都师范大学。

业中共有六门国家级精品课：解放军外国语学院的《综合俄语》（负责人：郐友昌）、山东大学的《俄语翻译》（负责人：丛亚平）、黑龙江大学的《现代俄语》（负责人：张家骅、吴丽坤）、《俄语实践》（负责人：邓军、黄东晶）和《俄语视听说》（负责人：王铭玉）、大连外国语大学的《高级俄语综合课》（负责人：孙玉华）。

3）考试改革

全面、客观、科学、准确的测试体系对于实现教学效果评估和个性化人才培养至关重要，因此测试与学习能力评价手段的创新也不容忽视。自 2013 年起，俄语专业四、八级水平测试开始按照新考纲草案进行。新的测试模式中大部分题型在题量安排、分值比例、考试用时等方面都与原有测试模式不同，提高了试题的区分度，考试的信度和效度，考试重点由考查单向语言知识转向语言综合运用能力。实施新考纲后，及格率出现了明显的提升。

2012 年，北京外国语大学俄语学院和外研社联合开发的 iTEST 俄语专业测试与训练系统正式对外发布，但尚未得到积极有效的应用。2014 年，"俄语测试：理论与实践学术研讨会"在北京外国语大学召开，与会学者就俄语考试的现状与改革、应用型俄语人才培养模式与测试的关系、现代化外语测试等课题进行了探讨，并进一步推广了这套测试与训练系统。[4]

4）师资建设

合理的师资结构、雄厚的师资力量是俄语学科发展和专业建设的坚实基础，是提高办学水平和人才培养质量的关键。各院校不仅十分注重领军人物的培养和引进，而且积极建立优秀人才培养机制，旨在建设职称结构合理、年龄结构优化、学历层次高、知识结构多元化和科研能力强的教师队伍。2014 年 8 月和 9 月先后举办了"俄语口译教学与实践"高级研修班和全国高校俄语专业青年教师研修班，以期提高教师的教学水平、理论水平和实践水平。目前俄语教师进修和培训的渠道狭窄，仍有待拓宽。

2. 招生及就业情况

根据高考志愿填报系统检索，目前全国开设俄语语言文学专业（本科）的院校已达 145 所（含二级学院），比去年增加了 19 所院校，各院校招生人数从十几人到一百多人不等。此外还有 19 所院校开设了应用俄语专业（专科），主要为商贸和旅游方向 [5]。2014 年，北京语言大学自主招生中新增俄语专业。2014 年，教育部公布了 2013 年度普通高等学校本科专业设置备案或审批结果，其中新增俄语专业备案的 4 所院校是浙江外国语学院、德州学院、山东女子学院、宁夏大学 [6]。根据 2015 年硕士研究生招生专业目录，我国共有 63 所高等院校或科研院所招收俄语专业硕士研究生，比去年增加了 5 所院校，其中 985 院校 16 所，211 院校 38 所，具有该专业博士学位授权点的院校 58 所 [7]。

21 世纪以来的"俄语热"再次引起高校对俄语的重视，招生院校数量和招生数量都呈明显上升态势，这也反映出市场对俄语人才的需求。近年来，中俄在铁路、油气、通信、机电、建筑等方面签署了大量合作协议，急需补充俄语人才；2015 年的国家公务员招考中，外交部俄语职位需求 14 名，商务部俄语职位需求 11 名，需求量在小语种岗位中最多。然而 2009—2013 年俄语专业的未就业（或自主创业）人数比例仍然在 6%—14% 之间，培养方向与市场需求相脱节的现象依然存在。[8]2014 年 8 月教育部高等教育司发函，指出人才培养存在的质量问题："知识结构有待优化，学科专业知识储备不足，语言综合应用能力，特别是解决实际问题能力不强"。因此，高校一方面要适时调整人才培养方案，另一方面也要避免盲目迎合市场扩招，造成需求过剩的局面。[9]

3. 学术会议

1）全国"俄罗斯文学与文化"学术研讨会 [10]

2014 年 3 月 21 至 24 日，由南开大学文学院与中国俄罗斯文学研究会共同举办的"全国'俄罗斯文学与文化'学术研讨会"在南开大学举行。来自北京大学、北京师范大学、中国人民大学等近 20 所高校及科研机构的 30 余名专家参加了会议。

本次会议的主要议题是就国家社科基金重点项目"俄罗斯民族文化语境下

的巴赫金文艺思想"展开讨论,具体论题涉及文化诗学与俄罗斯文学研究、俄罗斯民族文化与文艺思想之关系、具体文学文本中的文化表征以及俄罗斯文学研究的最新进展等。

2）第七届全国高校俄语翻译理论与翻译教学研讨会 [11]

2014 年 3 月 29 至 4 月 1 日,由中国俄语教学研究会主办、武汉大学承办的"第七届全国高校俄语翻译理论与翻译教学研讨会"在武汉大学召开。来自全国 58 所高等学校和科研院所的 78 名专家代表出席了会议,共收到论文 60 篇,内容涵盖口笔译理论与实践、语料库建设、翻译教材编写、翻译教学方法、MTI 教学等问题。

3）中国俄语教学研究会第八次会员代表大会暨中国俄罗斯东欧中亚学会俄语教学研究会第一次会员代表大会 [12]

"中国俄语教学研究会第八次会员代表大会暨中国俄罗斯东欧中亚学会俄语教学研究会第一次会员代表大会"于 2014 年 6 月 21 至 22 日在北京召开。参加此次会议的有常务理事单位 24 个、理事单位 13 个、会员单位 33 个,共计 70 个单位的代表及列席代表 80 多人出席大会。会上正式宣布中国俄语教学研究会为中国俄罗斯东欧中亚学会分支机构,选举出以刘利民为会长的新一届领导机构。研究会秘书处设在北京大学。会上还讨论并通过了十所院校单位的入会申请。

4）全国第四届《俄罗斯文艺》学术前沿论坛 [13]

为纪念莱蒙托夫 200 周年诞辰,促进中俄文化交流,由哈尔滨师范大学俄罗斯文化艺术研究中心与中国俄罗斯文学研究会、《俄罗斯文艺》编辑部共同承办的"全国第四届《俄罗斯文艺》学术前沿论坛"于 2014 年 7 月 4 至 6 日在哈尔滨举行。

本次论坛以"世界文学视野中的莱蒙托夫:纪念莱蒙托夫 200 周年诞辰"、"还乡:俄罗斯文学中的乡村书写变迁"、"俄罗斯文学与文化中的高加索形象"、"当代俄罗斯女性文学研究"、"俄罗斯文化中的宗教、哲学问题"等为主要议题,广泛探讨中俄文学交流的历史、现状与未来,推动国内俄罗斯文化、文学艺术研究的发展。

5）中西语言哲学研究 2014 年年会暨第五届中西语言哲学国际研讨会 [14]

2014 年 7 月 23 至 24 日，"中西语言哲学研究 2014 年年会暨第五届中西语言哲学国际研讨会"在黑龙江大学召开，此次会议由中西语言哲学研究会主办，黑龙江大学《外语学刊》编辑部、俄罗斯语言文学与文化研究中心和俄语学院共同承办。来自国内高校和科研机构的 100 余名知名专家、学者参加了此次会议。

专家围绕"国外语言哲学本土化探索"这一主题，就中国后语言哲学建设、英美语言哲学引介和批判、欧陆语言哲学对比研究、语言哲学与语言学的互动关系等热门议题进行研讨。

6）中国苏联东欧史研究会 2014 年年会 [15]

2014 年 8 月 8 至 10 日，"'俄罗斯、东欧、中亚：历史与现实比较'学术研讨会暨中国苏联东欧史研究会 2014 年年会"在哈尔滨召开。会议由中国苏联东欧史研究会和中俄全面战略协作协同创新中心、黑龙江大学《俄罗斯学刊》联合主办。来自全国高校和科研机构的 100 多位学者出席了此会议。

本次年会达成的共识如下：第一，历史研究是科学研究，应以求实存真、探求历史真相为目标；第二，要重视实证，重视历史过程的叙述，不能从理论到理论、从概念到概念，应加强根据历史档案对具体问题的研究，避免泛论、空论；第三，人类社会与自然界不同，它的发展变化受人的活动影响很大，人的主观能动性在历史发展进程中发挥重要作用，很多重大历史事件往往都是由某个偶然因素构成的。所以对各种问题，必须进行具体的研究，关注历史进程中的各种偶然事件，加强微观考察。

7）第十二届全国俄语语言与文化研讨会 [16]

2014 年 10 月 25 至 26 日，由中国俄语研究会主办，黑龙江大学俄语学院、俄罗斯语言文学与文化研究中心承办的"第十二届全国俄语语言与文化研讨会"在黑龙江大学召开，来自国内高校的 40 余名专家学者参加了此次研讨会。

与会学者围绕我国语言文化学的学科建设、文化理念阐释与分析、区域国别研究、俄语语言与文化的关系等议题展开探讨，并就新形势下的俄语语言与文化问题畅所欲言，共同探索中国俄语语言文化学研究的新路径，共话中国俄语语言与文化研究和教学的新方向、新概念、新方法、新视野、新观察、新前景。

8）"跨文化话语旅行中的巴赫金"国际研讨会[17]

2014 年 11 月 15 至 17 日，由中国巴赫金研究会、中国社会科学院文学理论研究中心、全国外国文论与比较诗学研究会、中国俄语教学研究会、南京大学外国语学院、南京师范大学外国语学院联合举办的"跨文化话语旅行中的巴赫金国际研讨会暨《跨文化视界中的巴赫金丛书》首发式"在南京大学召开，来自全国近 100 所高校和研究机构的专家学者参加了本次会议。

据了解，《跨文化视界中的巴赫金丛书》由我国巴赫金研究者历经 5 年的甄选、翻译、编辑，遴选出国内外巴赫金学研究中最具代表性的学术论文，集辑成五册由南京大学出版社出版。该丛书的出版将把汉语世界对巴赫金理论的阐释与应用推向纵深，同时，也将有利于促进中外巴赫金研究者之间的深度交流。

4. 专业活动

1）2014 第二届全国高校俄语专业学科建设高层论坛暨高级研修班[18]

"2014 第二届全国高校俄语专业学科建设高层论坛暨高级研修班"于 2014 年 3 月 8 至 10 日在北京大学举办。此次高层论坛及高级研修班由教育部高等学校俄语专业教学指导分委员会（简称外指委俄语分委会）、中国俄语教学研究会、北京大学外国语学院俄罗斯语言文学系、上海外国语大学俄语系及北京大学出版社联合举办。来自全国各地的 140 余名高校专家学者和教师参加了此次论坛。

各位专家学者针对十万人留学计划的实施问题，不同区域、不同程度的学校的俄语人才培养定位、特色课程、教材建设等问题广开言论，从对俄语专业人才培养的思考谈到俄语学科内涵式建设与发展的思考；从新形势下俄语本科教学与课程设置谈到中俄的联合办学，提出了很多新观点、新理念。

2）全国高校俄语专业教学研讨会 [19]

2014年6月28至29日，由中国俄语教学研究会和吉林大学联合举办的"全国高校俄语专业教学研讨会"在长春召开。来自国内40余所高校及出版机构的近60名专家学者参加了此次会议。

与会专家、学者围绕高校俄语专业办学的战略目标和人才培养模式、教学内容和教学方法改革、俄语专业课程体系、教材、师资队伍建设等问题展开了讨论。

3）全国高校俄语专业教师研修班暨第四届俄语专业教学法学术研讨会 [20]

2014年9月21至22日，"全国高校俄语专业教师研修班暨第四届俄语专业教学法学术研讨会"在北京外国语大学召开。本次会议由外指委俄语分委会、中国俄语教学研究会和北京外国语大学俄语学院联合主办，由外语教学与研究出版社协办。来自全国60多所院校的80余名俄语教学负责人和中青年骨干教师参加了本次研讨会。

本次研讨会安排了教学观摩、专题讲座、圆桌讨论等形式丰富的研讨环节。研讨会紧紧围绕当前俄语教学中的突出问题，特别是在我国俄语教学的理念创新、课程创新、教材创新等方面提出了很多真知灼见。

4）第三届全国高校俄语专业学科建设高层论坛暨高级研修班 [21]

2014年11月20日，由上海外国语大学联合北京大学共同举办的"第三届全国高校俄语专业学科建设高层论坛暨高级研修班"在上海外国语大学开幕。共有100多名来自教育管理部门、中国俄语教学研究会和外指委俄语分委会、全国70余所高校的专家教师和海外学者出席了本次论坛。

与会专家学者分别就"俄语专业教学改革与建设"、"外语教学之机遇与挑战"、"俄语语言文学学科建设"、"中俄文学外交之可能"等议题进行发言。

5. 学生赛事及其他活动

1）第二届首都高校俄语电影配音大赛

2014 年 4 月 19 日，由北京外国语大学俄语学院主办的第二届首都高校俄语电影配音大赛决赛在北京外国语大学举行。共有 10 支队伍参加了比赛，北京外国语大学、中国人民大学、对外经贸大学、北京第二外国语学院、中国民族大学的参赛学生及观众约 200 人参加了此次活动。北京外国语大学赢得了本次大赛的一等奖。

2）第四届《俄语——我心中的歌》中国东北地区与俄罗斯远东地区高校大学生及中学生俄语比赛

2014 年 5 月 17 至 19 日，第四届《俄语——我心中的歌》中国东北地区与俄罗斯远东地区高校大学生及中学生俄语比赛在黑龙江大学举行。本次大赛由俄罗斯布拉戈维申斯克国立师范大学与黑龙江大学联合承办，黑龙江省俄语学会与东北网共同协办。来自俄罗斯远东地区及中国东北三省 28 所高校和中学的 180 余名参赛选手展开了俄罗斯文学百科知识、俄语作文、俄语歌曲、俄语短剧、"外国学生眼中的俄罗斯"视频短片等项目的竞赛。此外，比赛期间还举行了多场教学公开课、手工课、学术报告和学术研讨会。

3）首届中央电视台俄语大赛

央视俄语频道特别节目"胜者为王——2014 首届中央电视台俄语大赛"于 2014 年 6 月 23 日启动，11 月 7 日举行决赛，北京大学、北京外国语大学、大连外国语大学、黑龙江大学、上海外国语大学和西安外国语大学 6 所高校角逐团体冠军。大赛设有三个比赛环节，分别为小品短剧表演、分组辩论和分角色为中俄影视片段配音。此次大赛由教育部和中央电视台共同主办，教育部国际合作与交流司、中央电视台俄语频道承办。

4）2014 年全国高校俄语大赛

2014 年 11 月 20 至 23 日，由中华人民共和国教育部主办、上海外国语大学承办的全国高校俄语大赛在上海外国语大学举行。大赛参赛学校和人数达历届之最，来自全国 116 所高校的 293 名学生展开了激烈角逐。最终，来自北京外国语大学的赵松悦、陈圳和江宥林分别获得了本届大赛低年级组、高年级组和研究生组一等奖。本届大赛还设有俄语演讲和俄语才艺两个单项赛。大赛结束后，国家留学基金委将全额资助 45 名优胜者赴俄留学。"全国高校俄语大赛"自 2006 年起至今已成功举办八届。

5）"俄罗斯文艺"文学翻译奖·第六届全球俄汉翻译大赛

教育部人文社会科学重点研究基地黑龙江大学俄罗斯语言文学与文化研究中心、《俄罗斯文艺》杂志社、南京大学、中国俄语教学研究会、中国译协和黑龙江省译协联合举办了"俄罗斯文艺"文学翻译奖·第六届全球俄汉翻译大赛。本届全球俄汉翻译大赛共选出一等奖 5 名，二等奖 10 名，三等奖 20 名以及优秀奖和组织奖若干名，评奖于 2014 年 12 月初揭晓。

6. 2014 年俄语专业四、八级水平测试情况

2014 年全国俄语专业四级水平测试于 5 月 24 日举行，参加测试的院校共 135 所，考生数量为 7,780 人，通过 4,402 人，及格线是 60 分，及格率为 57%。去年的及格线是 60 分，及格率为 61%。

2014 年全国俄语专业八级水平测试于 3 月 23 日举行，参加测试的院校共 119 所，考生数量为 4,398 人，通过 2,139 人，及格线是 60 分，及格率为 49%。去年的及格线是 60 分，及格率为 55%。

7. 专著、辞典、教材出版

2014 年俄语学界出版的专著涵盖语言学、语言文化、文学、翻译学、社会学和宗教等多个领域。共有 4 本词典问世，分别是商务印书馆的《实用俄汉构词词典》和《俄汉国际经贸词典》、外语教学与研究出版社的《东方大学俄语系列：迷你俄语成语词典》，以及上海译文出版社的《俄语分类学习词典》。教材方面没有新的突破，各家出版社出版的教材基本上都是对本社以往系列教材的补充，以听力、阅读、写作和国情文化为主。

表 2.9　2014 年出版的专著一览表

序号	著者 / 编者	名称	出版社
1	钱晓蕙 陈晓慧	俄语语言文化史	北京大学出版社
2	孙玉华	俄语篇章教学论	外语教学与研究出版社
3	刘锟	俄罗斯文学之存在主义传统	中央编译出版社
4	孙淑芳	俄汉语义对比研究	商务印书馆
5	陈国亭	俄汉语对比句法学	上海外语教育出版社
6	孙超	二十世纪八九十年代俄罗斯中短篇小说研究	人民文学出版社
7	白萍	跨境俄罗斯语	社会科学文献出版社
8	陆南泉	转型中的俄罗斯	社会科学文献出版社
9	李春玲	青年与社会变迁	社会科学文献出版社
10	张亚平	东正教与俄罗斯社会	社会科学文献出版社
11	王翠	语言类型学视野的俄汉语序对比研究	上海三联书店
	郑述谱 叶其松	术语编纂论	上海辞书出版社
12	黄忠廉 关秀娟	译学研究批判	国防工业出版社
13	金亚娜 刘锟 白文昌 孙超	陀思妥耶夫斯基家族往事	黑龙江大学出版社
21	滕仁	地缘政治视角下的俄罗斯与外高加索国家关系	黑龙江大学出版社

8. 2014 年科学研究项目

表 2.10　2014 年的科学研究项目一览表

序号	主持者	所属院校或基地	项目名称	项目类别
1	王树福	华中师范大学	当代俄罗斯戏剧论稿（1985—2010）	教育部社科基金后期资助项目（一般）
2	陈树林	黑龙江大学俄罗斯语言文学与文化研究中心	当代俄罗斯文化思潮演变及其影响研究	教育部社科基金重点研究基地重大项目
3	刘丽芬	黑龙江大学俄罗斯语言文学与文化研究中心	境内俄语服务窗口语言生态与中国形象构建研究	教育部社科基金重点研究基地重大项目
4	陈杨	广东技术师范学院	当代俄罗斯马克思主义流派的发展与衍变研究	教育部社科基金规划项目
5	李丽	吉林大学	俄语语言世界图景中的俄罗斯民族心理研究	教育部社科基金规划项目
6	于丹红	厦门大学	当代俄罗斯媒体的中国形象研究	教育部社科基金青年项目
7	赵艳秋	复旦大学	苏俄现代翻译研究 60 年考察（1953—2013）	教育部社科基金青年项目
8	胡巍葳	黑龙江大学	苏联解体后俄罗斯东正教会的政治影响研究	教育部社科基金青年项目
9	林精华	首都师范大学	《剑桥俄罗斯文学》（九卷本）翻译与研究	国家社科基金重大项目

（待续）

（续表）

序号	主持者	所属院校或基地	项目名称	项目类别
10	王铭玉	天津外国语大学	中央文献术语外译词典（中英、中俄、中日）编纂的理论与应用研究	国家社科基金重点项目
11	赵爱国	苏州大学	语言学视阈中的俄罗斯百年符号学史研究	国家社科基金重点项目
12	傅星寰	辽宁师范大学	俄罗斯文学"莫斯科文本"与"彼得堡文本"研究	国家社科基金一般项目
13	李建刚	山东大学	俄罗斯文学经典与公民道德建设研究	国家社科基金一般项目
14	武晓霞	北京航空航天大学	梅列日科夫斯基创作中的古代文化形象研究	国家社科基金一般项目
15	朱建刚	苏州大学	尼·尼·斯特拉霍夫文学批评研究	国家社科基金一般项目
16	刘淑梅	黑龙江科技大学	文化生态视野下的俄罗斯庄园文学研究	国家社科基金一般项目
17	张志军	哈尔滨师范大学	俄汉语言文化场对比研究	国家社科基金一般项目
18	顾鸿飞	厦门大学	基于语篇语言学的俄语口译研究	国家社科基金一般项目
19	周民权	苏州大学	社会性别定型的俄汉语用对比研究	国家社科基金一般项目
20	原伟	解放军外国语学院	基于本体的俄汉可比语料库构建与评估	国家社科基金青年项目

（待续）

（续表）

序号	主持者	所属院校或基地	项目名称	项目类别
21	王洪明	曲阜师范大学	基于语料库的俄汉构式对比研究	国家社科基金青年项目

9. 结语

2014 年是俄语教育改革稳步推进的一年。各个院校以新的教学大纲为指南，秉承"人文精神"的理念，按照新的人才培养方案实施和推进俄语教育的改革。随着中俄全面战略协作伙伴关系进入新的历史阶段，俄语教育也应顺应时代要求，不断深化改革，为国家和社会培养国际型、通识型、学习型的高级翻译人才和区域研究人才。

[1] 刘利民，2009，新中国俄语教育 60 年 [J]，《中国俄语教学》（4）：1-10，97-100。

[2] 信息来源：http://www.cdgdc.edu.cn/xwyyjsjyxx/zlpj/zdxkps/zdxk/（2015 年 3 月 10 日读取）。

[3] 信息来源：http://gaokao.chsi.com.cn/z/2011tszy/index.jsp（2015 年 3 月 10 日读取）。

[4] 信息来源：http://russian.fltrp.com/newsdetails/734（2015 年 3 月 10 日读取）。

[5] 信息来源：http://gkcx.eol.cn/（2015 年 3 月 10 日读取）。

[6] 中华人民共和国教育部，2014，《教育部关于公布 2013 年度普通高等学校本科专业设置备案或审批结果的通知》教高 [2014] 1 号。

[7] 信息来源：http://yz.chsi.com.cn/（2015 年 3 月 10 日读取）。

[8] 吕红周，2014，俄语专业人才培养的思考 [J]，《中国俄语教学》（4）：59-62。

[9] 中华人民共和国教育部高等教育司，2014，《关于加强俄语专业人才培养工作有关情况和下一步工作考虑》。

[10] 2014，"俄罗斯文学与文化"学术研讨会 [J]，《文学与文化》（4）：145。

[11] 张鸿彦，2014，第七届全国高校俄语翻译理论与翻译教学研讨会在武汉大学成功召开 [J]，《中国俄语教学》（2）：82。

[12] 2014，中国俄语教学研究会第八次会员代表大会暨中国俄罗斯东欧中亚学会俄语教学研究会第一次会员代表大会在京召开 [J]，《中国俄语教学》（3）：95-96。

[13] 信息来源：http://news.hrbnu.edu.cn/news/xxyw/2014/77/1477142652fjccf3i7ff56c2b76

k21.html（2015 年 3 月 11 日读取）。

[14] 2014，语言哲学国际研讨会暨中西语言哲学研究会年会胜利召开 [J]，《外语学刊》（5）：160。

[15] 2014，俄罗斯、东欧、中亚：历史与现实比较——苏联东欧史研究会 2014 年年会综述 [J]，《俄罗斯学刊》（5）：88-92。

[16] 信息来源：http://scho.cssn.cn/yyx/yyx_yyxsdt/201410/t20141029_1380345.shtml（2015年 3 月 11 日读取）。

[17] 信息来源：http://www.sinoss.net/2014/1118/52146.html（2015 年 3 月 11 日读取）。

[18] 王辛夷，2014，第二届全国高校俄语专业学科建设高层论坛暨高级研修班在京隆重举办 [J]，《中国俄语教学》（2）：28。

[19] 信息来源：http://intl.cssn.cn/st/201407/t20140703_1239695.shtml（2015 年 3 月 11 日读取）。

[20] 信息来源：http://russian.fltrp.com/newsdetails/735（2015 年 3 月 11 日读取）。

[21] 信息来源：http://gb.cri.cn/42071/2014/11/20/7551s4773931.htm（2015 年 3 月 11 日读取）。

第三节　德语 [1]

一、教学改革

　　按照德国著名语言学家和教育家威廉·洪堡（Wilhelm von Humboldt）的观点，语言不仅是人类最重要的交际沟通工具，同时也是各民族文化的载体与传承体，是人类思维的重要工具。中德两国于 2013 年就携手开启了"2013/2014中德语言年"的活动。2014 年 7 月 7 日，中国总理李克强同德国总理默克尔在北京天坛共同会见出席"中德语言年"闭幕式活动的两国青少年代表，为期一年的"中德语言年"画上了圆满的句号。这一年中，中德两国的教育界、文化界举办了多项活动，推动了两国的语言教学发展、民间文化交流，也加深了两国人民之间的了解和友谊。

　　在过去的 30 多年中，中德经贸合作一直走在中欧经贸合作前列。据德国联邦统计局最新统计，2014 年德中进出口贸易总额达 1,538 亿欧元，创历史新高。德国是中国在欧洲最大的贸易伙伴，同时也是重要的资金及技术来源国。[1]

　　与此同时，对德国文化感兴趣、愿意赴德旅游的中国人也越来越多。据德国国家旅游局北京办事处的资料显示，目前德国排在中国赴欧洲旅游目的地游客比例第一位。德国驻华大使馆经济处主任吕帆（Frank Rückert）博士介绍，2014 年赴德国旅游的中国游客数量首次超过 200 万。[2]

　　经济基础决定上层建筑。2014 年，中德两国高层互访频繁，为中德合作碰撞新的火花提供了更多的契机。2014 下半年德国总理默克尔访华更是将中德两国之间的关系提升到了"全方位战略伙伴关系"。

　　随着中德两国在政治、经济、教育、文化和科研等方面合作的不断深入，双方都需要更多掌握对方语言的专业人才。这就为中国德语教育界的教学发展提供了良好的契机，也对教学改革提出了明确的目标和要求。

1　本节作者：崔岚，外语教学与研究出版社。

1. 德语专业教学改革探索

　　根据教育部公布的 2014 年度普通高等学校本科专业设置备案或审批结果显示，北京城市学院、浙江外国语学院和青岛理工大学三所院校经教育部审批备案，获准从 2014 年起招收德语专业本科生。据此，全国高等学校中开设德语专业的院校已经达到 105 所。[3] 另外，根据 2014 年硕士研究生招生专业目录，我国共有 6 所高等学校招收德语语言文学专业翻译硕士（MTI），分别为北京外国语大学、北京第二外国语学院、天津外国语大学、同济大学、四川外国语大学和西安外国语大学。[4]

　　2014 年，第五届外指委主任委员钟美荪和秘书长孙有中在撰文中将"以人才培养为中心，全面推进外语类专业教学改革与发展"作为本届外指委的工作思路，"今后，我们有必要更加深入地探讨'作为人文教育的外语教育'、作为'学科教育的外语教育'、'语言与内容融合式教学'（或'内容寄托式教学'）、'思辨能力培养'、'跨文化能力培养'、'区域和国别研究人才培养'等重要命题，促进外语专业人才培养模式创新和多元发展。"同时，还要研究和制定外语专业本科教学质量国家标准，"其目的是增强高校各类专业的纵向和横向可比性，提高本科教学工作的针对性和实效性"。[5]

　　针对新一届外指委的工作安排，2014 年，外指委德语分委会也在对本专业国内现状调查、对国外同类专业的调查、对国内用人单位调查的基础上组建了国家标准起草专家组，请专家们起草并经过深入讨论形成初稿，然后再通过不同层次和不同范围的专家论证会反复研讨和修订，形成了定稿。据悉，德语专业本科教学质量国家标准已经报送教育部。

　　对德语专业学生跨文化能力的培养是 2014 年在德语教学界讨论较多的话题。潘亚玲通过对 20 位拥有多年在国外、尤其是在中德跨文化环境中有生活和工作经验的中德高级管理人员的访谈，探讨了中德跨文化职业实践中对"跨文化能力"的理解和阐释，并请这些专家就如何培养大学德语专业学生的跨文化能力提出建议：跨文化能力培养应当是一个开放型的不断学习的过程，在这个过程当中，个人能力应该在从民族中心主义思想到文化多元主义思想、从对母文化和异文化单一表面的认识到全面深入的认知和理解、从不自觉欠妥当的跨文化行为到自觉妥当有效的跨文化行为这三个层面综合发展。而且，在跨文化能力形成和发展的过程中，乐于学习的态度和善于学习的能力是跨文化能力培养的关键。因此，对德语专业学生的跨文化能力的培养应当具体落实在德语教学和学生大学学习的各个环节中。潘亚玲建议，各个培养德语专业人才的高校也应当对外开放，积极寻求国内和国际的合作。同时，从事外语教学的教师也应当不断提高自身跨文化能力，以培养出适合全球化跨文化职业实践要求的专业人才。[6]

在专业德语的教学中，对于学生跨文化能力的培养也是同等重要。霍颖楠指出，文化对专业内容和专业术语的决定性在某些专业领域及专用语中会表现得更加突出，比如在法律语言中包含许多和文化相关的术语，会导致理解和交际困难情况的出现。因此，在专业外语教学如法律德语教学中也有必要引入跨文化因素。只有精通两国语言，熟知两国的法律文化和法律体系，具备跨文化能力，才能成为真正的专业复合型人才。[7]

2. 大学德语教学改革探索

大学德语教学界在 2014 年针对教学模式的创新和探索提出了很多见解。唐宏宇在给英语专业学生从事德语二外教学时面临着课时少而教学内容多这样的问题。针对这一问题，他提出将视听说教学法引入传统的教学方式，通过语言实践活动培养学生自主学习能力，从而提高课堂学习效果，学生的视野、文化素养和德语综合应用能力也因此得到了提高。[8]

教材在实施外语教学的过程中占有举足轻重的地位，它受到教学目标和主流教学法的影响，是对教学大纲思想的具体化。前文中提到的视听说教学法课堂使用的教材就是《新编大学德语（第二版）》系列教材（教育部普通高等教育"十二五"国家级规划教材）。而教材研究是外语教学的重要环节，对于教材的选择、使用和新教材的编写有着指导性的作用。崔善烨、朱建华就以《新编大学德语（第二版）》教材的"交际意向"板块为研究对象，介绍了该板块的设计所体现的教学思想，并介绍了该板块是从功能交际语言描写理论出发，同时结合教学对象、教学目标而编写的，可以说，这套教材为以培养综合能力和交际能力为目标的大学德语教材的编写提供了一个良好的范例。[9]

学德语的学生逐年增加，课时减少、师资紧缺和师资质量欠佳是大学德语发展的一大瓶颈。多年来，大外教指委德语组和北京歌德学院、德国学术交流中心、外语教学与研究出版社合作，开展了一系列大学德语青年教师教学法培训。截至 2014 年 12 月，共举办了八届"大学德语教师研修班"，培训了 300 人次的大学德语教师，为提高国内高校的大学德语教师质量和推动教学改革发挥了重要作用。

二、学术会议和教学研讨会

1. 第三届中德高校德语专业博士生学术研讨会

以"如何铺就博士论文的创新之路"为题的"第三届中德高校德语专业博士生学术研讨会"于 2014 年 5 月 2 至 3 日在北京外国语大学举办。来自 25 所中德高校及学术科研机构的 79 名专家学者及博士生在两天的时间内打破专业界限，从跨文化的角度就语言学、文学、翻译学、教育学、外交学、媒体学等领域进行了交流和探讨。

2. 中国跨文化日耳曼学研究会纪念研讨会

"中国跨文化日耳曼学研究会"于 2004 年 3 月在北京成立，2014 年研究会成立 10 周年。2014 年 5 月 4 日至 5 日，由北京外国语大学德语系主办的"中国跨文化日耳曼学研究会纪念研讨会"在北京中德科学中心召开。来自近 25 所大学和学术科研机构的 100 多位代表围绕"在多元文化的新奇感中发轫的创造力"这一主题进行了热烈讨论。北京外国语大学副校长贾文键教授、北京外国语大学德语系钱敏汝教授、德国拜罗伊特大学跨文化日耳曼学专业维尔拉赫教授、德国哥廷根大学副校长海纳教授对学会成立 10 周年表示了热烈祝贺，并强调了跨文化日耳曼学研究的重要意义。

3. 2014 年上海洪堡国际学术研讨会

2014 年 5 月 24 至 28 日，"2014 年上海洪堡国际学术研讨会"在同济大学举行。本次会议主题为"国际日耳曼学的多样性与跨文化性"，参会代表共计 120 余人，其中德语地区、欧美、拉丁美洲和亚洲代表 20 余名。本次会议旨在加强洪堡学者、日耳曼学者和相邻学科相互之间的学术交流，促进学科内部和跨学科的联系与合作，从跨学科跨文化的视野深入思考经济全球化和科学技术国际化背景下国际日耳曼学的多样性、视域交融性和文化互补性。此次大会也是 2015 年即将在上海举办的国际日耳曼学会世界大会的前奏。

4. 天津高校德语专业基础教学研讨会

2014 年 6 月 27 日，由天津外国语大学德语系组织的"天津高校德语专业基础教学研讨会"在德意志学术交流中心"校友对校友"项目的支持下于天津外国语大学召开。研讨会除了邀请了天津的德语教师代表，还特别邀请了来自对外经济贸易大学、北京外国语大学和外研社德语工作室的代表。通过报告和交流，参会者彼此加深了了解，获得了很多启发，对推动日后京津地区德语教学工作起到了积极的作用。

5. "日耳曼学在中国的回顾与发展"研讨会

2014 年 11 月 22 日，由中国人民大学外国语学院德语系及中国人民大学德国研究中心发起召开的"日耳曼学在中国的回顾与发展"暨《德语文学与文学批评》第八卷首发式在中国人民大学举行。来自全国的 50 位中国日耳曼学研究者及各界领导嘉宾汇聚一堂，回顾中国日耳曼学的历史，总结中国日耳曼学的特点，畅谈中国日耳曼学的现状，讨论中国日耳曼学面临的挑战和机遇，展望中国日耳曼学未来发展的路径和可能性。会后举行了《德语文学与文学批评》第八卷首发式。

三、2014 年德语教学年会

1. 教育部外指委德语分委会 2014 年年会

　　"教育部外指委德语分委会 2014 年年会"于 2014 年 11 月 6 至 8 日在西安外国语大学召开。[10] 会议主题是"德语专业内涵式发展的路径与模式"。参加本次年会的除外指委德语分委会的各位委员，还有来自综合性大学、外语类院校、理工类院校德语院系的负责人，外语教学与研究出版社、上海外语教育出版社、商务印书馆、德意志学术交流中心驻京办事处和北京德国文化中心·歌德学院（中国）的 80 余名代表。

　　外指委主任委员、北京外国语大学钟美荪教授出席了会议，并以《外国语言文学各专业国家质量标准》为题作了大会报告。钟教授介绍了各语种的发展规模，并针对目前外语专业发展缺乏特色和高端人才的问题，提出了优化结构、促进公平、注重内涵、分类卓越的改革思路。来自南京大学德语系的孔德明教授、陈民教授则从实践的角度介绍了南大"三三制"人才培养体系的成功经验，指出外语人才培养全面、专业和多元的三条路径。复旦大学在德语人才培养方面也具有人文特色，魏育青教授着重介绍了复旦大学的通识教育，引起了与会专家的极大兴趣。对外经济贸易大学的吕巧平教授结合本校德语系的教学实践，深入剖析了内涵式发展的概念与基本出发点。南京工业大学的王玉贵教授则以理工类高校特色为立足点，将云概念与德语教育相结合。北京外国语大学贾文键教授介绍了北外德语系在课程和人才培养上的积极探索，通过三柱式的动态多元课程体系，提升学生的专业和人文素养。在大会报告后的分组讨论环节，各院校按照本校特色集中讨论和探索了内涵式发展的可能性以及问题。孔德明教授、朱锦教授和黄克琴教授分别就各自负责的德语专业四级考试、专业八级考试和青年教师培训工作进行了总结和回顾。歌德学院和德意志学术交流中心的代表也介绍了 2015 年度的工作计划，并表示将一贯支持中国高校的德语教学事业发展。新任德语专业八级考试中心主任、北京外国语大学姚晓舟教授特别介绍了八级考试的新变化。在会议的总结发言中，外指委德语分委会主任委员贾文键教授对 2015 年的工作进行了部署。[10]

2. 2014 年全国大学德语教学与测试工作会议

大外教指委德语组于 2014 年 8 月 18 至 22 日在太原旅游职业学院举行了"2014 年全国大学德语教学与测试工作会议"。参加会议的有指导委员会委员、来自全国 30 所高校的教师代表、北京德国文化中心·歌德学院（中国）、外语教学与研究出版社、高等教育出版社和上海外语教育出版社等机构人员 30 余人。

会议由大外教指委德语组组长同济大学朱建华教授主持。此次会议的主题是"如何提高大学德语教学质量"。报告围绕这一主题和如何使大学德语教学走内涵式发展和可持续发展的道路展开，如浙江大学陆伸教授《从浙大德语教学看教学质量保证》、德国欧福大学的朱开富教授《德国大学中教与学的质量管理》、同济大学朱建华教授《〈大学德语课程教学要求〉与教学质量监控》、北京理工大学姜爱红教授《当前大学德语教学中存在的问题和应对措施》、西南交通大学华少庠教授《大学德语分层教学以及教学质量控制》等。外语教学与研究出版社崔岚副编审也在大会上总结回顾了以往的大学德语教师培训并介绍了有关"第八届大学德语教师研修班"的工作计划。本次会议还特别邀请了天津中德职业技术学院的宛立群教授作了题为《高职德语教学中的质量控制》的报告。歌德学院的代表夏娓竹（Verena Sommerfeld）女士也应邀介绍了歌德学院在中国的工作情况。同济大学尚祥华教授代表大学德语四、六级考试组通报了 2014 年大学德语四、六级考试的数据和主观题阅卷情况，介绍和分析了学生在今年考试中出现的问题和具有普遍性的错误，针对所出现的问题作了具体的分析和评价。

四、2014 年高校德语教师培训

1. 2014 年全国高校德语专业青年教师培训

2014 年 3 月 28 至 30 日，"2014 年全国德语专业青年教师培训班"在同济大学外国语学院举办。本次培训的主题是"跨文化交际与国情教学法"。来自北京外国语大学、歌德学院、浙江大学、复旦大学、德意志学术交流中心派驻对外经济贸易大学的多位中德教学专家担任主讲。在为期两天半的培训中，北京外国语大学贾文键教授首先凝缩式地介绍了跨文化交际学的基本概念与研究脉络，推荐了相关领域的经典文献；歌德学院的杨培德（Peter Jandok）博士以小组作业的形式，调动了各位学员的积极性，深入探讨了跨文化交际课程的目标；浙江大学李媛教授借助丰富全面的材料，讲授了跨文化交际课程的课堂组织方法和讲授角度；来自德意志学术中心派驻对外经济贸易大学的德国教学法专家田华陶（Waltraud Timmermann）博士向学员介绍了德语国家国情课的基本概念、目标以及经典教材；复旦大学刘炜教授则从教学实际的角度出发，结合自身经验，探讨了学生自主学习的重要意义。

2. 第八届大学德语教师研修班

2014 年 11 月 27 至 29 日，"第八届大学德语教师研修班"在华中科技大学举办。此次研修班由大外教指委德语组主办，外语教学与研究出版社、北京德国文化中心·歌德学院（中国）和华中科技大学协办，吸引了来自华中地区的 35 位大学德语教师前来参加。研修班的主题为"如何提高大学德语教学质量"。《新编大学德语（第二版）》系列教材主编、同济大学朱建华教授和编者团队分别作了题为《功能交际语言理论与〈新编大学德语〉》（同济大学朱建华教授）、《学习科学领域的研究新范式 —— 基于设计的课堂研究》（浙江大学李媛教授）、《如何将大学德语课上得生动、有趣和高效》（太原科技大学顾江禾教授）、《2014 年大学德语四、六级考试情况介绍》（同济大学尚祥华教授）的报告。来自歌德学院的博克（Bahadir Boeke）先生还专门就教师如何讲授口语课进行了题为《口语表达与〈新编大学德语〉》的培训。研修活动为大学德语教学界人士提供了经验交流和资源共享的平台。

五、学生赛事

1. 第二届全国高职高专德语口语技能竞赛

2014 年 6 月 7 至 8 日，"第二届全国高职高专德语口语技能竞赛"在山东外国语职业学院举行。本次比赛由教育部职业院校外语专业类教学指导委员会主办，山东外国语职业学院承办。来自全国 14 所高职院校的 52 名参赛选手参加了本次比赛。比赛分为一年级组和二、三年级组。参赛选手在文章朗读、情景交流、图表描述和即席交流等环节中展开激烈角逐。最后，来自上海工商外国语职业学院、山东外国语职业学院和河北外国语职业学院的同学获得一年级组一等奖，来自浙江经贸职业技术学院、上海工商外国语职业学院和天津中德职业技术学院同学获得大二、大三年级组一等奖。

2. 第八届全国高校德语专业大学生德语辩论赛

2014 年 11 月 15 至 16 日，"第八届全国高校德语专业大学生德语辩论赛"在四川外国语大学举行。本次比赛由外指委德语分委会和北京德国文化中心·歌德学院（中国）联合主办，四川外国语大学承办，外语教学与研究出版社等单位共同协办。来自全国 48 所院校的 96 名选手参加了比赛。参赛选手围绕家长是否要干预孩子的配偶选择、是否应该赎回流失国外的文物等 8 个辩题进行了辩论。最后，北京外国语大学的杜婧和包智文获得冠军，南京大学的陈雨秋和帅元获得亚军，这两队获得一等奖，北京第二外国语学院和首都师范大学获得二等奖。对外经济贸易大学的王紫东和北京第二外国语学院的负梦雪分别获最佳男辩手和最佳女辩手奖，北京第二外国语学院的赵轩获得最具说服力奖，上海外国语大学的李卓亚获得最佳语音奖。

六、全国德语水平测试

1. 2014 年全国高校德语本科专业水平测试

全国德语专业四级考试是针对高等学校德语专业二年级学生的德语水平的考试，每年 6 月份举行一次。2014 年全国德语专业四级考试于 2014 年 6 月 6 日举行，来自 105 所院校的 5,877 名考生参加了此次考试，3,456 人获得了考试证书，平均通过率为 58.8%。详细情况见表 2.11：

表 2.11　2014 年参加全国德语专业四级考试情况

学校类型	考生人数	通过率
本科第一批志愿录取院校	2,065	86%
本科第二批志愿录取院校	1,284	57%
本科第三批志愿录取院校	2,076	38%
大专院校	320	39%

全国德语专业八级考试是针对高等学校德语专业四年级学生的德语水平的考试，每年 3 月份举行一次。2014 年全国德语专业八级考试于 2014 年 3 月 7 日举行，来自 83 所院校的 2,748 名考生参加了此次考试，1,288 人获得了考试证书，平均通过率为 46.9%。详细情况见表 2.12：

表 2.12　2014 年参加全国德语专业八级考试情况

学校类型	考生人数	通过率
本科第一批志愿录取院校	1,340	70.8%
本科第二批志愿录取院校	608	28.6%
本科第三批志愿录取院校	800	20.8%

2. 2014 年大学德语水平测试

大学德语四级考试是针对学完大学德语 1—4 级内容的在校大学生的德语

水平考试，每年 6 月份举行一次。2014 年报名参加大学德语四级考试的考生共7,564 人，来自 239 所学校，通过率为 41.83%。

大学德语六级考试是针对学完大学德语 5—6 级内容的在校大学生的德语水平考试，每年 6 月份举行一次。2014 年报名参加大学德语六级考试的考生共1,460 人，98 所学校，通过率为 52.51%，

七、教材、教辅、词典出版

笔者对国内四家主要的德语类图书出版社（外语教学与研究出版社、高等教育出版社、上海外语教育出版社和同济大学出版社）2014 年出版的德语图书书目进行检索，统计结果如下：这四家出版社共出版图书 39 本，其中，同济大学出版社出版 21 本图书，出版数量最多，外语教学与研究出版社出版 9 本，上海外语教育出版社出版 5 本，高等教育出版社出版 4 本。图书出版情况详见表 2.13（以出版时间为序）。

表 2.13　2014 年德语出版物情况

出版时间	出版图书名称	出版社名称	图书类别	版权类别
2014 年 1 月	文化视窗高级德语教程（2）（学生用书）（配 MP3）	外语教学与研究出版社	教辅	本土原创
2014 年 1 月	新公共德语（上）	上海外语教育出版社	教材	本土原创
2014 年 1 月	德语基础语法	上海外语教育出版社	教辅	外版引进
2014 年 1 月	德福考前必备——写作	高等教育出版社	教辅	本土原创
2014 年 2 月	德语商贸信函（德汉对照）（修订版）	同济大学出版社	教辅	本土原创

（待续）

（续表）

出版时间	出版图书名称	出版社名称	图书类别	版权类别
2014 年 2 月	德语专业四级应试指南与模拟试题	同济大学出版社	教辅	本土原创
2014 年 3 月	成人高等教育本科生学士学位德语水平考试大纲（非德语专业）	高等教育出版社	教辅	本土原创
2014 年 4 月	德语语法 ABC——杂谈拾遗	外语教学与研究出版社	教辅	本土原创
2014 年 4 月	新编大学德语（第二版）（阅读训练）	外语教学与研究出版社	教材	本土原创
2014 年 4 月	留学德国常用文体	同济大学出版社	教辅	本土原创
2014 年 5 月	绘本留德指南	同济大学出版社	教辅	本土原创
2014 年 5 月	德语动词 1000（修订版）	同济大学出版社	教辅	本土原创
2014 年 5 月	新编德语入门（第 2 版）	同济大学出版社	教材	本土原创
2014 年 5 月	柏林广场（新版）（3）（教师用书）	同济大学出版社	教材	外版引进
2014 年 5 月	柏林广场（新版）（2）（教师用书）	同济大学出版社	教材	外版引进
2014 年 5 月	柏林广场（新版）（3）	同济大学出版社	教材	外版引进
2014 年 5 月	德福考前必备——口语	高等教育出版社	教辅	本土原创
2014 年 6 月	当代大学德语（4）（听说训练）（配 MP3）	外语教学与研究出版社	教材	本土原创

（待续）

（续表）

出版时间	出版图书名称	出版社名称	图书类别	版权类别
2014 年 6 月	新求精德福备考教程——听力训练	同济大学出版社	教辅	本土原创
2014 年 7 月	高级德语第三册	上海外语教育出版社	教材	本土原创
2014 年 8 月	德福应试全攻略	同济大学出版社	教辅	本土原创
2014 年 8 月	新求精德语强化教程（中级听力训练 2）	同济大学出版社	教材	本土原创
2014 年 8 月	大学德语教程（第一册）	同济大学出版社	教材	本土原创
2014 年 8 月	德语中高级词汇练习与解析	同济大学出版社	教辅	本土原创
2014 年 8 月	走进德国	同济大学出版社	教材	本土原创
2014 年 8 月	德福高频语法应试宝典	同济大学出版社	教辅	本土原创
2014 年 8 月	德语语音教程	上海外语教育出版社	教材	本土原创
2014 年 8 月	科技德语听力教程（配 MP3）	外语教学与研究出版社	教材	本土原创
2014 年 8 月	科技德语阅读教程	外语教学与研究出版社	教材	本土原创
2014 年 10 月	地道德语轻松学：对偶词组	同济大学出版社	教辅	本土原创
2014 年 10 月	现代德语实用语法（第 6 版）	同济大学出版社	教辅	本土原创

（待续）

（续表）

出版时间	出版图书名称	出版社名称	图书类别	版权类别
2014 年 11 月	德语谚语词典（德汉对照）	外语教学与研究出版社	词典	本土原创
2014 年 11 月	汉德口译实践入门	外语教学与研究出版社	教材	本土原创
2014 年 11 月	高级德语视听说	上海外语教育出版社	教材	本土原创
2014 年 11 月	我的第一本德语单词本	同济大学出版社	教辅	外版引进
2014 年 11 月	我的第一本德语词典	同济大学出版社	教辅	外版引进
2014 年 11 月	德英汉口语大全	同济大学出版社	教辅	本土原创
2014 年 12 月	文化视窗高级德语教程（2）（教师手册）	外语教学与研究出版社	教材	本土原创
2014 年 12 月	德福考前必备——阅读	高等教育出版社	教辅	本土原创

八、科学研究项目

根据笔者对 2014 年国家社会科学基金项目和教育部人文社会科学研究项目的检索，全国德语教学界共获了七个立项项目，详见表 2.14。

表 2.14　2014 国家社会科学基金项目和教育部人文社会科学研究项目
（德语教学界立项项目）

项目名称	负责人	项目类别
《歌德全集》翻译	卫茂平	国家社会科学基金重大项目

（待续）

（续表）

项目名称	负责人	项目类别
歌德及其作品汉译研究	杨武能	国家社会科学基金重大项目
德国小说发展史	李昌珂	国家社会科学基金重点项目
德国古典诗哲的启蒙路径及其中国资源研究	叶隽	国家社会科学基金一般项目
德语国家的世纪末美学与现代化经验研究	李双志	国家社会科学基金青年项目
德语犹太文学作品及理论（1900—1939）综合研究	吴勇立	教育部人文社科研究规划基金项目
罗伯特·瓦尔泽与德国反现代思想传统	雷海花	教育部人文社科研究青年基金项目

九、结语

2014 年，中德两国在政治、经济、教育、文化、旅游等方面的交流和合作都达到了史上最好水平。这一年，两国高层互访频繁、两国关系提升到了"全方位战略伙伴关系"，两国双边贸易交易额再创新高，赴德中国游客突破 200 万人次，"中德语言年"在两国总理的共同见证下圆满结束。这些都需要中国德语教学界提供更多掌握德语的专业人才，在对中国的德语教学发展提供了良好的契机的同时也对中国德语教学改革提出了明确的要求。外指委德语分委会根据外指委的总体安排制定了德语专业本科教学质量国家标准，为人才培养质量提供了制度上的保障。各高等院校德语系也在立足于本校特色的基础上对改进人才培养方案作了多种有益的探索。

[1] 中华人民共和国商务部，2015，2014 年中德双边贸易额创历史新高 [OL]，http:// www.mofcom.gov.cn/article/i/jyjl/m/201502/20150200903095.shtml（2015 年 2 月 26 日读取）。

[2] 北京周报，2014，德国简化赴德中国游客签证程序，http://www.beijingreview.com.

cn/2009news/todaynews/2014-11/20/content_653772.htm（2014 年 11 月 20 日读取）。

[3] 中华人民共和国教育部，2015，《教育部关于公布 2014 年度普通高等学校本科专业设置备案或审批结果的通知》教高函 [2015]2 号。

[4] 信息来源：中国研究生招生信息网 (http://yz.chsi.com.cn)（2015 年 2 月 26 日查询整理）。

[5] 钟美荪、孙有中，2014，以人才培养为中心，全面推进外语类专业教学改革与发展——以第五届高等学校外国语言文学类专业教学指导委员会工作思路 [J]，《外语界》（1）：2-8。

[6] 潘亚玲，2013，我国德语专业学生跨文化能力培养目标与路径——基于实证研究的分析与建议 [J]，《德语人文研究》(1)：48-54。

[7] 霍颖楠，2014，从跨文化视角谈法律德语教学 [J]，《社科纵横》(7)：172-173。

[8] 唐宏宇，2013，德语二外教学模式的创新与探索 [J]，《科教文汇》（12 月上）：150-157。

[9] 崔善烨、朱建华,2013，以功能交际语言理论为指导的大学德语教材研究 [J]，《上海理工大学学报（社会科学版)》(4)：319-323。

[10] 高等学校德语专业教学资源平台，2014，教育部高等学校外国语言文学类专业教学指导委员会德语分委会 2014 年年会胜利召开 [J]，http://german.fltrp.com/newsdetails/1033（2015 年 2 月 26 日读取）。

第四节　法语 [1]

一、教学规范建设

法语虽然是最早进入中国教育体系的西方语言之一，但在相当长的一段时间内，法语专业在全国性的教学规范制定方面一直比较滞后。自 1863 年同文馆设立法文科，中国开始独立的法语教学活动以来，清政府、民国政府都没有制定专门针对法语教学的指导性纲领文件，直到中华人民共和国建立后，才由当时的国家高等教育部审定、颁发了第一个面向全国高等法语机构的教学大纲：《现代法语教学大纲（草案）：综合大学法国语言文学专业四年制用》（1856）。由于种种原因，该教学大纲并没有得到广泛施行。改革开放后，为了适应法语教学迅速发展的需求，在国家教委等相关职能单位的组织下，相继制定了《高等学校法语专业基础阶段教学大纲》（1988）、《高等学校法语专业高年级法语教学大纲》（1997），这两个文本一直沿用至今。虽然它们曾被广泛实施，对全国高等法语专业教学起到了很好的指导、规范作用，但其中规定的教学目的、教学方法，甚至部分教学内容，已经明显不能适应 21 世纪外语教学的需求。

2014 年成为关键的转折点。教育部自 2013 年以来，着力推动本科专业国家标准的研制工作。根据教育部要求并结合法语专业教学的实际情况，外指委法语分委会和（中国）法语教学研究会决定在 2014 年启动前期调研和文本撰写工作，分两步完成法语国家标准的制定工作。按照这一部署，上述机构在 2014 年 4—5 月间对全国法语专业所有教学点开展了广泛的调研。此次调研与 2011 年出版的《中国高校法语专业发展报告》实现衔接，采集了 2011—2013 年法语专业有关专业建设、科学研究、教学成果、师 / 生情况、人才培养等各项数据。这项调研工作不仅为法语教学界留下有价值的资料，更重要的是，它为制定法语国家标准提供了全面的、第一手的数据参考与支持，保证了国家标准的科学性和适中性。在对采集数据进行归纳、研究的基础上，外指委法语分委员会和法语教学研究会组织相关专家，开始了《法语本科专业教学质量国家

1　本节作者：徐艳，中国人民大学。

标准》的文本起草工作。2014 年底，法语国标全部研制完成，与其他外语类国标一起，已上报教育部。这项工作的完成，无论对上级主管部门、学校本身还是整个法语教学界都具有划时代的历史意义。这将是法语第一次国家级的规范，它不仅涵盖传统教学大纲包含的教学规范，还规定了开设、开展高等法语专业教学应具备的师资、课程设置、硬件设备等各项标准，在全国法语专业教学点及学生数量激增的现实背景下，这项标准将对促进全国专业教学点的规范化建设产生积极的现实指导意义。[1]

二、学术会议

2014 年 5 月，为制定法语专业本科教学质量国家标准，相关调研、筹备工作正在紧张进行。与此同时，中法两国即将迎来建交 50 周年。在此背景下，法语教学界以及相关研究、出版单位纷纷举办大型学术研讨会，邀请国内外专家、学者，围绕专业国标内容制定、专业学科规范与特色化办学的关系，新时期外语教学理论与方法的研究与实践等主题，展开了广泛而热烈的讨论。

1. 法语专业特色化办学与科研研讨会

5 月 17 日，浙江越秀外国语学院举办了“法语专业特色化办学与科研研讨会”。外指委法语分委会、中国法语教学研究会和来自国内外高校的法语界专家学者 80 余人参加，就法语专业特色化办学、法语教学方法与实践等问题进行深入与交流探讨。在专题报告会和分组讨论期间，专家们就新型法语专业教学点建设、法语专业特色化办学、法语教学方法与实践、独立学院法语专业面临的挑战与对策、理工类高校新建法语专业的困境与出路探讨，以及全国正在开展的法语专业调研和《本科质量国家标准》研制工作进行总结、探讨、交流、分享先进经验，共商发展之道，发表了诸多精辟独到的见解，提出了许多宝贵的意见和建议。[2]

2. 第三届全国高校法语专业院长/系主任高级论坛和《国家标准》研讨会

"第三届全国高校法语专业院长/系主任高级论坛"于 2014 年 5 月 22 至 25 日在西安外国语大学召开,这是继 2010 年和 2012 年在上海外国语大学和武汉大学成功举办的两届高级论坛之后的第三次盛会。本届论坛由外指委法语分委会、中国法语教学研究会、西安外国语大学和上海外语教育出版社联袂举办,吸引了来自全国各地 50 余名法语专业院长、系主任和中青年骨干教师参会。与会代表们就"国标的制定和法语专业学科建设"这一主题进行了深入的交流和探讨。来自各高校的法语学科带头人进行了分组讨论,大家从各自学校的实际情况出发,对报告以及法语专业的人才培养模式、师资队伍建设、课程设置和教材建设等问题进行了经验交流,并对国标的制定提出了大量宝贵的意见。[3]

3. 2014 年度工作会议暨"法语教学评估与测试"学术研讨会

外指委法语分委会、中国法语教学研究会于 2014 年 12 月 12 至 14 日在哈尔滨师范大学举办"2014 年度工作会议暨'法语教学评估与测试'学术研讨会";会议同时举办了第五届青年教师培训班、第七届"卡西欧杯"全国高校法语演讲决赛。本次年会是新一届外指委成立以来、也是《高等学校外语类本科教学质量国家标准》研制结束后法语教学界的首次重要会议,来自全国 130 多所院校法语专业的研究会理事、专业负责人、教生代表以及法国使馆代表、友好单位嘉宾 200 余人参加了会议。根据大会工作报告,全国共有 132 所高校经教育部备案开设了法语本科专业,每年招收新生总计 5,150 名;中国法语教学研究会理事单位共计 107 个,理事 109 名,法语专业等级考试共有 130 个考点。在 13 日举行的学术研讨会上,有 27 名教师、研究人员和学术出版界代表作了专题发言,并就研讨会主题和其他法语专业与研究话题进行了热烈的探讨。[4]

4. 世界高等学府教学与研究第七届高级论坛

2014 年 10 月 10 至 14 日,"世界高等学府教学与研究第七届高级论坛"[5]

在中国农业大学举行。该论坛成员为来自世界 250 余所高校的语言教学点。本届论坛恰逢中法建交 50 周年纪念活动展开之际，获得了法国外交部、法国驻华使馆、外指委法语分委会、中国法语教学研究会等中法两国外交、教育机构的大力支持与协助。此次论坛主题为"参考理论、教学工具暨知识的传播：促进大学外语教学研究与专家对话之新动力"，吸引了来自世界五大洲三十多个国家的学者和研究人员，中国法语教师及相关学者也积极参与、踊跃投稿，经论坛学术委员会匿名评审，最终选出 98 篇稿件作为大会宣读论文。此次中法联合举办的外语教学法研讨会规模盛大，学术影响广泛，不仅为中国法语界提供了与国际学者开展外语教学理论与实践经验交流的契机，中国的法语教学事业也由此引起了国际学界及媒体的极大兴趣与关注，法国电视五台（TV5 Monde）就此进行了专题采访与报道。[6]

三、学生活动

2014 年度，法语专业院校组织举办了丰富多彩的学生活动，涵盖学术研究、语言技能、文化、才艺多项领域。

1. 研究生论坛

1）第八届全国高校法语研究生论坛

2014 年 4 月 26 日，"第八届全国高校法语研究生论坛"在西安外国语大学举行。该论坛是由中国法语教学研究会、上海外国语大学主办的中国高校法语硕博研究生科研论文竞赛的盛会。来自上海外国语大学、武汉大学、厦门大学、华东师范大学、广东外语外贸大学、云南大学、台湾辅仁大学、台湾淡江大学、西安交通大学以及西安外国语大学等 10 余所高校法语专业 40 余名专家学者与硕士、博士研究生参与了本届论坛。本届论坛分为"文学"和"语言学、翻译学、文化"两个会场。论坛共收到 30 余篇参赛论文，经评审专家遴选，17 篇论文入围，入围的学术论文选题新颖、范围广。入围论文作者向评委和与会代表阐述了各自的研究方向以及论文内容。全国法语研究生学术论坛自举办以来，为全国法语专业硕士、博士研究生开展学术交流提供了有利的平台，营造了良好的学术研究氛围，对于法语研究生学术水平提升和创新能力提高作出了积极的贡献。[7]

2）全国高校法语博士研究生论坛

2014 年 5 月 24 日，首届"全国高校法语博士研究生论坛"在上海外国语大学召开。本次论坛作为全国首次法语界博士生学习交流的盛会，具有很高的学术性，吸引了各地法语博士生的参与，其中不仅有来自国内高校如上海外国语大学、北京外国语大学、广东外语外贸大学、山东大学和华东师范大学的博士生，还有来自海外的博士生，如比利时布鲁塞尔自由大学、喀麦隆大学的法语博士生。在整整一天的活动中，与会博士生分别在语言学、文学、翻译、文化四个方面分享了各自的研究方法和科研成果。

中国高校法语博士学位授予点数量不多，仅有七个，分别设在北京大学、北京外国语大学、广东外语外贸大学、南京大学、上海外国语大学、武汉大学和北京语言大学。法语博士研究生平时鲜有交流，而该论坛的召开为我国法语博士生提供了一个难得的学术交流平台，从事不同领域研究的法语博士生能够借此机会互相交流各自的研究方法和科研成果。作为论坛评委的各专家教授也从研究方法、理论应用、实例论证等多方面予以点评、指出不足，并提出改进建议，为学生写出高质量的博士论文做了有益的前期准备。[8]

2. 语言、文化类竞赛

1）第七届"卡西欧杯"全国法语演讲

作为我国法语教学界最高赛事之一，"卡西欧杯"高校法语演讲比赛已成为各专业院系学生检验专业学习成果、展现才华、交流知识的重要舞台。2014 年共有 74 所院校派出选手参加第七届"卡西欧杯"高校法语演讲比赛，经过学校推荐及全国预赛，来自不同院校的 14 位选手进入决赛。全国总决赛被纳入外指委法语分委会、中国法语教学研究 2014 年度工作会议议程，于 12 月 13 日上午在哈尔滨师范大学举办。经过命题演说和即兴演讲两轮激烈的角逐，来自南京大学、上海师范大学的两位同学获得一等奖，其他同学分获二、三等奖。[9]

2）全国法语歌曲大赛

2013 年 12 月 16 日至 2014 年 1 月 31 日，法国驻华大使馆启动了第十四届法语歌曲大赛（Concours de la Chanson française）。法语歌曲大赛是法国驻华使馆面向法语学习者举办的一项传统赛事，深受年轻人喜爱，获奖者可获邀周游法国，参加法国知名戏剧节表演。2014 年比赛主题为"当代法语歌曲"，推荐曲目全部为年轻人的歌曲。参赛者为来自北京、天津、西安、山东等地高校和法语联盟的有歌唱天赋的青年学子，共 50 余名。2014 年 3 月 15 日，由北京外国语大学承办的全国总决赛在北京举行。最终晋级总决赛的同学同台竞技，一展歌喉。决赛分为法语唱歌展示和评委问答环节。前三名分别来自北京外国语大学、中国海洋大学、外交学院。

3）第七届多语种全国口译大赛（法语）

11 月 15 日，全国口译大赛——"永旺杯"第七届多语种全国口译大赛在北京第二外国语学院落下帷幕。经过激烈角逐，来自北京语言大学高级翻译学院 2013 级学生陈阳获得法语交传组冠军，来自外交学院、南京大学、国际关系学院、北京外国语大学和华东师范大学的其他五名选手分别获得该组二、三等奖。本届口译大赛由中国翻译协会、北京第二外国语学院共同主办，来自北京大学、北京外国语大学、上海外国语大学等 41 所国内外高校的 83 名选手参加比赛，共涉及俄、日、法、德、韩等五个语种六个项目的比赛。比赛包括交替传译、同声传译两个项目，试题分为中译外和外译中两个环节，内容包括时政、经济、科学等多个领域。选手依据录音，现场翻译。评委由外交部、新华社、中央电视台、中国国际广播电台、中国社科院等翻译界的知名专家、学者担任。作为近年来中国翻译协会着力打造的一项全国性的赛事品牌，多语种口译大赛不仅是中国外语和翻译高校外语学子展示才华的高端平台，也为用人单位提供了一个选拔高素质口译人才的重要渠道。

4）地区性比赛

除了以上全国性赛事，北京、上海等地高校还举办、承办了诸多地区性法语专业学生比赛，主要包括北京外国语大学主办的"第四届京津高校法语戏剧节"（4月26日），第十届京津高校法语演讲风采大赛（5月11日），由法国驻华大使馆组织主办、北京外国语大学法语系承办的第五届京津高校法语电影配音大赛（12月6日）。作为京津高校参与的年度盛会，这些比赛成为检验京津地区法语高校学子法语水平的权威舞台和相互交流、学习的契机，吸引了来自京津地区十余所高校的参赛队伍。2014年各项赛事紧扣中法建交50周年庆典，以"庆典"(La fête)、"我讲汉语与法语"（Je parle chinois et français）作为主题，纪念半个世纪的中法友谊。参赛的青年学生展示了扎实的法语功底和高超的艺术水准，呈现了一场高水平的法语视听盛会。

四、法语专业等级考试情况 [10]

1. 全国法语专业八级考试

2014年全国法语专业八级考试于2014年3月28日举行，共有考点126个，实际有93个考点共计3,693名学生报考，实考3,348人，其中应届生3,164人，补考生184人。较往年而言，新增考点11个，增幅为9.57%；新增考生299人（按报名人数），增长率为8.81%。

全国总平均分为58分，比往年降低（降低4分）；合格分数线维持55分，共有2,140人通过考试，总通过率为64%，比去年降低12个百分点。

2. 全国法语专业四级考试

2014年全国法语专业四级考试于2014年5月30日举行，共有考点126个，实际有121个考点共计7,048名学生报考，实考6,930人，其中应届生5,149人，补考生1,781人。较往年而言，新增考点9个，增长率为7.69%；增加考生1,327人（按报名人数），增幅为23.2%。

全国总平均分为53分，比往年降低了2分。综合考虑各种因素，经研究，外指委法语分委会和法语测试组维持55分为及格线，据此共有3,257人通过考试，总通过率为 47%，比往年降低约 5.6%。

3. 综述

根据以上数字并从考点反馈过来的信息来看，这一年来法语专业教学的总量继续保持较快上升的趋势，尤其是四级考试，包括考点数、考生数等在内的数据对此反映十分明显。而测试反映出来的教学效果从全国总体来看，两个级别都出现明显的滑坡（八级平均得分降低了 4 分，在维持 55 分及格线的情况下，通过率降低了 12%；四级平均分降低了 2 分，通过率降低了 5.6%）。这种状况反映出，在扩大教学规模的同时保持和提高教学质量仍是一个亟待解决的重要问题。

外指委法语分委会和法语测试组充分估计了考生人数的大幅度增加给考场纪律带来的更大压力，在组织报名和监考工作中，采取了明确的应对和预防措施，并在各考点积极配合下，取得了明显的成效，没有出现往年个别考点发生的严重作弊现象，使两次考试顺利举办。

五、教材类书籍出版与建设

1. 出版

2014 年度，全国主要出版社发行的法语教学类书籍在数量上与 2013 年基本持平，如表 2.15 所示，主要包括辞书、二外及公共外语类教材、考试辅导材料以及经典阅读简易读物。

表 2.15　2014 年出版的法语教学类书籍

书籍类型	书籍名称	作者 / 编者	出版日期	出版单位
辞书	汉法大词典	黄建华	2014-10	外语教学与研究出版社

（待续）

（续表）

书籍类型	书籍名称	作者/编者	出版日期	出版单位
辞书	利氏汉法辞典	法国利氏辞典推展协会 商务印书馆辞书研究中心	2014-8	商务印书馆
	法汉小词典（修订版）	李秀琴	2014-5	商务印书馆
	拉鲁斯法汉词典	（法）杜布瓦，梁音等（译）	2014-6	商务印书馆
二外/公共外语	新理念大学法语2（学生用书）	鲁长江	2014-6	上海外语教育出版社
	新理念大学法语1（教师用书）	鲁长江	2014-9	上海外语教育出版社
	新理念大学法语·大学法语四级考试词汇精解	邱公南	2014-7	上海外语教育出版社
	新理念大学法语·大学法语四级考试听力应试指南	张敏 谈佳	2014-2	上海外语教育出版社
	新编法国语言与文化（上册）	肖凌	2014-10	北京大学出版社
考辅	全国高等学校法语专业四级考试指南（2015版）	曹德明 王文新	2014-11	上海外语教育出版社
	全国高等学校法语专业八级考试指南（2015版）	曹德明 王文新	2014-11	上海外语教育出版社
法语阅读系列	巴黎圣母院	雨果	2014-3	上海外语教育出版社
	魔沼	乔治·桑	2014-3	上海外语教育出版社

2014 年是中法建交 50 周年。在双方交流中必不可少的语文工具方面，商务印书馆、外语教学与研究出版社在 2014 年下半年相继出版《利氏汉法辞典》和《汉法大词典》大型词典，具有重要的时代意义。两部辞书各具特色，互为补充，填补了我国没有大型汉法词典的空白。《利氏汉法辞典》单卷本由商务印书馆与法国利氏辞典推展协会通力合作出版，这是中法文化交流史上具有纪念性的大事。该书以七卷本《利氏汉法辞典》为蓝本，从 30 万词目中精选 10 万多词目，增加新词 6000 条，收词古雅，以常用为主，尽力保留俗语、歇后语、谚语、成语，着力反映中国传统文化，词典设 17 项附录，包括中国古代的宇宙观、易经、佛教、儒学、古代天文学、中医学、古代数学、古代历法、青铜器、书法、篆刻、中国古代行政制度、中国亲属关系称谓等，帮助读者深入理解的同时，又便于读者用法文表达和传播相关主题。[11]《汉法大词典》是国家辞书出版重点规划项目、国家出版基金资助项目以及教育部人文社科研究专项任务项目，也是外语教学与研究出版社重点建设的大型辞书项目。该词典由我国著名词典学家、法国语言文学研究家、原广东外语外贸大学校长黄建华教授担任主编，历时 15 年编纂出版。该词典收词 11 万余，约 700 多万字，这是目前我国自主编纂的最大规模的汉法词典。《汉法大词典》始终秉承"立足本土、兼顾海外"的编纂宗旨，在内容和编排上既考虑了母语为汉语的读者对象，又兼顾了海外读者的实际需求。不仅收录了普通语文词汇，还酌情收录了常用学科术语和近年来出现的新语汇、新用法，力求及时反映当代语文生活的发展和变化。[12]

2. 主干教材建设

2014 年 10 月 16 日，教育部印发《第二批"十二五"普通高等教育本科国家级规划教材书目》，由北京外国语大学、上海外国语大学、中国海洋大学法语专家编写的三套教材入选规划书目，相关信息如表 2.16 所示：

表2.16 《第二批"十二五"普通高等教育本科国家级规划教材书目》
法语类教材

序号	书名	主要作者	第一作者单位	出版社
296	全媒体时代的法语报刊导读教程	傅荣	北京外国语大学	外语教学与研究出版社
768	交际法语教程（1）学生用书	曹德明、王文新、陈明媛、李美平、刘艳、汪婷	上海外国语大学	上海外语教育出版社
	交际法语教程（2）学生用书	曹德明、王文新、李美平、汪婷、陈明媛	上海外国语大学	上海外语教育出版社
	交际法语教程（1）语法指导与练习册	曹德明、王文新、陈明媛、李美平、刘艳、汪婷	上海外国语大学	上海外语教育出版社
	交际法语教程（2）语法指导与练习册	曹德明、王文新、李美平、汪婷、陈明媛	上海外国语大学	上海外语教育出版社
	生活在法国——交际法语视听说教程（1）	曹德明	上海外国语大学	上海外语教育出版社
	生活在法国——交际法语视听说教程（2）	曹德明	上海外国语大学	上海外语教育出版社
1171	新大学法语1（第二版）	李志清、周林飞	中国海洋大学	高等教育出版社
	新大学法语2（第二版）	李志清、柳利	中国海洋大学	高等教育出版社
	新大学法语3（第二版）	李志清、李军	中国海洋大学	高等教育出版社

（待续）

（续表）

序号	书名	主要作者	第一作者单位	出版社
1171	新大学法语 1 教学参考书（第二版）	李志清、周林飞	中国海洋大学	高等教育出版社
	新大学法语 2 教学参考书（第二版）	李志清、周林飞	中国海洋大学	高等教育出版社
	新大学法语 3 教学参考书（第二版）	李志清、周林飞	中国海洋大学	高等教育出版社

六、结语

　　2014 年，中国法语教学界在稳步开展各项传统的基础工作的同时，开始将工作重心转向专业规范建设、提升法语界科学研究水平、推动外语教学先进理念、建立稳定的学术和教学交流平台，并围绕以上目标，借助中法两国建交 50 周年的契机，成功组织了一系列学术、教学与文化活动，极大地推动了法语专业的科学化、持续化、国际化发展。

---

[1]　摘编自《教育部高等学校外国语言文学类专业教学指导委员会法语专业教学指导分委会、（中国）法语教学研究会关于开展全国调研的通知》[法教 2014（02）]。

[2]　越秀新闻，2014，全国"法语专业特色化办学与科研"研讨会在我校隆重举行 [OL]，http://www.zyufl.edu.cn/detail.aspx?newsId=492（2015 年 3 月 22 日读取）。

[3]　上海外语教育出版社新闻中心，2014，第三届全国高校法语专业院长 / 系主任高级论坛圆满落幕》[OL]，http://www.sflep.com/press-center/news/1063-2014-05-27-08-28-01（2015 年 3 月 22 日读取）。

[4]　摘编自《教育部外指委法语分委会、（中国）法语教学研究会 2014 年哈尔滨工作纪要（2014 年 12 月 18 日）》；上外新闻网，2014，法语教学研究会联席会议暨"教学评估与测试"研讨会召开 [OL]，http://news.shisu.edu.cn/teachnres/2014/2014,teachnres,025449.shtml（2015 年 3 月 22 日读取）。

[5]　论坛官方网站：www.forumheracles.org。

[6]　法国电视五台，2014，"世界一周要闻"（7 jours sur la planète），http://www.tv5monde.

com/cms/chaine-francophone/info/p-1914-7-jours-sur-la-planete.htm?edition=1（2014年 10 月 30 日读取）。

[7] 西安外国语大学新闻网，2014，第八届"全国高校法语研究生论坛"在我校隆重举行 [OL]，http://www.xisu.edu.cn/news/display.php?id=2694&table=news（2015 年 3 月22 日读取）。

[8] 上外新闻网，2014，首届"全国高校法语博士研究生论坛"在我校召开 [OL]，http://news.shisu.edu.cn/teachnres/2014/2014,teachnres,024243.shtml（2015 年 3 月 22日读取）。

[9] 摘编自《教育部外指委法语分委会、（中国）法语教学研究会 2014 年哈尔滨工作纪要（2014 年 12 月 18 日)》。

[10] 摘编自外指委法语分委会、法语测试组 2014 年 12 月 13 日发放的《2014 年法语专业等级考试报告》。

[11] 商务印书馆，2014，商务印书馆十年磨一剑，文化巨制《利氏汉法辞典》献礼中法建交五十周年 [OL]，http://www.cp.com.cn/Content/2014/08-29/1807374336.html（2015 年 3 月 22 日读取）。

[12] 中国日报社，2014，《汉法大词典》新书发布暨出版座谈会在广外召开 [OL]，http://cnews.chinadaily.com.cn/2014-12/28/content_19186150.htm（2015 年 3 月 22 日读取）。

[13] 中华人民共和国教育部，2014，教育部关于印发《第二批"十二五"普通高等教育本科国家级规划教材书目》的通知 [OL]，http://www.moe.gov.cn/publicfiles/business/htmlfiles/moe/s3885/201411/xxgk_178340.html（2015 年 3 月 16 日读取）。

第五节　西班牙语 [1]

一、高校纷纷开设西班牙语专业，在校学生人数节节攀升

近 10 年来中国和拉丁美洲及加勒比地区经贸、文化以及政治等各方面关系飞跃发展，对西班牙语专业人才的需求因此也急剧增加。2001 年 12 月中国加入世界贸易组织，为开启新时代的中拉经贸关系奠定了坚实基础；同时，世界贸易格局呈现多元化趋势，诸如美国等传统发达国家占拉美对外贸易总额的比重逐年下降，而以中国为代表的亚洲新兴国家所占比重在逐年上升；2004 年，胡锦涛主席作出重要指示："从战略高度重视拉美，"这是党和国家领导人首次在国家战略中对一个区域整体作出如此高屋建瓴的定位。在此大背景下，国内高校纷纷开设西班牙语专业并不断扩大招生规模；而且，由于就业的吸引力，青年学子争相报考这个专业。

据教育部高等学校外国语言文学专业教学指导委员会西班牙语专业教学指导分委员会（以下简称外指委西班牙语分委会）统计的数据，近 4 年来在该分委员会旗下注册院校的数量依次是：

2011 年：41 所；

2012 年：43 所；

2013 年：48 所；

2014 年：56 所。

近 4 年来高校西班牙语语言文学专业在校生人数分别是：

2011 年：本科生 6,301 人、硕士生 180 人、博士生 20 人；

2012 年：本科生 7,127 人、硕士生 171 人、博士生 18 人；

2013 年：本科生 8,416 人、硕士生 161 人、博士生 21 人；

2014 年：本科生 10,362 人、硕士生 185 人、博士生 16 人。[1]

数据显示，本科生的人数持续增长，而博士生的人数在走低，原因是师资队伍存在严重断层，老一辈博士生导师退休后出现岗位空缺，40—60 岁的教师

1　本节作者：常福良，北京外国语大学。

人数极其有限，其中能够成为博士生导师者更是凤毛麟角，博士招生人数明显下降。

二、高校西班牙语专业师资问题突出

外指委西班牙语分委会每年秋季对在该委员会注册单位的师生状况进行调研。笔者对近 4 年来关于西班牙语专业教师的统计数据列举如表 2.17：[1]

表 2.17　近 4 年来关于西班牙语专业教师的统计数据

年份	人数	年龄结构（出生）					学历			在职		职称				再聘教授
		1950年前	50-59	60-69	70-79	80后	学士	硕士	博士	硕士	博士	教授	副教授	讲师	助教	
2011	315	20	19	11	71	194	90	169	28	25	53	11	25	125	106	25
2012	340	19	18	12	66	218	97	200	36	14	55	11	34	120	123	24
2013	384	18	14	12	66	273	81	259	43	14	70	12	37	154	163	17
2014	476	20	17	15	73	351	90	331	55	33	72	13	41	179	223	20

以上数据显示：高校西班牙语专业教师总数呈逐年上升趋势，特别是2013—2014 年，涨幅显著，这也和前文所述本科教学点的增设以及招生人数攀升相关联；1980 年以后出生的年轻教师占极高的比例，这些人员当中绝大部分是近几年刚参加工作的硕士毕业生；博士比重偏小；正高和副高职称比例很小，中级和初级职称的教师占绝大多数。

按以上数据计算，近 4 年来全国在校本科生与教师人数的比例（全国平均生师比）依次为：

2011 年：20:1

2012 年：21:1

2013 年：22:1

2014 年：22:1

这样的师生比不符合外语专业零起点教学的规律，而且教师的教学工作量过大，没有时间和精力学习、进修、交流和进行科学研究，这些都是导致教学质量下降的重要原因，同时也说明专业教师职位的缺口很大。新开西班牙语专业的院校迅速增加，而能够输出补给师资的单位却很有限，因此新设专业教学点的教师基本来源于应届硕士毕业生，甚至是应届本科毕业生。另外，由于以前本专业历史较长、相对成熟的教学点很少，研究生教育的规模则小之又小，补充到教师队伍的新生力量主要是在西班牙自费留学回国的硕士生。显然，年轻教师的培训和教学技能的提高任重而道远；而且，新开专业的教学资源也极度匮乏，尚未得到重视。需要指出的还有，根据 2014 年统计的数据，西班牙语专业师资队伍不仅年龄、职称、学历等严重不合理，性别比例也欠平衡，女教师占 70%，[2] 而且绝大部分为 80 后，正处于婚育年龄。

三、举办"第三届全国西班牙语教学观摩研讨会"

中国高等教育学会外语教学研究分会于 2014 年 6 月 29 日至 7 月 4 日在北京外国语大学召开"第三届全国西班牙语教学观摩研讨会"。观摩研讨会的内容有：基础阶段阅读课（二年级）教学观摩研讨、高年级阶段外报课（三年级）教学观摩研讨和高年级阶段口译课（四年级）教学观摩研讨；分别邀请北京外国语大学的郑书九（阅读）、首都师范大学的陈浩（阅读）、北京外国语大学的李婕（外报）、对外经济贸易大学的吴飒（外报）、北京外国语大学的许云鹏（口译）和上海外国语大学的俞瑜（口译）6 位老师做了示范教学。他们多年从事相关课程教学，富有教学经验并且对所授课程有独到的见解。与会教师踊跃参与，迫切希望通过交流与借鉴提高自己的教学水平。来自 50 所大学的 160 位青年教师出席了观摩和研讨会，收到了良好的效果。

研讨会上教师们讨论的问题集中在以下几个方面：

关于口译教学，很多高校西班牙语专业缺乏拥有口译特长的教师，大批青年教师也没有教过口译课，这门高年级课程教学举步维艰，困惑重重。对此，常福良的观点是不会游泳的教练也能带出游泳冠军；作为西班牙语专业教师，虽然自己做不好口译，但至少能判断哪个人或者哪个句子译得好，哪个译得不好；而且，口译教学活动主要不应是教师的演示和讲解，而是学生的实践，所以建议青年教师在没有专业口译师资的情况下，勇敢地承担起口译教学任务。他还强调指出，现在每个班上的学生人数都比较多，口译课轮到每位同学练习的机会很有限，教师不宜在课堂上作过多演示和讲解，导致学生训练的机会少之又少。俞瑜和许云鹏在口译方面是佼佼者，多年从事西班牙语口译教学，教材对他们而言只起到辅助的作用，教学实践中大量使用教材以外的材料。他们同样认为，如果课堂上讲过多东西，课程的内容是完不成的。

关于泛读教学，有不少教师希望教材提供练习答案，对此，《现代西班牙语阅读教程》的编著者郑书九老师指出，他不主张配备答案，如果编著者把什么都做了，还要教师干什么？答案都要在文章中去找。条件给得越好，人就越懒惰，学生和教师都会懒惰，如此发展下去，对教学没有好处，比如，口译教材原来的书本是不配备译文的，配备了译文教师就懒惰。现在很多教材的教师用书已经成了学生用书，学生拿来敷衍教师。所谓教学相长，教书的过程中，教师和学生共同提高。郑老师还强调，阅读教材里面有必读和选读文章，就是针对不同院校的学生设计的，各个院校根据生源要有自己的定位，在使用教材和对学生的要求上应因材施教；当然，教材只提供一种教学模式，应该还有别的模式。

关于西班牙语报刊阅读，常福良提出，这门课的教学目标是引导学生学会快速获取信息。他还指出了教学中存在的主要问题，一方面，素材基本上使用的是报纸文章，刊物文章几乎没有；另一方面，把所有的课都上成精读的味道，例如泛读和报刊阅读，课上过多运用精读的教法，偏重字词和语法讲解，甚至要求学生把句子都翻译成汉语。阅读课不要把其他功课该解决的问题当作自己的主题，要把阅读的指向确定为获取知识和信息，一定要培养学生科学的阅读习惯，而且尽量带着问题去阅读。教师要善于针对一段话提出问题，特别是提出有思想性、激发思辨的问题，学生若能作出合理回答就说明理解了文本。要追求阅读量，若强调阅读量和速度须达到一定水准，学生自然就不会拘泥于文中无关紧要的字词和语法细节，如此，才能保证学生拥有丰富的思想和开阔的视野。

四、召开"2014 年全国高校西班牙语专业教学研讨会"

外指委西班牙语分委员会及中国高等教育学会外语教育研究分会于 2014 年 9 月 24 至 27 日在青岛大学召开"2014 年全国高校西班牙语专业教学研讨会"，56 所大学的代表参加了会议。会议内容为：

- 通报《高等学校外语类专业本科教学质量国家标准》及《西班牙语专业本科教学质量国家标准》研制工作情况；
- 总结 2014 年西班牙语专业水平测试（四、八级）工作，研讨测试改革；
- 新编精读教材《现代西班牙语》第 1 册试用高校作情况介绍和教法研讨，说明本专业其他科目主干教材建设的进展和规划；
- 通报"第三届全国西班牙语教学观摩研讨会"的情况；
- 全国高校西班牙语专业教学点最新情况汇总及全国师资建设工作研讨。

9 月 25 日上午，外指委西班牙语分委会、中国高等教育学会外语教育研究分会以及测试专家咨询组成员，对高校西班牙语专业四、八级水平测试中存在的问题、解决办法及改革措施等进行了专题研讨。会议决定，2015 年本专业四、八级水平测试的命题、考务、阅卷、总结等均由北京外国语大学西班牙语专业牵头负责；尝试对试题结构、试题量和总分实施改革；推进机读卡在测试中的应用，缓解考生数量增长和阅卷人力、财力之间的矛盾；继续加强考务规范、试题保密和考试纪律。

五、举办"全国西班牙语翻译研讨会"

大连外国语大学西葡语系于 2014 年 10 月 15 至 17 日举办"全国西班牙语翻译研讨会"。会议以"21 世纪西班牙语翻译"为主题，旨在为全国西班牙语教学与翻译工作者提供一个交流平台。之前，研讨会组委会面向全国高校及相关机构征集论文，明确了研究的课题，包括：1. 中西、西中翻译策略（口笔译）；2. 翻译与教学研究（口笔译）；3. 跨文化交流中的翻译问题（口笔译）；4. 翻译理论与实践研究。来自国内高校、科研院所、出版机构和翻译企业的西班牙语翻译界专家、学者共 50 余人参加会议。会议通过主题演讲、专题讨论、对话等形式，围绕翻译理论与实践、中国文学翻译、国外文学翻译、翻译教学、翻译人才培养等诸多领域的课题进行讨论。本次研讨会对促进西班牙语翻译教学与交流以及探讨、加强翻译领域的研究合作具有重要意义。

六、举行全国高校西班牙语专业八级和四级水平测试

外指委西班牙语分委会于 2014 年 3 月 21 日举行了高校西班牙语专业八级水平测试，共有 39 所大学的 1,485 位（其中应届生 1,353 人，往届补考生 132人）学生参加了考试。此项测试笔试部分 100 分，口语和听力部分 50 分，总分 150 分；其中 70 分（占总分 47%）使用机读卡答题和阅卷。这是本项考试首次使用机读卡答题和阅卷。由于考生数量不断增加，阅卷教师人力不足且工序复杂，只好求助于机器设备。

依据既定标准，得分 120 分以上为优秀；105—119 分为良好；90—104 分为及格。本次测试考生通过率为 44.49%，获得证书者共计 602 人，其中优秀16 人，占 1.18%；良好 186 人，占 13.75%；及格 400 人，占 29.56%。不及格未获得证书者 751 人，占 55.51%。[2]

以下提供最近 4 年的有关数据，以便对测试结果的变化态势进行观察分析：

2011 年应届生考生人数为 692 人，平均成绩 93.25，通过率为 59.25%；

2012 年应届生考生人数为 889 人，平均成绩 90.14，通过率为 57.71%；

2013 年应届生考生人数为 1,140 人，平均成绩 82.91，通过率为 45.09%；

2014 年应届生考生人数为 1,353 人，平均成绩 85.33，通过率为 44.49%。

4 组数据显示，考生人数在持续上升，但是通过率却在逐渐下降，而且考生人数增长幅度较大的时候，通过率也随之剧烈下降。有必要指出的是，近些年西班牙语专业招生大户集中在独立学院，其生源相对于重点高校有一定差距。专业八级水平测试命题的依据是 2000 年颁行的《高等学校西班牙语专业高年级教学大纲》，各年试题的题型和难易程度基本没有变化，平均成绩和通过率下滑应归因于学生人数膨胀及生源构成复杂化，以及对应师资和教学资源的严重不足，特别是拥有教学经验的教师匮乏。

　　外指委西班牙语分委员会 2014 年 6 月 13 日举行了高校西班牙语专业四级水平测试，共有 51 所大学的 3,658 名学生参加了考试。此项测试笔试部分 100 分，口语和听力部分 50 分，总分 150 分；其中 98 分（占总分 65%）使用机读卡答题和阅卷。这也是本项考试首次使用机读卡答题和阅卷，由于考生数量不断增加，人工阅卷已不堪负重，实行阅卷机械化已势在必行。

　　依据既定标准，得分 120 分以上为优秀；105—119 分为良好；90—104 分为及格。本次测试考生通过率为 60.60%，获得证书者共计 2,217 人，其中优秀 450 人，占 12.30%；良好 875 人，占 23.92%；及格 892 人，占 24.39%；不及格未获得证书者 1,441 人，占 39.39%。[2]

　　以下提供最近 4 年的有关数据，以便对测试结果的变化态势进行观察分析：

　　2011 年应届生考生人数为 1,543 人，平均成绩 85.03，通过率为 47.12%；

　　2012 年应届生考生人数为 1,917 人，平均成绩 83.32，通过率为 43.61%；

　　2013 年应届生考生人数为 2,175 人，平均成绩 83.68，通过率为 47.59%；

　　2014 年应届生考生人数为 3,658 人，平均成绩 93.21，通过率为 60.61%。

　　4 组数据显示，考生人数在持续上升，但是平均成绩和通过率却停留在较低的水平。本次专业四级水平测试的各项工作以 1998 年颁行的《高等学校西班牙语专业基础阶段教学大纲》和 2011 年 3 月颁行的《高等学校西班牙语专业四级考试大纲》为依据，命题、阅卷以及考务等各项工作基本延续了以往的做法，各年试题的题型和难易程度基本没有变化。2014 年使用机读卡答题和阅卷，客观选择题比例增加，考生通过率明显上升。和上述专业八级水平测试结果同理，平均成绩和通过率整体不高应归因于学生人数的膨胀及生源构成复杂化（独立学院考生明显增加），然而师资和教学资源却严重不足，尤其是教学经验丰富者匮乏。西班牙语专业教学一线的教师绝大部分都是 30 岁以下的讲师或者助教，其学历水平也亟待提高。

七、教材、教参

　　《现代西班牙语 学生用书》第 1 册于 2014 年 5 月由外语教学与研究出版

社出版，属于高等院校西班牙语专业教材系列的精读课程教材。编者为北京外国语大学西班牙语专业的董燕生教授和刘建教授。编者指出，与1999年版的《现代西班牙语》教材相比，新版的内容有很大不同，主要体现在："一、从一开始就贯彻交际法原则，教给学生有交际价值的西班牙语字词、短语和句子，从而摈弃了过去'Esto es una mesa'之类只有在十分罕见的情况下才说的话。""二、对语法项目的教学顺序作了较大调整，主要是推迟了过去时。"另外，关于如何恰当使用新版第1册教材，编者还提出了几项基本原则。这本教材适用于大学西班牙语专业一年级上学期的精读课程，在正式出版之前，曾先后在北京外国语大学、北京第二外国语学院、北京大学、中国传媒大学和北京理工大学5所高校做过两轮试用。

《现代西班牙语阅读教程》第4册于2014年5月由外语教学与研究出版社出版，属于高等院校西班牙语专业教材系列的泛读课程教材。编者为北京外国语大学西班牙语专业的郑书九教授和对外经济贸易大学西班牙语专业的毛频老师。该阅读教程一共4册，是为高等院校西班牙语专业第一学年下学期至第三学年上学期的阅读课程设计编写的。第4册适用于大学西班牙语专业三年级上学期教学，称为"文学专册"，精心选录了27篇西班牙及拉丁美洲作家的作品，绝大部分为著名作家的短篇小说。

2014年出版的其他教学参考书籍还有：

《职场西班牙语写作：信件及电子邮件撰写指南》，王丽萍、陈旦娜、徐瑞华编著，上海外语教育出版社出版；

《实用西班牙语写作》，曹羽菲编著，上海外语教育出版社出版；

《西班牙语基础语法》，哈尔姆（编），崔文超、张正（译），上海外语教育出版社出版。

---

[1] 2011年的数据来源：《2011年全国西班牙语专业教学研讨会 材料汇编》，四川外语学院成都学院，2011年11月。

2012年的数据来源：《2012年全国西班牙语专业教学研讨会 材料汇编》，天津外国语大学西班牙语系，2012年10月。

2013年的数据来源：《2013年全国高校西班牙语专业教学研讨会 材料汇编》，中山大学翻译学院，2013年10月。

2014 年的数据来源：《2014 年全国高校西班牙语专业教学研讨会 材料汇编》，青岛大学外国语学院，2014 年 9 月。

[2] 2014 年的数据来源：《2014 年全国高校西班牙语专业教学研讨会 材料汇编》，青岛大学外国语学院，2014 年 9 月。

第六节　阿拉伯语[1]

一、教学改革

2014 年 6 月 5 日中国国家主席习近平宣布，中阿双方决定把 2014 年和 2015 年定为中阿友好年，并将在此框架内举办一系列友好交流活动。这是自 2004 年中阿签署"中阿合作论坛"、2010 年启动"中阿经贸论坛"、2013 年启动"中阿博览会"等战略举措以来，为全面深化中阿合作开启的又一重大举措。2014 年 9 月 10 日，中阿友好年暨第三届阿拉伯艺术节开幕。这些重大活动的开展不仅加深了中阿双方的相互了解与信任，也为国内更好地开展阿拉伯语教学提供了契机。根据高考志愿填报参考系统所得数据，截至 2014 年，全国开设阿拉伯语专业的普通高校、高职院校共计 43 所。其中 40 所为普通高校，既有"985 高校"如北京大学、中山大学，也有"211 高校"如北京外国语大学、对外经济贸易大学、上海外国语大学、宁夏大学、石河子大学、新疆大学等。高职院校 3 所，专业为应用阿拉伯语[1]。根据中国研究生招收信息网 2015 年硕士专业目录查询所得数据，全国共有 11 所院校招收阿拉伯语专业硕士研究生。[2] 与 2013 年相比，2014 年开设阿拉伯语本科专业的院校新增 8 所，增幅达 25%，硕士点没有变化。

2014 年阿拉伯语教育的改革和创新主要体现在以下两个方面：一是根据新形势下国家和社会对阿拉伯语人才的需求，优化人才培养模式，使毕业生更加符合市场需求；二是加强高学历阿拉伯语人才培养的研究与管理，提高研究生培养质量。

1. 优化本科人才培养模式

国内外局势的变化对外语人才的培养提出了新的要求，新型外语人才要"适应国家经济对外开放的要求……具有国际视野、通晓国际规则、能够参与国际事务和国际竞争"。[3] 围绕国际化人才培养这一主题，各高校的阿拉伯语专

1　本节作者：叶良英，北京外国语大学。

业主要从以下几个方面进行改革、创新：1）制定学科发展的国际化规划；2）调整课程设置；3）改革教学模式；4）重视实践教学。

如上海外国语大学阿拉伯语专业，通过整合全校的阿拉伯语教学和科研力量，发挥资深教授、研究人员的传帮带作用，发挥一线阿拉伯语教师的国际化主体性，制定了学科的国际化规划。规划采取"项目负责人＋承担人"的方式协调运转，计划在5年内，通过"走出去"和"请进来"提升阿拉伯语学科的国际化程度。

宁夏首府银川为中阿博览会的永久举办地。为更好地服务国家战略，培养阿拉伯语专业国际化复合型人才，宁夏大学阿拉伯学院修订了本科人才培养方案。在2014版培养方案中确立了"阿拉伯语＋国际经贸、金融、法律、旅游等方向"的办学目标。阿拉伯学院充分利用宁夏大学的多学科优势，在校内与经济管理学院、政法学院、人文学院等紧密合作，学科交叉，资源共享，形成"2＋2"型培养模式，即大一、大二阶段，学生主要学习语言及外交、经贸、金融、法律、旅游等专业知识，大三、大四阶段，选派学生赴阿拉伯国家一流大学相关专业深造，完成学士学位论文，形成全国同类专业中的本科教学特色和优势。

天津外国语大学阿拉伯语专业2014年度开始实施天津市教育体制改革试点项目，从2014级阿拉伯语专业新生中选拔22名学生，开设复语双学位实验班，基本学制4—5年，增设国际经济与贸易专业模块，学业合格后可获得阿拉伯语文学学士学位和经济学学士学位。

实践教学是外语教学中一个重要的组成部分。北京高校充分利用涉外机构集中的优势，积极开展实践教学，使学生有机会通过实习查找差距。据调查，北京五所开设有阿拉伯语专业高校的学生，在本科大三、大四阶段，除个别阿拉伯语程度特别差的学生外，人人都至少有一次不少于15天的实习机会。实习单位包括国家部委、企事业单位、新闻机构等。通过实习，学生普遍反映学习阿拉伯语的热情提高了，同时还了解了用人单位的需求和标准，明确了今后努力的方向。

2. 提高研究生培养质量

生源质量、管理机制、导师队伍、学术氛围、研究生科研创新能力的培养是关系研究生教育质量的关键。为招收到素质全面的好苗子，阿拉伯语专业首先完善研究生招生选拔机制。如北外阿拉伯语系改革硕士生入学考试模式，由原先的一份阿拉伯语基础试题加一份阿拉伯语应用试题改为一份阿拉伯语基础与应用试题加一份阿拉伯语、汉语综合试题。改革后的试题除考察学生的阿拉伯语能力外，还注重考察学生的知识积累、知识运用、汉语水平、概括总结能力和处理信息的能力。北外阿拉伯语系还通过分学科方向，以三名硕士生指导教师为一个团队的方式指导学生，这种以集体智慧指导学生的方式能跟学生碰撞出更多创新的火花。上外阿拉伯语专业则确立了硕博导师例会制度和研究生参与教师科研报告会制度，以创造更浓厚的学术氛围。

为契合学校提出的区域国别转型战略，上外阿拉伯语专业全方位修订了硕士和博士培养方案，增加了两个硕士招生方向：阿汉互译理论与实践、阿拉伯历史与国别研究；增加了一个博士招生方向：阿拉伯历史与国别研究。博士培养方案中设置了课程清单，即导师根据自己的研究积累，开出足量的课程，供博士生在入学后经与导师沟通，选择感兴趣课程；同时细分课程内涵，即同一课程亦根据导师研究方向的不同而呈现差别化，如文献阅读这门课程，文化方向的导师侧重文化经典阅读，文学方向的导师侧重文学经典阅读，语法方向的导师侧重语法经典阅读。这些举措的实施必将为提升阿拉伯语专业研究生教学质量起到切实有效的作用。

二、招生及就业

1. 招生

中国高校、高职的国民教育性质，决定了阿拉伯语生源均来自于应届或往届高中毕业生。2014 年，中国高校阿拉伯语专业招生规模最大的是西北民族大学、浙江越秀外国语学院、宁夏大学和西安外国语大学，分别招收本科生

118 名、94 名、79 名和 60 名。其他招收两个班级约 40—50 名本科生的有北外、上外、北语、北二外、大外、西外、天外等。山东师范大学 2014 年暂停招生，其他院校均招收一个班级，人数在 18—30 名之间。据估算，2014 年全国阿拉伯语专业本科招生人数超过 1,000 人。其中老牌阿拉伯语专业院校共招收本科生 225 名，硕士研究生 49 名，博士研究生 12 名（详见表 2.18）。北京语言大学由原先的一个班 24 人改为两个班 50 人，其他学校招生人数与往年持平。2014 年全国共招收阿拉伯语专业硕士研究生 63 人，博士研究生 12 人。

表 2.18　中国老牌阿拉伯语专业院校 2014 年招生人数

院校名称	本科招生人数	硕士招生人数	博士招生人数
北京大学	21	5	3
北京外国语大学	48	14	2
北京第二外国语学院	44	5	/
北京语言大学	50	11	0
对外经济贸易大学	18	8	2
上海外国语大学	44	7	5
总计	225	50	12

2. 就业

2014 年，阿拉伯语专业高校本科毕业生就业渠道主要是国家机关、新闻媒体单位、央企国企、外企民企、读研和出国等。老牌院校中，北京五所高校阿拉伯语专业毕业生就业率均为 100%，上外有本科毕业生 46 人，42 人顺利就业，就业率为 91.3%。由此可见，尽管阿拉伯国家局势依然动荡，就业形势依然严峻，但知名高校的毕业生就业仍体现了就业率高、就业质量高、就业满意度高的特点。

表2.19　中国老牌阿拉伯语专业院校2014年就业情况统计

院校名称	本科毕业生人数	本科就业率	研究生毕业人数	研究生就业率
北京大学	11	100%	5	100%
北京外国语大学	44	100%	18	100%
北京语言大学	23	100%	10	100%
对外经贸大学	18	100%	5	100%
北京第二外国语学院	44	100%	6	100%
上海外国语大学	46	91.3%	14	100%

下面以北外阿拉伯语系为例具体说明毕业生就业去向：

北外阿拉伯语系2014年共有全日制统招毕业生62人，其中本科生44人，硕士研究生17人，博士研究生1人。截至2014年9月底，已全部就业，就业率100%。

表2.20　北外阿拉伯语专业2014届本科生就业情况统计

	国内读研	公务员	事业单位	国企	股份制企业	国外读研	外国机构	自由职业	就业率
人数	6	9	7	14	1	2	4	1	44
比例	13.6%	20.5%	15.9%	31.8%	2.3%	4.5%	9.1%	2.3%	100%

表2.21　北外阿拉伯语专业2014届研究生就业情况统计

	读博	公务员	事业单位	国企	股份制企业	就业率
人数	3	4	9	1	1	18
比例	16.6%	22.2%	50%	5.6%	5.6%	100%

其他院校中，天外2014届毕业生就业率为100%，就业去向为国有企业、私营企业、政府职能部门、汉办等。宁夏大学2014届有毕业生50人，就业率

90%，就业去向为国内外研究生、公务员、事业单位、高中职教育机构教师、企业、自主创业等。川外 2014 届共有本科毕业生 25 人，就业 15 人，就业率为 60%，就业去向主要为各类企业。下面以大连外国语大学阿拉伯语专业为例具体说明新开阿拉伯语专业院校毕业生就业去向。大外 2014 届共有 38 名毕业生，其中本科 34 人，硕士 4 人。本科毕业生顺利就业的有 29 人，选择读研的 4 人，就业率为 97.06%，硕士毕业生就业率为 100%，全部就职于高等教育机构。

表 2.22 大外阿拉伯语专业 2014 届本科生就业情况统计

	国内读研	公务员	事业单位	国企	三资企业	民营企业	就业率
人数	4	1	2	9	2	15	33
比例	11.76%	2.94%	5.88%	26.47%	5.88%	44.12%	97.05%

从统计表可以看出，大外本科毕业生与其他新开设阿拉伯语专业院校情况相似，就业单位多集中于各类企业，表明企业为最大比例毕业生的就业选择；硕士研究生则大多就职于高等教育机构。

毕业生就业关系到学校和阿拉伯语专业的长远发展，关系到学生的成长成才，关系到每个家庭的幸福。阿拉伯语专业的领导和师生应全员参与，使就业指导实现队伍专业化、服务具体化、指导个性化，不断提高毕业生就业竞争力，提高就业数量和质量，努力达到让毕业生满意、家长满意、用人单位满意、国家满意的目标。北外阿拉伯语系指导学生就业的经验可总结为以下几点：1）明确就业指导思想，理清就业工作思路；2）及早启动就业工作，摸清学生就业意向，全程记录学生就业过程；3）努力拓展实习渠道，以实习助就业；4）做好就业指导讲座，引导学生做好求职规划；5）有效分流，保证就业岗位的充分利用；6）要求学生从入学开始建立"以简历为导向的大学生涯发展规划"，从入学开始就有意识地给"未来就业困难学生"提供更多锻炼机会；7）加强个体就业指导力度，增强学生择业能力；8）离校不离心，做好离校未就业学生跟踪服务工作；9）加强创业引导，支持鼓励学生自主创业。

三、学术会议

1.“中国与埃及：全球关系与发展道路”研讨会

2014 年 3 月 15 日，由北京大学阿拉伯语系、北京大学非洲中心、开罗美国大学全球事务与公共政策学院联合举办的“'中国与埃及：全球关系与发展道路'研讨会”在埃及开罗举行。

研讨会分三个议题：中国在中东及非洲的外交政策、中国和埃及的发展道路、中国—埃及关系的未来。来自中国外交部、埃及外交部、北京大学、开罗美国大学、开罗大学的专家学者就中国的经济体制、教育制度改革、埃及的发展模式、中埃关系的前景进行了探讨。与会人员希望加强两国学者联合研究，并就中国的经济发展经验、双方高校办学模式、借鉴中国与其他非洲国家的合作模式、中国为埃及提供农业帮助、借鉴中国经济贸易区的经验、发展苏伊士运河贸易区等话题展开深入的讨论。[4]

2. 庆祝中阿合作论坛创建十周年暨中阿合作研讨会

2014 年 4 月 26 日，北京大学举办“庆祝中阿合作论坛创建十周年暨中阿合作研讨会”，来自外交部、教育部、新华社、中央电视台、中央编译局、国家宗教局、对外友协、国务院发展研究中心等机构的专家学者回顾了论坛成立十年以来取得的主要成就，包括发挥部长级会议的引领作用，充分利用经贸和投资机制两个平台，开展教育、文化和新闻等人文领域的合作，官民结合积极拓展公共外交等，总结了中阿双方在经济、政治等方面的合作进展，认为中阿合作论坛是“中阿关系史上的一座丰碑”，并提出中阿关系仍面临来自阿拉伯社会变局、政治碎片化和伊斯兰极端势力的挑战，但阿拉伯变局体现了发展中国家寻求自身发展道路的趋势。来自新闻媒体的代表指出中阿在媒体领域的合作相对薄弱，中阿亟需加强新闻合作，直接从对方获取信息，打破西方媒体对涉华和涉阿问题的片面报道，并希望通过加强中阿合作提高双方在国际舆论中的话语权，体现中国和阿拉伯国家的立场和价值观。[5]

3. 中国—阿拉伯国家合作论坛成立十周年国际研讨会

2014 年 5 月 16 日，上海外国语大学中东研究所和中国国际问题研究基金会在北京联合主办了"中国—阿拉伯国家合作论坛成立十周年国际研讨会"。外交部前部长李肇星、外交部副部长张明、亚非司司长陈晓东、外交部前驻中东国家使节、阿拉伯国家驻华使节、中国高校和研究机构专家学者、媒体记者等近百人出席会议。

李肇星在致辞中回顾了其亲历论坛成立的一些重要活动，认为习近平主席提出"一带一路"的战略构想，为中阿关系深入发展指明了新的方向，提供了重要发展机遇，希望论坛在促进中阿关系长远发展方面发挥更大作用。张明副部长在讲话中指出，十年来，中阿双方相互尊重、彼此支持、互利共赢、感情深厚，中阿论坛建设成绩斐然。双方应以 6 月中阿部长会的召开和共建"一带一路"为契机，努力聚集各方力量、整合各类资源、完善各项机制、增强论坛活力，使之在推动中阿关系发展中发挥更大、更突出的作用。与会代表还围绕"加强合作，促进发展——中阿合作论坛十年回顾与展望"这一议题展开热烈讨论，一致认为当前中阿双方应抓住"一带一路"建设的宝贵历史机遇，继续强化论坛对中阿合作的引领作用。[6]

4. "当代阿拉伯伊斯兰思潮及其对中国的影响"学术研讨会

2014 年 6 月 8 日，北外阿拉伯语系召开"'当代阿拉伯伊斯兰思潮及其对中国的影响'学术研讨会"。参加研讨会的有来自全国各高校、中国国际广播电台、博联社、国家宗教局、国际友好联络会等高校、科研机构、政府部门的专家学者与官员。与会人员就当代伊斯兰极端思潮的根源、发展与表现，中东思潮与中东现代化的关系、"伊斯兰国家"的理念及其影响、阿拉伯文学中的宗教极端主义与身份认同等议题进行了深入讨论，并就伊斯兰现代主义与中国伊斯兰教和谐理念的渊源、伊斯兰极端主义与新疆暴恐活动的关系、当代阿拉伯思潮与新疆治理的文化考量、在华外国穆斯林的社会管理等议题进行了坦率而深入的交流。

参加此次研讨会的专家学者虽来自不同部门、代表不同身份，但都为我国如何应对宗教极端主义与恐怖主义、增进民族团结和谐提出了有益建言。[7]

5. "中东局势回顾与展望（2014）"研讨会

2014 年 1 月 15 日，北京大学世界文明与国际战略协同创新中心同北京大学阿拉伯语系、北京大学阿拉伯伊斯兰文化研究所联合举办"'中东局势回顾与展望（2014）'研讨会"。

与会学者围绕中东地区局势总体走势与大国博弈，伊朗核问题、叙利亚问题、巴以问题等中东地区热点问题发展前景，阿拉伯国家转型与伊斯兰主义演化趋势等三个方面进行了分析研判。与会专家认为 2013 年是中东地区动荡的一年，形势变化的激烈程度堪比 2011 年；中东和亚太是美国两个全球重点战略区；中东地区对于中国的重要性日益突出，中国与中东国家发展关系机遇与挑战并存，同时中东也为中国提供了前所未有的机遇，中国应该以更积极的态度进入中东。[8]

6. "黎巴嫩：当下与未来"学术研讨会

2014 年 11 月 14 日，北京第二外国语学院阿拉伯研究中心举办"第三届阿拉伯研究论坛暨'黎巴嫩：当下与未来'学术研讨会"。黎巴嫩驻华大使法里德·阿布德、中国前驻黎巴嫩大使刘振堂及参会的专家学者从文学、政治、文化、思想等多个层面对黎巴嫩的当下与未来进行了探讨。上外中东研究所副所长马丽蓉教授作了题为《中国"丝路战略"：倡导与实践并进》的主题报告，对习总书记提出重走历史、跨越古今的"一带一路"宏伟战略构想进行了深刻解读。[9]

7. 中国—阿拉伯专家学者研讨会

2014 年 12 月 22 日，由中阿合作论坛研究中心主办的"中国—阿拉伯专家学者研讨会"在上海外国语大学举行。来自中国外交部、新华社、《光明日报》、上海外国语大学、对外经济贸易大学、宁夏大学和来自约旦、埃及、黎巴嫩、科威特等阿拉伯国家的中东问题专家近 40 人参加了此次研讨会。与会中阿专家学者围绕"新时期的中阿关系"、"当前西亚北非局势及热点问题"、"中阿共建'一带一路'"等议题进行了研讨交流。[10]

8. 中国阿拉伯文学研究会 2014 年会暨学术研讨会

2014 年 12 月 6 日,"中国阿拉伯文学研究会 2014 年会暨学术研讨会"在北京外国语大学阿拉伯语系举行。出席会议的有来自十几所高校的 40 余位代表。会议围绕"新世纪的阿拉伯文学"与"阿拉伯文学经典的再解读"两个议题展开。发言者或针对新世纪阿拉伯文学发展的主要态势作宏观研究,或就阿拉伯小说、诗歌等文学体裁作国别、人物、流派与文本的研究。[11]

9. 第二届全国阿拉伯语专业研究生论坛

2014 年 12 月 13 日,由北京大学阿拉伯语系、中国阿拉伯语教学研究会、中国阿拉伯文学研究会联合主办的"第二届全国阿拉伯语专业研究生论坛"在北京大学举行。来自多所高校阿拉伯语专业的硕士研究生、博士研究生及青年教师近 60 人,参加此次论坛。

论坛共收到近 40 篇论文及摘要,涉及阿拉伯语言、阿拉伯文学、阿拉伯—伊斯兰文化、中东问题等四个方向多维度的研究论文,整理编辑成《第二届全国阿拉伯语专业研究生论坛论文集》。[12]

四、专业活动

1. "女性写作与反抗"演讲

2014 年 9 月 25 日,埃及乃至阿拉伯世界最著名的女作家、女权活动家纳娃勒·赛阿达维博士应邀访问北外,并发表题为《女性写作与反抗》的演讲。北外阿拉伯语系全体师生及来自社科院、北大、对外经贸、二外、北语、天外等单位从事阿拉伯文学研究、翻译的专家、学者与学生,《世界文学》、《外国文学动态》等刊物的编辑，新华社、中央电视台、人民日报、人民网、中国网等媒体的记者参加了此次活动。为迎接赛阿达维访华，《世界文学》杂志在2014年第4期推出了"赛阿达维作品小辑"。

赛阿达维在演讲中介绍了此次来华的所见所感，对中埃两个文明古国的社会状况进行了对比，感叹中国社会及中国女性在现当代、特别是新中国成立以来发生的巨大变化，相形之下，曾与中国有着相似遭遇的埃及和多个阿拉伯国家，至今仍然深受落后传统的束缚，并饱受动乱与战火之苦。因此，中国是埃及和阿拉伯国家学习的榜样。作为一位女权主义色彩鲜明的作家，她还从政治、历史、宗教、文化等多方面论述了女性独立和解放的重要性，并强调，文学创作是反抗等级制、种族制、父权主义的利器；创作的愉悦，赋予了她反抗一切落后、专制与黑暗现象的勇气。[13]

2.《阿拉伯语汉语词典》、《汉语阿拉伯语词典》(修订版)发布会

2014年11月21日，北京大学阿拉伯语系、北京大学出版社联合举办了"《阿拉伯语汉语词典》、《汉语阿拉伯语词典》(修订版)发布会"。

外交部前副部长杨福昌、阿曼苏丹国驻华大使萨利赫·萨阿迪及来自各高校，来自新华社、中国网、人民网、中央编译局、国际广播电台、中华读书报等新闻媒体和单位的阿拉伯语同仁出席本次发布会。这两套词典是国内最权威的阿汉、汉阿双语大型语言工具书，词典的编纂出版得到了2013年国家出版基金和北京大学卡布斯苏丹阿拉伯研究讲席的大力资助。北二外张洪仪教授的贺信中肯地道出了编撰这两部字典的意义："两部词典伴随着每一个阿拉伯语人成长，记录着他们美好的、以阿拉伯语为特色的人生，镌刻着他们难以忘怀的青春与成功。"[14]

3. 外指委阿拉伯语分委会2014年年会

2014年10月31日，教育部高等学校外国语言文学类专业教学指导委员会阿拉伯语分委会（以下简称外指委阿拉伯语分委会）2014年年会暨高校阿拉伯语专业负责人联席会议在扬州大学召开。外指委阿拉伯语分委会及来自全国

31 所院校的阿拉伯语专业负责人、教师共 60 余人出席此次会议。

外指委阿拉伯语分委会主任委员周烈教授总结了 2014 年分委会工作，通报了《高等学校阿拉伯语专业本科教学质量国家标准》撰稿及制订工作、全国阿拉伯语专业四级测试工作等情况，强调了高校教师师德建设的重要性，布置了 2014—2015 年度工作计划。阿拉伯语国标撰稿专家组组长蔡伟良教授就国标定稿进行了说明。付志明教授总结布置了高校阿拉伯语专业负责人联席会议工作。全国阿拉伯语专业四级测试专家组组长叶良英副教授就 2014 年专业四级测试进行了总结。

4. 中阿青年学术对话会

2014 年 9 月 9 日，由对外友协主办、北外阿拉伯语系承办的首届"中阿青年学术对话会"在阿拉伯语系举办。来自黎巴嫩、突尼斯、阿曼的 30 余名阿拉伯青年学者，以及 20 余名中国青年学者参加了此次学术对话活动。中阿青年学者就"中阿关系发展的机遇与挑战"、"中阿关系的未来与青年的责任"、"'一路一带'建设与中阿文化交流"等议题进行了深入的交流和探讨。双方青年学者均认为此次对话活动碰撞出了思想的火花，双方可以以此为契机进一步加强联系和沟通，携起手来以实际行动促进中阿传统友谊。

5. 英国著名中东研究专家关于中东局势的讲座

2014 年 9 月 15 日，英国埃克塞特大学（University of Exeter）中东问题专家、政治学与国际关系学教授蒂姆·尼布洛克（Tim Niblock），英国牛津大学东方研究中心教授、北非及马格里布地区问题专家迈克尔·韦利斯（Michael Willis），英国牛津大学东方研究中心及牛津大学圣安东尼学院中东研究中心教授、中东政治及土耳其问题专家菲利普·罗宾斯（Philip Robins）应邀访问北大，并从各自研究领域与研究成果出发，向北大学生作了有关中东局势的讲座。

尼布洛克教授特别关注海湾地区的政治、民主进程，以及海湾六国与亚洲，特别是与中国和印度的关系。韦利斯教授从马格里布地区的独特性出发，分别解释了三国在阿拉伯变局后能迅速恢复稳定或从变局中置身事外的原因。

罗宾斯教授介绍了土耳其发展的三种模式，并从中东—美国关系的视角分析了可能产生的结果，他提出，关于土耳其模式的讨论，本质是关于伊斯兰教与民主制度能否相容的探索。[15]

6. 约旦前首相马贾利、埃及前总理沙拉夫等访问北京大学

2014 年 6 月 4 日，由埃及前总理沙拉夫、约旦前首相马贾利、沙特外交学院亚洲中心主任法基、金字塔报副主编努比、也门前驻华大使穆阿里米、科威特大学政治研究中心主任萨利姆、约旦前参议员贾扎莱等一行七人组成的代表团访问北京大学。北大副校长李岩松会见了来宾。

会谈中，埃及前总理沙拉夫指出，中阿合作论坛机制集中体现了双方对于发展新型政治、经济、文化战略合作伙伴关系的积极态度与高度重视。约旦前首相马贾利提到，新的海上丝绸之路，其核心并不是打造一条实际存在的商路，而是搭建中阿之间的文化交流纽带。会后，代表团来宾会见了北大阿拉伯语系师生并就叙利亚问题的现状与前景预测、中阿合作、中国的崛起、阿拉伯之春、中阿文化交流等主题与与会师生进行广泛交流。[16]

7. 丝绸之路化丹青——杨明威阿拉伯写生作品展

2014 年 5 月 23 日，北外阿拉伯语系举办"丝绸之路化丹青——杨明威阿拉伯写生作品展"开幕式，拉开为期七天的画展序幕。此次画展由中阿友好协会和阿拉伯语系共同举办。阿尔及利亚与黎巴嫩驻华大使，也门代办及多国驻华使馆文化参赞、外交官及中阿友协秘书长扈健怀等人，同北外阿拉伯语系师生一道出席开幕式。来自新华社、中央电视台、中国国际广播电台、人民网等多家媒体记者对开幕式进行了报道。

画家杨明威女士原为阿拉伯语翻译，由于热爱绘画和阿拉伯文化，退休后长年在阿拉伯世界游历，与当地各界民众广泛接触，创作了大量精美的阿拉伯风情画作，曾在多个阿拉伯国家举办个人画展。在中阿合作论坛成立 10 周年之际举办的此次画展，成为体现中阿友谊的一次特色活动，展出的上百幅画作

给观众留下了深刻印象。

五、首届央视阿拉伯语大赛

首届央视阿拉伯语大赛是由中央电视台组织的全国性的阿拉伯语主题大赛。比赛历时近 4 个月，分初赛、复赛和决赛三个环节，吸引了北京、上海、西安三个赛区 150 余名阿拉伯语专业的学生与阿拉伯语从业者参与。

大赛通过多种形式，考察选手的阿拉伯语表达能力、才艺水平、舞台表现力等综合素养。央视阿拉伯语频道全程录播了竞赛盛况。央视外语频道相关领导，埃及、巴林、阿尔及利亚驻华使节，国内有关高校阿拉伯语专业的领导观看了决赛并出席了颁奖仪式。经过激烈角逐，北外马烨荣获大赛一等奖，上外沈翊清获得二等奖，北外吕可丁、李睿恒、马晓颖获得三等奖。

六、全国高校阿拉伯语专业四级测试

2014 年阿拉伯语专业四级测试于 5 月 17 日顺利举行，全国共有 27 所院校参加本次测试，报考总人数为 1,202 人，实考人数为 1,186 人。北京地区的 5 所院校集中在北京第二外国语学院考点考试，其他的 22 个考点分别由参加考试的院校自行组织安排。

本次测试试题构成与往年一样，总分为 120 分，分为三个部分，第一部分为听力，由听写与听力理解构成，占 20 分；第二部分为客观题，由词汇、语法、语言应用、句子与篇章理解等几部分构成，占 65 分；第三部分为主观题，由汉阿互译和阿拉伯语应用文写作、命题作文构成，占 35 分。

本次测试全国最高分 109.8 分，最低分 15.5 分，平均分 60.49 分。1,186 名考生中总分 100 分以上的 22 人，占总人数的 1.85%。测试合格线为 55 分，通过人数为 698 人，通过率为 58.85%；80—94 分为良好，共 184 人，良好率 15.5%；95 分以上为优秀，共 53 人，优秀率 4.5%。成绩与往年相比有所提高，特别是 21 世纪新开设阿拉伯语专业的院校，学生成绩有不小进步。

七、专著、辞典、教材出版

1. 专著、论文集

1)《中阿关系发展中的中国软实力研究》

光明日报出版社 2014 年 5 月出版，北外阿拉伯语系副教授刘欣路著。

本书首先从中国和平发展的内在要求和外部条件出发，论述了阿拉伯国家对中国实现和平发展不可替代的重要作用，指出软实力是发展中阿关系、维护中国在阿拉伯国家利益的必然选择。继而本书以翔实的数据和案例，系统、客观地分析了中国在阿拉伯国家软实力的优势与不足，提出中国的经济发展成就和发展模式、中国对国际制度的参与、中国的外交政策是中国软实力的主要优势，而中国软实力的不足在于：文化影响力、国际传播效能还亟待提高，负责任大国的构建还面临挑战，对阿拉伯国家的经贸活动还有待规范。最后，本书针对中国在阿拉伯国家软实力存在的问题，从原则、目标、举措三个方面提出了自己的思考和建议。

2)《阿拉伯古代文学批评史》

上海外语教育出版社 2014 年 9 月出版，上外阿拉伯语系王有勇教授著。

从蒙昧时期到伊历八世纪，阿拉伯古代文学批评经历了从稚嫩到成熟的发展过程。在阿拉伯伊斯兰文化的熏陶与外来优秀文化的影响下，来自不同地区的阿拉伯学者紧紧围绕阿拉伯诗歌的词语与意义、自然与雕饰、统一性与多样性、真实与虚假、诗歌或诗人的品第或对比、诗歌剽窃、"诗歌之柱"、诗歌与伦理或诗歌与宗教的关系等具有二元性的诸多命题，或唇枪舌战，或著书立说，使阿拉伯古代文学批评逐渐摆脱源于本能、流于宽泛的感受型批评，最终形成具有明确标准和公认原则的理论体系。

3)《文化大背景中的阿拉伯文学和欧洲文学影响研究》

宁夏人民出版社 2014 年 11 月出版，上外阿拉伯语系孔令涛著。

该书以比较文学中影响研究的主要理论和方法为指导，论述了阿拉伯文学和欧洲文学的双向影响，上半部分为阿拉伯古代文学对欧洲中世纪及文艺复兴初期文学的影响，下半部分为近代西方文学对阿拉伯复兴文学的影响。主要观点是：对欧洲文学而言，阿拉伯文学的影响从总体上来讲是"点"或者"线"的影响。所谓"点"，即指某些文学作品，某个文学家，像《卡利莱和迪木乃》、《一千零一夜》、伊本·穆格法等。所谓"线"，主要指一些文学形式和体裁，如安达卢西亚彩诗、"玛卡梅"说唱韵文故事等。反观近代阿拉伯文学，欧洲文学对其的影响却是"面"的。这种"面"的影响是相对全面的、深入的和持久的，涉及文学形式和内容的各个方面，欧洲文学甚至还向阿拉伯文学输入了一些全新的文学形式，像小说、戏剧等。

4）《阿拉伯发展报告（2013—2014）》

社会科学文献出版社 2014 年 4 月出版，博联社总裁马晓霖主编。

《阿拉伯发展报告（2013—2014）》由北京语言大学阿拉伯研究中心立项，中国中东学会常务理事、博联社总裁马晓霖主持。报告分为总报告、地区形势与对外关系、经贸金融与能源、环境及社会文教、附录五部分，较为全面地反映了 2013 年阿拉伯国家的热点问题和地区形势发展，分析了该地区主要国家的政治形势变化、对外关系现状、热点和难点问题走向、宏观经济和金融投资概貌、石油天然气和石化产业近况，以及高等教育进展、电视舆论特点和孔子学院建设等，比较完整地介绍了阿拉伯国家特别是重点国家的发展态势，提供了较为完整的述评和相关事实、数据。

5）《中国—摩洛哥旅游发展与旅游教育：第二届中国—摩洛哥文化与教育交流研讨会论文集（阿拉伯文）》

旅游教育出版社 2014 年 1 月出版，北二外周烈教授主编。

论文集以中、摩旅游发展与旅游教育为主题，就加强中摩旅游发展与旅游教育的合作进行了相关讨论与分析，并对发展两国未来旅游业提出建言。

2. 辞典

《汉语阿拉伯语词典》（修订版），北京大学外国语学院阿拉伯语系编著，北京大学出版社 2014 年 2 月出版。本词典以老版为基础修订而成，为中型双语词典。条目以《现代汉语词典》为基础，参照《汉英词典》内容，广泛吸取国际语言交际实际，篇幅按条目和例语统计达 10 万余条，覆盖诸多学科常用词语，知识性和应用型特点显著，例语译文富于启示性。

3. 教材、教参

1)《阿拉伯语经贸应用文》

上海外语教育出版社 2014 年 2 月出版，对外经贸大学杨言洪、杨建荣编著。

本教材旨在帮助学生和读者用阿拉伯语表述对外经贸工作中常见的经贸专业语体格式和业务术语，同时兼顾对外经济贸易业务的综合知识。

2)《高级阿拉伯语精读》

世界图书出版公司 2014 年 3 月出版，四川外国语大学吴昊、赛勒玛编著。

该教材为普通高等学校阿拉伯语专业本科教材，共 8 个单元，每单元包含课文、文学选读、阅读、翻译、谚语故事等内容，旨在满足三下、四上学习阶段对培养学生良好语感，全面提高其语言综合能力，加深对阿拉伯文化了解的教学要求。

3)《阿拉伯语报刊导读（下册）》

上海外语教育出版社 2014 年 6 月出版，由上外阿拉伯语系陈杰老师带领的青年教师团队编写完成。

本册主要为专题阅读部分，专题阅读从不同的角度阐释某一特定的新闻话题。编者所选用的素材来自阿拉伯国家的各大知名报刊及网站，还从中国各大新闻网站的阿文版取材。每篇报刊阅读还配备题型多样的习题，多角度、多层次地测试学生阅读理解程度，并教授其充分利用阅读语料来提升语言表达能力。

4)《新编阿拉伯语 2 教师用书》

外语教学与研究出版社 2014 年 1 月出版，北外阿拉伯语系国少华主编，叶良英、刘欣路编著。

除教学法指导外，本教师用书还包括与主教材相对应的课程内容、综合练习卷及参考答案等。课文部分主要包括教学目的、预习要求、教学内容、教学重点、教学难点等内容。本书旨在帮助教师更好地使用《新编阿拉伯语2》这本教材，能够在阿拉伯语教学中化繁为简，引导学生发现阿拉伯语的特点、总结规律、养成良好的学习习惯，从而提升学习能力、提高学习效率。

八、科学研究项目

1.《〈古兰经〉文学研究》

宁夏大学阿拉伯学院金忠杰教授主持的国家社科基金年度一般项目。《古兰经》因其文本在文体形式、文学类型、语言风格、叙事技巧等方面独具文学属性，以及从语言到文体、从结构到风格、从内容到形式、从题材到内涵等各个层次蕴含的语言美、文体美、结构美、风格美等，都无一例外地折射着"作为文学的《古兰经》"自身具有的"文学美"，因此被认为是阿拉伯文学的最高成就和后世阿拉伯文学作品的典范，启迪阿拉伯伊斯兰世界的诸多文学家。

2.《中东地区伊斯兰教派冲突研究》

由宁夏大学阿拉伯学院王晓丽主持。项目着眼于研究中东地区伊斯兰教内部逊尼派、什叶派等之间的冲突。

3.《在华外国穆斯林社会管理问题研究》

北外阿拉伯语系副教授刘欣路获国家民族事务委员会民族问题研究项目立项。

近年，来自中东、非洲、东南亚等地区的穆斯林在华人数迅速增长，并在广州、义乌、北京等城市形成了数个较大规模的聚居区，对我国的社会管理提出了新的考验。外国穆斯林群体在语言、文化、宗教、法律背景等方面有很强的特殊性，简单的出入境管理和应急管理已不能满足社会和谐发展的需求，必须积极寻求综合治理之道。对此，应从中央和地方两个层面共同入手，在法律体系、管理机制、人才队伍等方面加强和创新对外国穆斯林的社会管理与服务。

4.《中国共产党与中国特色外交理论与实践》阿译项目

国家社科基金中华学术外译项目，由上外阿拉伯语系副教授陈杰主持。

---

[1] 数据来源：http://gkcx.eol.cn "高校专业查询"（2015年2月7日整理）。

[2] 数据来源：http://yz.chsi.com.cn "2015年硕士研究生招生专业目录查询"（2015年2月7日整理）。

[3] 中国网，2010，《国家中长期教育改革和发展规划纲要（2010-2020年）》[OL]，http://www.china.com.cn（2015年2月6日读取）。

[4] 北京大学新闻网，2014，北大参与主办的"中国与埃及：全球关系与发展道路"研讨会在埃及开罗召开[OL]，http://pkunews.pku.edu.cn（2015年2月6日读取）。

[5] 北京大学新闻网，2014，北京大学举办中阿合作论坛创建十周年暨中阿合作研讨会[OL]，http://pkunews.pku.edu.cn（2015年2月6日读取）。

[6] 上海外国语大学新闻网，2014，中东所主办"中阿合作论坛成立十周年"国际研讨会[OL]，http://news.shisu.edu.cn（2015年2月6日读取）。

[7] 北京外国语大学新闻网，2014，阿语系举办"当代阿拉伯伊斯兰思潮及其对中国的影响"学术研讨会[OL]，http://news.bfsu.edu.cn（2015年2月6日读取）。

[8] 北京大学新闻网，2014，北京大学召开"中东局势回顾与展望(2014)"研讨会[OL]，http://pkunews.pku.edu.cn（2015年2月6日读取）。

[9] 北京第二外国语学院网站，2014，2014年阿拉伯研究论坛暨"黎巴嫩：当下与未来"学术研讨会举办[OL]，http://www.bisu.edu.cn（2015年2月6日读取）。

[10] 上海外国语大学中国中东研究网，2014，第二届"中国—阿拉伯专家学者研讨会"在沪召开[OL]，http://www.mesi.shisu.edu.cn（2015年2月6日读取）。

[11] 北京外国语大学新闻网，2014，中国阿拉伯文学研究会2014年会暨学术研讨会在阿语系举行[OL]，http://news.bfsu.edu.cn（2015年2月6日读取）。

[12] 北京大学新闻网，2014，第二届全国阿拉伯语专业研究生论坛成功举办[OL]，http://pkunews.pku.edu.cn（2015年2月6日读取）。

[13] 北京外国语大学新闻网，2014，埃及著名女作家纳娃勒·赛阿达维应邀来我校演讲[OL]，http://news.bfsu.edu.cn（2015年2月6日读取）。

[14] 北京大学新闻网，2014，《阿拉伯语汉语词典》《汉语阿拉伯语词典》修订版发布会在北京大学举行[OL]，http://pkunews.pku.edu.cn（2015年2月6日读取）。

[15] 北京大学新闻网，2014，英国三位著名中东研究专家来访并作讲座 [OL]，http://pkunews.pku.edu.cn（2015 年 2 月 6 日读取）。

[16] 北京大学新闻网，2014，约旦前首相马贾利、埃及前总统沙拉夫等参观访问北大 [OL]，http://pkunews.pku.edu.cn（2015 年 2 月 6 日读取）。

第七节　日语 [1]

在建国 60 余年的历程中，我国高校日语教育规模经历了从小到大的跨越式发展。自 2000 年起，我国平均每年有 25 所高校新设日语专业，14 年间新设日语专业的院校总计达 353 所 [1]。截至 2011 年，日语专业整体办学规模在外语类专业中排名第 2，在我国高校近 400 个二级学科的本科专业中，开设日语专业的院校数量排在第 12 位 [2]。截至 2014 年，开设日语专业的高校总数为 506 所。我国的日语教育呈现出发展速度快、学科专业性强、以高等教育为主等特点。

一、改革情况

2014 年我国高校日语教育的研讨热点可归纳为日语教育理念、日语课堂教学改革、日语专业国家课程标准修订这三个方面。

1. 日语教育理念研讨

2014 年，我国日语专业教育中人文理念的重要性受到关注。4 月 18 日，两年一度的"第三届全国高校日语专业院长／系主任高级论坛"在杭州师范大学举办，来自全国各地高校的近 200 名日语专业院长、系主任和教学负责人参与了此次论坛，并就"日语专业建设中的人文理念"这一主题进行了深入的交流和探讨 [3]。北京外国语大学于日平教授在主旨演讲《日语专业教育的人才培养目标与人文教育理念》中提出应重视人文教育的思想理念，外语专业教育与一般的外语教育不同，外语专业人才需要有高水平的外语应用能力和两种语言间的转换能力，日语专业应当同所有人文类专业一样，培养出具备人文素养的人才 [4]。于日平教授还分享了北京外国语大学在人才培养中如何做好专业定位的成功经验，针对不同学校如何处理好语言技能与其他技能之间的关系给出了具体指导。

1　本节作者：朱桂荣，北京外国语大学。

2. 课堂教学改革

近几年，伴随日语教育的发展，我国日语教育的教学理念已经由注重语言知识技能的传授逐渐转向注重语言交际活动能力的提高。随着教学理念的转变，教学目标的更新和评价体系的完善成为日语教育改革中的重要课题[5]。因此，2014 年日语教育改革也主要着眼于课堂教学改革，多位专家学者从不同角度就日语课堂教学改革进行了探讨。

北京外国语大学北京日本学研究中心曹大峰教授针对我国日语教学中多种教学语法体系并存的现象，通过回顾大学本科日语教学语法的发展历程，对比分析了 3 种有代表性的日语教学语法的理念、内容及方法，论述了基于外语教育理论和跨文化交际目的而建构的日语教学语法的设计思路和内容特色[6]。华东师范大学运用外语教学法理论的研究成果和 can-do 标准，以培养学习者综合语言运用能力和跨文化交际能力的教学理念为指导，使用 2013 年出版的新教材《新界标日本语综合教材》设计了一套课堂教学改革方案，以探讨如何在课堂教学中展开具有实际交际意义的语言活动。

3. 新一轮国家课程标准制定与大纲修订工作开始

教育部 2013—2017 年外指委日语分委会已于 2013 年 10 月成立，这标志着新一届外指委日语分委会工作的正式启动，也标志着我国日语专业人才质量培养标准体系的制定工作正式开始。今后四年该分委会的工作将围绕日语专业教学质量国家标准的制定与大纲的修订进行[7]。教学改革、教师发展、课程建设、教材研发是提高外语专业建设的重要因素，为更好地推行日语专业教学质量国家标准，加深对国家标准的认识和理解，推动日语专业教学的改革与发展，该分委会在 2014 年期间召开了多次会议，进行了深入的研讨。

二、招生与就业

2014 年 11 月 7 日，日本国家安全保障局长谷内正太郎与中国国务委员杨洁簾举行会谈并达成了"四点原则共识"[8]。此外，中国海关总署公布，日本作为中国内地第五大贸易伙伴，2014年中国与日本双边贸易额为1.92万亿元人民币，同比下降1%。在这一大环境下，日语专业的招生和就业面临挑战和机遇[9]。为了使日语专业学生在就业中发挥更大优势，各院校都给予了高度重视并积极组织相关活动。如2014年3月29日，由中国日本商会主办的第16届日企联合招聘会在中国人民大学举行[10]。12月20日，北京外国语大学和北京日本学研究中心共同主办了日企就职说明会，参会的企业涉及物流、航空、银行、贸易、电子产品、广告等多个行业。此类就职说明会为日语专业学生的就业提供了良好的契机。

三、学术会议

2014年6月21日，"中国与日本：文化交流与相互认识——中国日语教学研究会2014年会暨国际学术研讨会"在长春举行。260余人出席了会议，就日语语言学、日本文学、日语教育及日本社会文化四个方向分别发表了自己的学术观点。会议指出，近年来，中日关系的急遽变化，为中国日本学研究提出了新的课题[11]。

2014年举办的其他研讨会汇总如下（表2.23）。

表2.23　2014年国内举办的部分日语国际研讨会 [12]

序号	研讨会名称	主办单位	会议时间和地点
1	中国日本学青年论坛学术研讨会暨中国日语教学研究会河北分会成立大会	中国日语教学研究会、外指委日语分委会	2014年5月9—11日（河北省保定市）
2	2014年大学日语教育与日本学研究国际研讨会暨中国日语教学研究会上海分会年会	日语教学研究会上海分会、同济大学	2014年5月17—18日（上海市）

（待续）

（续表）

序号	研讨会名称	主办单位	会议时间和地点
3	传统与现代——日本学研究与日语教育学术研讨会	吉林大学	2014 年 5 月 17—18 日（吉林省长春市）
4	香港日语教育研究会第六次年度会议	香港日语教育研究会	2014 年 6 月 21 日（香港特别行政区）
5	第二届日本学论坛暨高校日语老师暑期研修会	中国海洋大学、中国日语教学研究会	2014 年 7 月 25—27 日（山东省青岛市）
6	2014 年度日本文学年会暨日本语教育日本研究国际学术研讨会	广东外语外贸大学、中国外国文学学会日本文学研究会、中国日语教学研究会华南分会	2014 年 8 月 19—22 日（广东省广州市）
7	第六届汉日对比语言学研讨会	汉日对比语言学研究会	2014 年 8 月 20—21 日（北京市）
8	中国日语教学研究会江苏分会 2014 年会暨日本语言文化研讨会	中国日语教学研究会江苏分会	2014 年 11 月 14—16 日（江苏省南京市）

四、专业活动

2014 年国内日语界举办了一系列不同主题的日语教师研修活动。

1. 第二届全国高校日语教师专业发展论坛暨日语骨干教师专业发展研修会

由中国日语教学研究会联合北京师范大学日语教育教学研究所、华东师范大学日语教学研究中心、北京日本学研究中心和日本国际交流基金会北京日本文化中心共同规划举办的"第二届全国高校日语教师专业发展论坛暨日语骨干教师专业发展研修会"于 11 月 22 至 23 日在华东师范大学召开。来自全国 80 余所高校的 120 余人参加了该大会。研修会的主题是"关注学生学习"。

本届研修会是在教育部提高高校教学质量、加强师资队伍建设、推动高校日语教学改革的号召下举行的。因此，该研修会导入了教师专业发展理论和主体性反思型研修方式，采用专家讲座、论坛交流、研修工作坊相结合的综合模式，同时穿插前期课题准备、课堂教学观摩、交流互动反思等环节，为全国高校日语骨干教师以及专家学者提供了学术交流平台，得到了与会者的一致高度好评。[13]

2. 第九届全国大学日语教师研修班

由日本国际交流基金会北京日本文化中心和高等教育出版社联合举办的"第九届全国大学日语教师研修班"于 2014 年 7 月 18 至 22 日在大连举行 [14]。本次研修以课程教学要求为主题，共有 147 名大学日语教师参会。围绕"课程教学与应用——教学目标与学习"这一切入点 [15]，国内外多名专家参与指导。该研修会采用主题报告、分组讨论等形式，从多个角度对文章表现进行了阐述，教师广泛参与了讨论 [16]。

3. 2014 年日本语教育学实践研修会

"2014 年日本语教育实践研修会"由日本国际交流基金会北京日本文化中心和北京日本学研究中心联合举办，分为暑期集中研修和实践成果报告会两部分。夏季研修于 8 月 18 至 22 日在北京日本学研究中心举行，15 名大学日语教师参加了研修，通过报告课题、导师指导、小组讨论等方式不断完善课题内容，最终形成了可操作的实践研究计划。夏季研修结束后，教师返回教学一线，按照研修期间确定的计划开展教学实践研究。教师们对此次研修给予了高度评价，表示通过这次研修切实感受到了自身的成长，以前感到迷茫的课题在中日专家的指导下逐渐变得明朗，研修中学到的新的教育理论和教学方法很值得在以后的教学实践中进行尝试 [17]。

4. 地区巡讲日语教师研修会

"地区巡讲日语教师研修会"由国际交流基金北京日本文化中心与各院校共同举办。2014 年 10—12 月，北京日本文化中心共实施了三次地区巡讲，主要情况如表 2.24[18]。

表 2.24 2014 年地区巡讲日语教师研修会

序号	研修活动名称	主办单位	研修时间	学校数量	教师人数
1	2014 年第一届地区巡讲日语教师研修会	北京日本文化中心、贵州大学	2014 年 10 月 18—19 日	11	36
2	2014 年第二届地区巡讲日语教师研修会	北京日本文化中心、湖南大学	2014 年 11 月 28—29 日	12	40
3	2014 年第三届地区巡讲日语教师研修会	北京日本文化中心、广东外语外贸大学	2014 年 12 月 5—6 日	18	62

五、其他活动

2014 年各高校举办了丰富多彩的学生赛事和学生活动。

1. 学生赛事

1）第十届笹川杯全国高校日语语言文化知识大赛

2014 年"笹川杯"全国高校日语语言文化知识大赛于 11 月 23 日在北京大学举行。全国 89 所高校日语专业学生代表经过激烈角逐产生团体和个人赛前三强，日本科学协会邀请获胜团队和个人赴日参加为期 8 天的访问交流活动。

2014 年参赛院校数量为历年最多，占到全国设置日语专业院校的六分之一。该赛事十年来累计吸引了 300 多所大学数万名日语专业学生参赛。日本科学协会会长大岛美惠子在开幕式致辞中说,当前中日关系面临困难,越是在这样的时期,越应该为改善两国关系作出努力。中日关系要通过年轻人的交流维持下去 [19]。

2)第十届中国人日语作文大赛

据人民网日本频道 2014 年 12 月 15 日报道,第十届中国人日语作文大赛有两个主题,分别是"ACG(动画、漫画、游戏)和我"和"公共礼仪和中国人"。据悉,这次大赛共收到 4,133 篇投稿,有 196 所院校参与,数量之多创下历史新高。中国人日语作文大赛每次都收到中国 100 多所大学的约三千篇应征稿。主办方在评出获奖者的同时,还将获奖作品集结成书在日本公开出版。大赛的获奖作品集出版后,在两国产生了很好的反响,特别受到日本读者的高度评价。其中《消除隔阂》一书被《朝日新闻》(2006 年 12 月 24 日)书评委员评为最值得推荐的三部"年度图书"之一。NHK 电视台 2012 年以来连续两次以特辑形式介绍了第八和第九届日语作文大赛。发行量高达 1000 万份的《读卖新闻》在书评版突出评价了中国大学生的获奖作文 [20]。

3)其他大学日语活动

除上述比赛外,据不完全统计,一些院校还组织了如下大学生日语活动。

表 2.25　2014 年部分学生日语活动

序号	活动名称	主办单位	时间
1	第一届赣州市日语演讲比赛	赣州师范大学外国语学院	2014 年 4 月 12 日
2	第一届大学生日语演讲比赛	浙江理工大学外国语学院	2014 年 4 月 26 日
3	第十届香港小中高学生日语演讲比赛	香港日语教育研究会	2014 年 4 月 27 日
4	第十八届沈阳日语辩论大赛	沈阳日本人会	2014 年 4 月 27 日

(待续)

（续表）

序号	活动名称	主办单位	时间
5	第七届广西壮族自治区大学生日语演讲比赛	桂林理工大学外国语学院	2014 年 4 月 27 日
6	第八届"太湖杯"日语演讲比赛	无锡市翻译协会	2014 年 5 月 18 日
7	2014 年度第五届高中生日语演讲比赛	中日青年交流中心	2014 年 5 月 31 日
8	海峡两岸第二届大学生日语演讲比赛	吉林大学外国语学院	2014 年 9 月 20 至 22 日
9	"J.TEST 杯"第三届全国高职高专日语技能大赛	教育部职业院校外语类专业教学指导委员会	2014 年 10 月 16 至 19 日
10	第九届日语作文演讲比赛	广岛大学北京研究中心	2014 年 11 月 15 日

2. 优秀论文评选活动

1）第七届中国日本学研究"CASIO 杯"优秀硕士论文奖评选活动

2014 年 11 月 6 日，第七届中国日本学研究"CASIO 杯"优秀硕士论文奖颁奖典礼在北京外国语大学北京日本学研究中心举行。该论文奖评选是由外指委日语分委会、中国日语教学研究会、北京日本学研究中心联合主办，卡西欧（中国）贸易有限公司协办，每年在全国范围内进行一次最高水平的关于日本研究硕士研究生论文评选活动。本次活动共征集到 39 所院校推荐的 52 篇硕士论文。其中，语言组 16 篇，文学组 26 篇，社会文化组 10 篇。活动至 2014 年已举办了七届，在中国的日本研究界语言人才培养方面产生巨大影响[21]。

2）第十四届中日友好中国大学生日语专业学生毕业论文大赛

10 月 17 至 18 日，特定非营利活动法人日中友好市民俱乐部与中国日语教学研究会联合主办的第十四届中日友好中国大学生日语专业学生毕业论文大赛在大连大学落下帷幕。

外指委日语分委会主任、天津外国语大学修刚校长，中国日本文学研究会会长、上海外国语大学前副校长谭晶华教授，中国日语教学研究会会长、北京日本学研究中心徐一平主任等专家学者共聚一堂。来自中日两国教育领域的不同研究方向的专家学者，就语言、文学、社会文化三大方向的日语专业本科毕业论文进行评审，每个类别分别评选出一、二、三等奖各1名并予以奖励。此项赛事的开展在中国日语学界产生了十分积极的影响，推动了日语教育的健康发展[22]。

六、高等院校日语专业四级八级考试

据上海外国语大学谭晶华教授提供的信息，2014年参加日语专业四级考试的学校为294所，四级考试报名数为20,932人，通过率为45.44%。参加日语专业八级考试的学校为265所，人数8,195，通过率为49.5%。考试委员会派遣相关人员对河南省、重庆市的高校进行了巡考，对极少量作弊行为作出了处理。较之以往，新的情况是参加人数有所减少，原因可能与中日关系持续低迷，有些学校停止招生或减少了招生名额有关。

七、大学日语

大外教指委日语组为提高高校日语教师教育教学能力，积极开展了日语教学研讨活动。2014年4月26至27日，大外教指委日语组与北京师范大学日语教育教学研究所联合举办了第三届日语课堂教学国际研讨会暨写作教学工作坊[23]。来自全国各地及日本40余所大学、近100位中日日语教育一线教师、专家齐聚北京师范大学，共同探讨日语课堂写作教学中遇到的种种问题及解决思路与方法。研讨会邀请北京师范大学外文学院外语测试与评价研究所所长武尊民、华中科技大学陈俊森、北京大学外语学院赵华敏、上海对外经济贸易大学徐曙、上海外国语大学毛文伟5位教授作了主题报告，并邀请了北京师范大学外文学院翟东娜教授、日本山口大学赤木弥生教授作了"说课"。

　　在写作教学工作坊中，2 个写作课程组和 2 个非写作课程组具体围绕中国教师在写作教学中如何扬长避短、写作课的主要问题与解决方案、非写作课的写作环节中的主要问题与解决方案 3 个问题进行了探讨。讨论结束后，各组推选出一 1 名教师代表介绍了讨论的结果。日本东京学艺大学的谷部弘子教授、日本埼玉大学的小出庆一教授对研讨会和工作坊做了总结。

　　与会教师对研讨会和工作坊给予了积极的评价。但不少教师对仅为期 1 天半的研讨会表示意犹未尽，希望能有更多的时间与主题报告的专家交流，能对写作教学的方方面面进行更深入的探讨。

八、主要出版物

　　2014 年出版了大量与日语相关的刊物，现将部分内容展示如下表。

表 2.26　2014 年出版发行的主要日语专著、词典、教材等

类别	名称	作者	出版社
专著	日语协作学习理论与教学实践	池田玲子、馆冈洋子、朱桂荣、林洪	高等教育出版社
	语言类型学视野下的日语语序研究	李波	上海三联书店
	中日"时""体""态"对比研究	潘寿君	中国传媒大学出版社
	现代日语礼貌现象研究	毋育新	浙江工商大学出版社
	日语模糊限制语的研究	李凝	外文出版社
	日语精读教材研究（以 1949 年以来国内出版的教材为中心）	李所成	学苑出版社

（待续）

（续表）

类别	名称	作者	出版社
专著	现代日语数量表达方式的研究	崔明姬	上海交通大学出版社
	汉日对比语言学	张岩红	高等教育出版社
	日本文言助动词用法例释	潘金生	北京大学出版社
	中日文化的互动与差异	王凌、王述坤	南京大学出版社
	中国近代教科书中的日本和日本人形象：交流与冲突的轨迹	徐冰	商务印书馆
	日本教科书的中国形象研究	谭建川	北京大学出版社
	汉魂与和魂：中日文化比较	王敏	世界知识出版社
词典	日语 2136 常用汉字词典	崔香兰	辽宁人民出版社
	日汉同形异义词词典	郭明辉	北京语言大学出版社
	日汉建设常用辞典	陈嵘、陈峥、陈修柱	江苏大学出版社
	外教社日汉小词典	周启明	上海外语教育出版社
教材	商务日语函电实务	杨俏村、吉田阳介	中国人民大学出版社
	日语经贸谈判	杨晔	对外经贸大学出版社
	中日同声传译技能技巧训练	路邈、樊颖、（作者）、杨玲（编者）	外语教学与研究出版社

（待续）

（续表）

类别	名称	作者	出版社
教材	《汉日同传互译技巧与训练》	徐家驹	高等教育出版社
	日语综合教程（第二册）	许慈惠、高洁、林彬	上海外语教育出版社
	日语综合教程（第一册）	陈小芬	上海外语教育出版社
	新日本语 2	李思纯、斋藤里美、王秋华	华中科技大学出版社

九、科学研究项目

高校日语专业在 2014 年获得多项省部级科研项目立项。

表 2.27　2014 年度教育部人文社会科学研究规划基金、青年基金项目 [24]

学科门类	学校名称	项目类别	项目名称	申请人
语言学	华中科技大学	规划基金项目	中日当代修辞学比较研究——以王希杰和佐藤信夫为例	肖书文
语言学	黑龙江大学	青年基金项目	日汉对音资料的语言研究	赵志刚
语言学	江南大学	青年基金项目	中文母语者的日语习得——以拟声拟态词为例	韦渊
语言学	南京林业大学	青年基金项目	日语汉字训读与语源研究	成玉峰
语言学	山西大学	青年基金项目	日本雅学研究	侯立睿
语言学	中南财经政法大学	青年基金项目	日语屈折词形态表征机制研究	张鹏

表 2.28　2014 年国家社科基金年度项目 [25]

学科门类	学校名称	项目类别	项目名称	申请人
语言学	华侨大学	一般项目	上古汉语词汇对古日语的渗透层次研究	郭木兰
语言学	佳木斯大学	一般项目	日伪时期中日语言接触及影响研究	张守祥
语言学	解放军外国语学院	一般项目	功能语法视阈下的汉日语限定词对比研究	白晓光

表 2.29　2014 年国家社科基金青年项目

学科门类	学校名称	项目类别	项目名称	申请人
语言学	复旦大学	青年项目	基于语料库的日语祈使句研究	赵彦志
语言学	长春工业大学	青年项目	从日本汉文小说"唐话学"看东亚语言接触与文化受容	王佳璐
语言学	杭州师范大学	青年项目	中国文化走出去背景下的当代小说在日本的译介与传播研究	孙立春

表 2.30　2014 年度国家社科基金重点项目 [26]

学科门类	所属单位	项目类别	项目名称	申请人
语言学	天津外国语大学	重点项目	中央文献术语外译词典（中英、中俄、中日）编纂的理论与应用研究	王铭玉

十、结语

本文简要综述了 2014 年中国高校日语教育现状。2014 年中日关系依旧面临严峻局面，但是高校日语教育没有停止探索与发展的步伐，对日语教育理念、课堂教学改革进行了广泛的研讨。新一轮国家课程标准制定与大纲修订工作正在积极筹备。各种专题的日语学术研讨会以及日语教师研修班得以举办，学生的日语竞赛活动和文化体验活动丰富多彩。同时，出版了大量关于日语和日本的刊物，多项与日语相关的科学研究工作得以立项。在教育改革政策指引下，日语界积极探索，在日语界同仁的努力之下，必将取得丰硕的成果。

[1] 引自曹大峰，朱桂荣等，2014，"我国高校日语学科的发展与现状调查分析——以 2000 后新设本科日语专业为对象"[R]，中国日语教学研究会 2014 年会暨国际学术研讨会资料。

[2] 伏泉，2013，新中国日语高等教育历史研究 [D]，博士论文，上海外国语大学。

[3] 上海外语教育出版社，2014，第三届全国高校日语专业院长 / 系主任高级论坛圆满落幕 [OL]，http://www.sflep.com/press-center/news/1052-2014-04-21-09-08-56（2015 年 2 月 3 日读取）。

[4] 道客巴巴网，2014，日本語専攻教育の人材育成目標と人文的教育理念 [OL]，http://www.doc88.com/p-7704219102266.html（2015 年 2 月 3 日读取）。

[5] 彭瑾，徐敏民，2014，对我国日语教育的课堂教学改革之探索 [J]，《日语学习与研究》3：59-65。

[6] 曹大峰，2014，面向大学本科教育的日语教学语法建设——理念、内容、方法的更新与发展 [J]，《解放军外国语学院学报》37（2）：9-17。

[7] 天津外国语大学，2014，教育部 2013—2017 年外语类专业教学指导委员会日语教学分委员会成立大会暨 2013 年年会在我校召开 [OL]，http://news.tjfsu.edu.cn/No2.jsp?id=16267&newstype=1（2015 年 2 月 4 日读取）。

[8] 北京周报，2014，盘点 2014 中日关系，融冰还需诚信 [OL]，http://www.beijingreview.com.cn/2009news/tegao/2014-12/16/content_658992.htm（2015 年 3 月 12 日读取）。

[9] 中研网，2014，2014 年中日双边贸易额同比下降 1% [OL]，http://www.chinairn.com/news/20150113/175738385.shtml（2015 年 3 月 12 日读取）。

[10] 外交学院毕业生就业信息网，2014，第 16 届日资企业联合招聘会 [OL]，http://jyxx.cfau.edu.cn/front/recruit.jspa?type=1&channelId=702&contentId=20112（2015 年 3 月 12 日读取）。

[11] 中国学术会议在线，2014，中国日语教学研究会 2014 年会暨国际学术研讨会在长春举行 [OL]，http://www.meeting.edu.cn/meeting/news/MeetingNews!detail.action?id=51662（2015 年 2 月 07 日读取）。

[12] 日本文化中心，2014，研讨会通知 [OL]，http://www.jpfbj.cn/Education10.asp（2015 年 2 月 07 日读取）。

[13] 华东师范大学，2014，"第二届全国高校日语教师专业发展论坛暨日语骨干教师专业发展研修会"在华东师范大学召开 [OL]，http://www.fl.ecnu.edu.cn/s/147/t/268/d2/40/info119360.htm（2015 年 2 月 6 日读取）。

[14] 国际交流基金北京日本文化博客，2014，第 9 回全国大学日本語教师研修会 [OL]，http://blog.sina.com.cn/s/blog_8e214bab0102v2du.html（2015 年 2 月 6 日读取）。

[15] 中国地质大学江城学院，2014，我院日语教师参加第九届全国大学日语教师研修班 [OL]，http://w.jccug.com/netShare/newpage.aspx?id=20140830133614&wz=14&lmbh=WY02_01&lever=2（2015 年 2 月 6 日读取）。

[16] 安徽新华学院，2014，外国语学院教师参加第九届全国大学日语教师研修班 [OL]，http://wgy.axhu.edu.cn/contents/361/40013.html（2015 年 2 月 6 日读取）。

[17] 国际交流基金北京日本文化博客，2014，2014 年日本语教育学实践研修 [OL]，http://blog.sina.com.cn/s/blog_8e214bab0102v2us.html（2015 年 2 月 7 日读取）。

[18] 国际交流基金北京日本文化博客，2014，地域巡回日本语教师研修会 [OL]，http://blog.sina.com.cn/s/articlelist_2384546731_6_1.html（2015 年 2 月 7 日读取）。

[19] 中国教育新闻网，2014，2014 年"笹川杯"全国高校日本知识大赛在京举行 [OL]，http://www.jyb.cn/world/zwyj/201411/t20141123_605144.html（2015 年 2 月 6 日读取）。

[20] 人民网，2014，"第十届中国人日语作文大赛"颁奖典礼在北京举行 [OL]，http://japan.people.com.cn/n/2014/1215/c35465-26211578.html（2015 年 2 月 6 日读取）。

[21] CASIO 官网，2014，第七届中国日本学研究"CASIO 杯"优秀硕士论文奖颁奖典礼隆重举行 [OL]，http://www.casio.com.cn/news/1583.html（2015 年 2 月 6 日读取）。

[22] 大连大学日本语言文化学院，2014，第 14 届中日友好中国大学生日语专业学生毕业论文大赛在我校举行 [OL]，http://jap.dlu.edu.cn/zyjs/ShowInfo.asp?InfoID=620（2015 年 2 月 6 日读取）。

[23] 北京师范大学外国语言文学学院，2014，第三届日语课堂教学国际研讨会暨写作教学工作坊在北师大举行 [OL]，http://www.sfll.bnu.edu.cn/contents/927/5028.html（2014 年 6 月 1 日读取）。

[24] 中国高校人文社会科学信息网，2014，2014 年度教育部人文社会科学研究规划基金、青年基金项目评审表 [OL]，www.sinoss.net/uploadfile/2014/0609/20140609084246299.pdf（2015 年 2 月 6 日读取）。

[25] 全国哲学社会科学规划办公室，2014，2014 年国家社科基金年度项目和青年项目立项结果公布 [OL]，http://www.npopss-cn.gov.cn/n/2014/0616/c219469-25156302.html（2015 年 2 月 6 日读取）。

[26] 国家社科基金网，2014，社科基金项目数据库 [OL]，http://fz.people.com.cn/skygb/sk/index.php/Index/seach（2015 年 2 月 6 日读取）。

第八节　朝鲜语[1]

一、教学改革

2014 年度各校朝鲜语专业在继续加强韩国语[1]语言技能训练的基础上，更加注重对学生综合素质的培养，除传统的听、说、读、写、译等方面的课程之外，各校逐渐增加各种实用性的选修课程。比如，北京外国语大学朝鲜语专业不断深化院系平台课和选修课的建设，以期提高学生对韩国国情文化、东北亚及至整个亚洲地区情况的了解。山东大学朝鲜语专业也相应地增加了通识课和学科基础平台课的学分，同时增设了语言、文化、翻译三个课程组的选修课，力争让学生能够根据自己的兴趣、能力和需要，在汉韩翻译、韩国文化、专业韩国语等方面培养一技之长。大连外国语大学在强化基础教学的基础上不断拓宽专业口径、丰富专业内涵，实行语言技能课程和专业深化两种模块相结合的方式，在高年级开设"模块式"选修课程，鼓励学生根据个人爱好和兴趣选择语言文学模块、社会文化模块、经贸旅游模块这三个模块的课程，为毕业就业做好知识上的储备工作。

山东大学威海分校于 2013 年招收了第一批"朝鲜语＋国际经济与贸易双学士学位特色实验班"共计 35 人，旨在拓宽学生的知识面，培养具有较强社会适应能力的复合型人才，给学有余力的学生更多的学习机会，提高学生的核心竞争力；北京外国语大学也在经过充分探讨和论证之后，计划于 2015 年招收第一批朝鲜语国际商务方向本科生，旨在培养能在国家部委、大型央企、金融机构和跨国公司等相关机构工作，国家亟需的应用型、复合型朝鲜语高级商务人才。

二、招生及就业

在经历 2008 年经济危机之后，受韩国经济衰退和大量韩资企业撤出的影

1　本节作者：金京善、汪波，北京外国语大学。

响，企业对韩国语人才的需求较之以前有所减少，再加上各大部委、国家机关中韩国语工作人员逐渐趋于饱和，各校朝鲜语专业一度高达100%的就业率神话、甚至有些地区朝鲜语专业毕业生供不应求的现象逐渐开始有所松动，国内朝鲜语专业的发展出现一定的降速甚至退步。但到了2012年以后，受韩国经济复苏以及市场人才供需自然调节的影响，2013、2014年度各校朝鲜语专业招生情况基本保持平稳，招收人数较往年没有太大变化，主要有如下一些情况：北京外国语大学共招收本科生23人，毕业本科生23人；北京大学共招收本科生16人、硕士生7人、博士生3人，共有15名本科生、7名硕士生、4名博士生毕业；山东大学招收本科生26人，毕业17人；北京语言大学招入两个平行班，共计40人，每班20人；中国海洋大学共招收本科生62人，研究生10人；中国传媒大学招收本科生16人；大连外国语大学共招收125人，设立5个班；山东大学威海分校共招收4个班126人。[2]

近年来，朝鲜语专业本科毕业生就业情况总体良好，但受到就业压力的影响并伴随着国内、国外攻读硕士学位门槛的降低，各校均有越来越多的毕业生选择进入研究生阶段继续学习，尤其选择出国留学的毕业生人数越来越多。北京外国语大学2014届本科毕业生中共有14人选择继续攻读硕士学位，占毕业生总人数的一半以上，其中在国内攻读的有7人，赴韩国攻读的有7人；北京语言大学本科毕业生中有3人考取国内研究生，9人出国留学，总人数也占毕业生总人数的一半以上；中国传媒大学毕业生中有7人继续攻读研究生，其中国内4人、韩国2人、英国1人，接近毕业生总人数的40%；大连外国语大学139名毕业生中有大约20%的学生选择继续读研，其中有10人在国内、18人在国外。[2]

三、学术会议

2014年度，国内朝鲜语学界主要举办了如下较大型的国际性、全国性学术会议。

3月15至16日，由韩国国际易学书学会、北京大学朝鲜文化研究所共同举办的"国际易学书学会第六次国际学术会议"在北京大学隆重举行。本次会议的主题为"易学书的文化史意义和语言学的考察"。来自韩国首尔大学、高丽大学、成均馆大学、庆熙大学、韩国外国语大学、全北大学,日本神户外国语大学、大阪大学、京都产业大学以及中国北京大学、北京外国语大学、中央民族大学、浙江大学、中国社会科学院大学、浙江财经大学、中国矿业大学等高校的 70 余位专家学者参加本次会议并作了精彩报告。

5 月 24 日至 25 日,由韩国国际交流财团资助、由中国韩国(朝鲜)语研究学会主办的"中国韩国(朝鲜)语研究学会 2014 年度国际学术会议"在天津师范大学隆重召开。来自中国北京大学、复旦大学、山东大学、北京工业大学、解放军外国语学院等 44 所大学以及韩国首尔大学、梨花女子大学、韩国学中央研究院、韩国外国语大学等 11 所国外大学的 126 名代表参加此次学术会议,北京大学出版社、高等教育出版社、延边教育出版社、韩国亦乐出版社、中国朝鲜语文杂志社、东北亚外语研究等几家出版机构的相关人员也参加了会议。代表们按照韩国语理论研究、文学理论与韩国文学教育、韩国语教育研究、翻译与人文知识教育研究等四个小组主题共发表了 63 篇论文,其中 2 篇论文获选优秀论文。

9 月 22 日,由中央民族大学朝鲜语言文学系和朝鲜—韩国研究中心主办的"韩国(朝鲜)语言·文学与中国国际学术大会"在中央民族大学隆重召开,本次大会旨在研讨韩国(朝鲜)语言及文学相关的问题、推动并加深其学术研究,邀请到了韩国首尔大学、高丽大学、延世大学、韩国学中央研究院以及中国社会科学院、中央民族大学、北京外国语大学、北京第二外国语大学、山东大学、延边大学等知名高校及政府机构的多名专家级学者出席本次会议。

10 月 18 至 19 日,由中国韩国(朝鲜)语教育研究学会主办的"第三届中国中青年韩语教师学术研讨会"在烟台大学图书馆报告厅隆重召开。本次会议的主题为"以培养复合型人才为目的的韩国语教育",来自烟台大学、复旦大学、延边大学、北京外国语大学、北京第二外国语大学、山东大学、大连外国语大学、洛阳外国语学院、上海海洋大学、广东外语外贸大学等 20 余所国内高校的中青年教师以及来自韩国首尔大学、汉阳大学、釜山外国语大学的有关专家参加本次会议并作了精彩报告。

10 月 25 至 26 日,由中国朝鲜—韩国文学研究会主办的"中国的韩国文学教育与研究——现状与展望研讨会"在大连外国语大学召开,多所高校相关领域的资深学者等参会。在研讨会上,延边大学教授金柄珉发表了《燕行录研究的通时性考察》主题发言。

11月15日,由北京第二外国语学院朝鲜语系主办的"第三届韩国语翻译教学与研究学术研讨会"在二外隆重召开,来自国内外30余所高校的近60位教师、学者参加本次大会,另有来自北京大学、天津外国语大学等高校的硕士生、博士生共30余人专程前来旁听。会上宣读了多篇翻译领域的学术论文,内容涉及小说忠实维度研究、注解研究、省略现象研究、韩语口译教学等多个韩国语笔、口译相关的热点话题。

2014年4月19日,由世界亚洲研究信息中心和通达集团资助,由北外亚非学院韩国语系、北外朝鲜—韩国学研究所与外语教学与研究出版社共同举办的"朝鲜文学中的中国元素"国际学术研讨会在外研社成功召开。来自国内外多所高校的50余名韩语专家、教师参加了本次研讨会。研讨会"以韩国文学中的中国元素"为主题,分设两个会场,分别以"中韩文学研究","跨文化交际与韩语教学"为议题,通过主题演讲、论文的发表及讨论等丰富多样的形式,从文学和韩国语教育两个方向对会议主题进行了深入的解剖和探讨。会议特邀中国外国语教育研究中心副主任、外国语言研究所副所长韩宝成教授以《外语教育:目标与途径》为主题进行主旨演讲,与会学者对韩教授的演讲反应非常热烈,各位专家学者各抒己见。大会就中韩文学对比、文化对比、韩国语教育等议题进行了深入的切磋、交流并充实了相关领域的研究,亦提出了许多富有前瞻性的学术论点,对于中国韩语教育界的学术发展起到了推动的作用。

四、专业活动

2014年度在韩国国际交流财团的资助下,四场韩国学讲座分别于6月、11月和12月在北京外国语大学举行,主题分别为"韩国电影"、"韩国美术之花"、"韩文、韩语、韩国文化"以及"韩国外交政策与四强外交"。四次讲座分别邀请到相关领域的国内外著名专家,面向校内各专业学生以及附近院校的韩国学爱好者进行讲授。

北京大学分别于 2014 年 2 月、6 月和 11 月举办了第 37、38、39 次朝鲜半岛问题论坛，并于 4 月和 10 月举行了第 27、28 讲"感知韩国系列文化讲座"，主题分别为"中韩文化交流史研究现状及展望"和"东亚社会性别偏好"，并邀请到国内外知名专家针对一系列韩国相关问题发表了自己的观点。

大连外国语大学分别于 2014 年 4 月、9 月、10 月、11 月、12 月举办了主题为《热河日记》、"韩国民俗文化视角下的韩国文学研究"、"选择与追求——谈谈文科教授科研工作"、"东亚与韩国文学"、"韩国语教育的现状与展望"的一系列讨论，邀请到国内外的众多专家教授前来为学生教授韩国学方面的知识。

山东大学威海分校分别于 4 月、7 月和 9 月举办了主题为"文化和源泉素材的魅力"、"韩半岛和平统一与中韩关系"、"我国周边的新形势思考"、"中韩关系 22 年的回顾与展望"等一系列学术讲座，分别邀请到国内外的一批著名专家学者。

五、其他活动

4 月 27 日，由北京大学外国语学院主办、外国语学院学生会及中国和平旅游有限责任公司共同承办，欧美同学会·中国留学人员联谊会韩朝分会协办的"博雅杯"首届韩语配音大赛在北京大学民主楼举行，来自北京大学、北京外国语大学、北京语言大学、对外经贸大学、中央民族大学 5 所高校朝鲜语专业的共 11 支队伍参加了本次比赛。

5 月 18 日，由北京大学与北京外国语大学共同举办的辩论—朗诵比赛在北京大学成功举行，来自两所学校的 50 余名朝鲜语专业本科生参加了这次比赛。

6 月 1 日，由大连外国语大学韩国文化院主办、韩国语系协办，韩国驻大连领事办公室、大连韩国人（商）会、韩国贸易投资振兴公社及韩国韩亚航空公司赞助的第四届"韩国文化院杯"韩国语演讲比赛在大连外国语大学举行，大连地区各高校朝鲜语专业的 15 名选手和 480 余名师生参加了本次比赛。

6 月 14 日，由中国三星电子赞助、韩国成均馆大学主办的"第 8 届成均馆韩语作文大赛"在北京唯实酒店举行，来自北京大学、北京外国语大学、复旦大学、天津外国语大学等全国 50 余所大学的 85 名韩语专业中国学生参加了本次比赛。

9 月 20 日，由韩国文化观光部主办、延世大学韩国语学堂承办的第 23 届延世大学韩语写作大赛于在山东大学威海分校举行，该大赛是为了纪念韩国文字——韩字的创制，至今已举办了 23 届。来自山东大学威海分校、威海世宗学堂、哈尔滨工业大学威海分校、哈尔滨理工大学荣成学院、威海职业技术学院等教学单位的近 200 名韩语热爱者参加了这次比赛。

11 月 18 日，由韩国贸易协会与韩国《每日经济新闻》共同主办、驻华韩国大使馆协办的"第五届中韩青年营销策划大赛"在北京韩国文化院举行，三星、现代汽车、LG 化学、浦项制铁、韩亚航空、好丽友、友利银行、韩华等多家韩国知名企业为本次大赛提供赞助。来自北京大学、清华大学、对外经济贸易大学、山东大学、山东师范大学、华东师范大学等 37 所著名高校的中国学生和韩国留学生踊跃参与，共有 118 位选手提交了参赛论文。

11 月 22 日，由韩国驻沈阳总领事馆、辽宁省人民对外友好协会主办的2014 东北三省大学生韩语演讲比赛及歌舞比赛在辽宁大学成功举办，来自东北三省的 56 名大学生参加了本次比赛，参赛学校由最初的 8 所增加到了现在的23 所。

11 月 22 日，由北京外国语大学、北京大学和中央民族大学韩国语系共同举办的辩论—朗诵比赛在北京外国语大学成功举行，三所学校一至四年级朝鲜语专业本科生共 150 人左右参加了这次比赛。

11 月，第九届锦湖韩亚杯韩国语演讲比赛全国各赛区预赛顺利举行，12月 20 日，全国总决赛在四川外国语大学国际报告厅隆重举行，中韩友好协会、韩中友好协会、重庆市人民对外友好协会和锦湖（中国）轮胎销售有限公司的各位领导莅临了比赛现场，25 名从全国各大分赛区晋级的优秀选手在决赛中展开了激烈的竞争。

12 月 21 日，由韩国驻青岛总领事馆、中国海洋大学韩国语系、中国海洋大学韩国研究中心世宗学堂共同主办的 2014 年大学生韩国语话剧大赛在中国海洋大学举行，中国海洋大学、青岛大学、山东科技大学、青岛科技大学、青岛理工大学、青岛农业大学等 6 所青岛高校的朝鲜语系本科学生参加了这一比赛。

六、重要考试

韩国语界最重要、最受大众认可的考试是由韩国国立国际教育院主办的韩国语能力考试（Test of Proficiency In Korean，简称 TOPIK），该考试最早创办于 1997 年，是为评价韩国语为非母语的外国人或韩国海外侨胞的韩国语能力而设置的，目前在中国的 33 个城市实施有该项考试。韩国语能力考试至今共经历了三次改革：最初韩国语能力考试按分数分为六个级别，考试内容为写作、语法及词汇、听力、阅读；2006 年开始试题从六种（1—6 级）变更为初级（1、2 级）、中级（3、4 级）和高级（5、6 级）三种，考察内容由先前的四个领域的主·客观性试题（写作、词汇与语法、听力、阅读）变更为三个领域的客观性试题（词汇与语法、听力、阅读）和一个领域的主／客观性试题（写作）；2014 年该考试又将原有的初级、中级和高级三个级别改为 TOPIK I（1、2 级）和 TOPIK II（3、4、5、6 级）两个级别，TOPIK I 中取消词汇与语法以及写作两个领域的试题，TOPIK II 中取消词汇与语法领域试题并适当增加听力与阅读的试题量。

2014 年，TOPIK 考试应考人数创下新高，据主办方韩国教育部和国立国际教育院的统计，第 34 届韩国语能力考试在韩国国内共迎来 26,092 名考生，海外考生达到 45,987 人，共计为 72,079 人，应考规模达历届之最。其中，中国籍考生最多，达到 25,142 人。而 2014 年全年，参加该项考试的中国学生达到了 48,846 人，占海外考生总人数的 50.3%。[3]

除由韩国主办的韩国语能力考试外，从 2012 年开始，中国教育部高校外语专业教学指导委员会非通用语分委员会委托中国韩国（朝鲜）语教育研究学会和延边大学负责组织全国高校朝鲜语专业四级考试，该考试为尺度参照性标准化考试，考试对象面向通过全国高考正式招收的韩国语专业学生。目的是为了全面检查已经学完朝鲜语专业二年级课程的学生是否达到教学大纲所规定的各项要求，考核学生的基础知识与基本技能，同时也是评估教学质量、推动各学校之间教学交流的一种手段。该考试方式为笔试，分为听力理解、词汇语法、阅读理解、人文知识、翻译、写作六个部分。

从2014年开始，中国韩国（朝鲜）语教育研究学会和延边大学开始组织全国高校朝鲜语专业八级考试，该项考试测试考生的综合语言能力和人文知识水平，考核学生的朝鲜语交际能力及高级阶段的朝鲜语水平和专业知识，考试范围为《高校高级阶段本科教学大纲》所规定的听、读、写、译四个基本技能和韩国（朝鲜）语言文学知识，考试方式同样为笔试，分为听力理解、词汇语法、阅读理解、人文知识、翻译、写作六个部分。

七、专著、辞典、教材出版

2014年度有如下一些韩国学方面的专著出版：

由山东大学韩梅等教师编撰的《18—19世纪朝鲜使臣与清朝文人的交流》一书在中国海洋大学出版社出版；由中国海洋大学韩国研究中心"海外韩国学重点研究基地"项目资助的《海洋与东亚文化交流》、《朝鲜族文学在中国》、《韩国文学中的中国叙事》、《韩国文学的跨语际符码—"满洲"》四本书的中文版和韩文版分别在中国和韩国的多家出版社出版；由大连外国语大学陈艳平编写的专著《韩国语语篇语用学研究》由辽宁民族出版社出版；由北京大学黄宗鉴编写的《华夷译语研究》由昆仑出版社出版；由对外经济贸易大学徐永彬编写的《韩国商务环境》一书由对外经济贸易大学出版社出版。

2014年度有如下一些韩国语教材出版：

由山东大学威海分校的牛林杰主编的《大学韩国语》第三版1至4册由北京大学出版社出版；由天津师范大学金长善、金红莲等教师主编的《新编高级韩国语》上、下册由北京大学出版社出版；由山东大学全源海、高红姬等教师编撰的《韩国语口译教程》中级下和《韩国语精读教程》中级下两本书在外语教学与研究出版社出版；另外，由北京大学王丹所著的《大学韩国语语法》一书荣获"中国外语非通用语优秀学术成果教材类一等奖"。

另外，由韩国延世大学韩国语学堂主编的延世大学韩国语经典教材——新版《韩国语教程》1—6册由世界图书出版公司出版；由韩国高丽大学韩国语文

化教育中心编写的高丽大学韩国语经典教材——《高丽大学韩国语》第 3 册 [4]
由外语教学与研究出版社出版；由韩国语教育开放研究会编写的《新魅力韩国
语》1 至 4 册由上海交通大学出版社出版。

八、科学研究项目

2014 年度国内各大学朝鲜语专业有如下一些较重要科学研究项目：

由北京外国语大学金京善主持的国家社会科学基金中华学术外译项目《中
国诗歌史通论》（韩文版）成功立项；由山东大学威海分校韩国学院的金哲主
持的国家社科基金中华学术外译项目《儒、释、道的生态智慧与艺术诉求》成
功立项；由大连外国语大学孙艳平主持的 2014 年第二批中华学术外译项目《北
京大学创办史实考源》（韩文版）成功立项。

由大连外国语大学任晓丽主持的国家社会科学基金项目《朝鲜朝后期文人
对中国明清小品文的接受与传播研究》成功立项；由北京大学王丹老师主持，
南燕、文丽华共同参与的教育部人文社科项目《韩国语形容词多维释义词典》
（09YJC740001）项目顺利结项；中国海洋大学韩国研究中心申报的《东亚跨文
化视域下的中国韩国学教育研究机制构建》成功获得韩国"海外韩国学重点研
究基地"项目第二阶段资助。

---

[1]　本专业的正式备案名称为朝鲜语，但各校实际教授的为韩国语。

[2]　以上数据均来自于对各校朝鲜语专业负责人的邮件采访。

[3]　搜狐网，2014，韩国语能力考试人数创新高海外考生中国占 3 成［OL］，http://goabroad.
　　　sohu.com/20140422/n398618171.shtml（2015 年 3 月 26 日读取）。

[4]　第 1、2 册已于 2013 年出版。

第三章　基础外语教育

第一节　高中英语 [1]

一、改革情况

2014 年被称为中国的"高考改革年"。高考改革，尤其是英语科目的改革备受关注。9 月，国务院颁布了《关于深化考试招生制度改革的实施意见》（以下简称实施意见），明确了深化考试招生制度改革的指导思想、基本原则、总体目标、主要任务和措施，对招生计划分配、考试内容和方式、招生录取机制、监督管理机制等各个环节的改革进行了整体设计 [1]。在考试内容上，"实施意见"要求，增强考试的基础性、综合性，着重考查学生独立思考和运用所学知识分析问题、解决问题的能力；加强国家教育考试机构、国家题库和外语能力测评体系建设；自 2015 年起增加使用全国统一命题试卷的省份。在考试科目设置上，"实施意见"提出，考生的高考总成绩由统一高考的语文、数学、外语 3 个科目成绩和高中学业水平考试 3 个科目成绩组成。保持统一高考的语文、数学、外语科目不变、分值不变，不分文理科，外语科目提供两次考试机会。"实施意见"还提出，要按照统筹规划、试点先行、分步实施、有序推进的原则，选择有条件的省（市）开展高考综合改革试点，为其他省（区、市）高考改革提供依据。

国家改革的实施意见发布后，上海市和浙江省作为全国两个试点省市，分别出台了高考综合改革试点方案，从 2014 年秋季新入学的高中一年级学生开始实施。浙江省政府发布的《浙江省深化高校考试招生制度综合改革试点方案》提出，高考外语科目（分为英语、日语、俄语、德语、法语、西班牙语）满分 150 分，按得分计入 [2]。外语每年安排两次考试，一次在 6 月，与语文、数学同期进行，考试对象限于当年高考考生；另一次在 10 月，与选考科目同期

1　本节作者：康艳，首都师范大学。

进行。外语可报考两次，选用其中一次成绩。上海市人民政府发布的《上海市深化高等学校考试招生综合改革实施方案》提出，外语考试包括笔试和听说测试，引导外语教学注重应用能力的培养[3]。高中生最多可参加两次外语考试，选择其中较好的一次成绩计入高考总分。上海市还提出，要建设外语标准化考试题库和标准化考场，为今后其他科目逐步推行标准化考试积累经验。

除试点省市外，其他各地的改革方案大多处于研制阶段。根据教育部要求，各省市都要制定具体的改革方案，经省委省政府同意后于 2015 年 6 月 30 日前报教育部备案[4]。按照这个时间点，各省市高考改革方案将于 2015 年上半年完成制定。从目前的媒体报道来看，实施社会化考试和一年两考将成为一致取向。北京、江苏、湖南、海南、安徽等地都曾明确表示，将对高考外语等科目实施社会化考试，允许一年多考[5]。2015 年 1 月公布的江西省高考改革路线图提出，将从 2017 年高一新生开始，取消文理分科，实施外语学科一年两考[6]。但江西省教育考试相关部门负责人也表示，2017 年江西省高考究竟实施何种模式，既要看上海、浙江的试点情况，又要根据本省的实际情况再行研究确定[7]。

针对 2015 年高考，不少省份都对国家的改革新政做出了迅速回应。江西、辽宁等省遵照"实施意见"的要求，对普通高考的所有科目统一使用教育部考试中心命制的全国统一命题卷[8]。10 月，山东省教育厅下发的关于 2015 年普通高校考试招生有关事项的通知规定，自 2015 年起，山东夏季高考英语科目使用全国卷，这意味着刚刚取消一年的高考英语听力将再次回归[9]。

2014 年的高考改革力度空前。国务院颁布的"实施意见"确立了外语学科作为高考主要科目的地位，并重申考试分值不变，对外语教育界是一个利好消息。外语学科考试实施一年多考在一定程度上弱化了一考定终身的现象，有利于降低学生应考的心理负担，是一种积极的尝试。但考试机会多了，是否会增加考生负担将是实施改革方案时需要关注的问题。此外，社会化考试的实施牵涉到考试机构、标准化考试题库和标准化考场的建设等复杂问题。因此，外语学科高考改革在政策层面支持的同时，还需要实践的尝试和检验，距离全国性的广泛开展仍然任重而道远。

二、学术会议

2014 年，与高中英语教学相关的学术交流活动仍旧坚持了理论联系实际的做法，以专家讲座、教学观摩、说课、评课等形式开展，促进一线教师与专家的互动，加深了教师对理论的理解，也对课堂教学提出了有针对性的建议。

1. 第十二届全国外国语学校英语教学研讨会

2014 年 5 月 22 日，"第十二届全国外国语学校英语教学研讨会"在上海外语教育出版社举行 [10]。全国 10 个省市自治区近 50 余所学校近百位外国语学校校长、英语教学负责人及英语教师参会。会议中，全国外国语学校工作研究会理事长、上海外国语大学吴友富教授率先作了主题报告，分析了高考英语改革对外国语学校的冲击。接着，上海市教委教研室英语教研员汤青、美国圣智学习出版集团的培训专家 Michael McLoghlin、上海外国语大学英语学院院长查明建教授分别发表了题为《心有多大，课程就有多宽》、*Active Skills for Reading*、《英语教育的人文内涵》的讲座。上海外国语大学附属中学的两位教师展示了两场示范课，"全国外国语学校系列教材"综合教程主编燕华兴校长进行点评。

2. 2014 年全国外语特色校英语教学资源整合研讨会

为适应高考英语改革，2014 年 5 月 24 日，由剑桥大学外语考试委员会、北京师范大学出版社和北京市外国语大学附属外国语学校共同举办的"全国外语特色校英语教学资源整合研讨会"在北京举行 [11]。与会人员围绕"如何适应高考英语改革、加快英语课程改革、推进英语教学和培训教材建设、充分发挥教育测评对有效教学的促进作用"等问题展开研讨。

3. 西部地区外语教育研究会 2014 年年会暨第十一届学术研讨会

由西部地区外语教育研究会主办、西北师范大学外国语学院承办的西部地区外语教育研究会 2014 年年会暨第十一届学术研讨会于 2014 年 7 月 19 至 21 日在甘肃省兰州市召开，会议主题为"西部外语教育面临的挑战与机遇"[12]。本次研讨会邀请了广东外语外贸大学外国语言学及应用语言学研究中心主任王初明教授、北京师范大学外国语言文学学院院长程晓堂教授、北京外国语大学外国语言研究所所长韩宝成教授、西部地区外语教育研究会副会长、云南师范大学副校长原一川教授、西部地区外语教育研究会副会长、西北师范大学外国语学院院长曹进教授、英国驻中国大使馆文化教育处全国总监 Nick Lidwell 和西南大学外籍教师 Keri Ann Moore 等 7 位专家作主旨报告，主题分别为："再论外语教学效率"、"关于英语教育政策的思考"、"外语测试：目标、内容与方法"、"世界英语视阈下的西部地方高校英语专业改革的新途径——与南亚高校合作办学思路"、"西部地区师范院校英语专业教育建设和可持续发展"、"Engaging the learner: Teacher development in China"、"Meaningful use of technology for the English language classroom"。本次研讨会还组织了三场分组讨论会，内容涵盖西部高校外语专业人才培养模式的改革与创新、西部民族地区外语教育改革与创新、高考综合改革与高校外语专业建设、大数据时代的外语教育技术、中小学教师资格考试与师范院校外语教师教育专业建设等多个方面。

4. 第十一届全国中学骨干英语教师新课程教学高级研修班

2014 年 7 月 23 至 28 日，由中国教育学会外语教学专业委员会提供学术指导，北京师范大学外国语言文学学院主办的"第十一届全国中学骨干英语教师新课程教学高级研修班"在江西省井冈山市举行 [13][14]。本次研修的主题为"推动教育改革、促进创新实践"，具体内容包括英语高考改革与教学的思考、教育信息化、课型展示及研讨、现场教案设计等。教育部基础教育二司乔玉全，教育部《英语课程标准》研制组核心成员、《双语学习报》总主编刘兆义，教育部《英语课程标准》研制组核心成员、《中小学外语教学》主编程晓堂等专家进行了有关英语模块（单元）整体教学的理念及实践探索方面的讲座。会议安排了 8 堂观摩课和专家点评，还邀请相关领导和专家解读了教师迫切关注的教育改革、教学与评价考试等方面的问题。

2014年的学术会议突出了高考英语科目改革的议题，邀请相关专家对改革相关问题进行了分析研究，加深了教师对英语教学和考试评价体系改革的理解，对促进高中英语教学创新有着重要的意义。此外，现代信息技术发展下的外语教学也是各大学术会议研讨的一个重要议题。

三、专业活动

2014年，全国范围内举办的专业活动主要包括教学论文大赛、教学设计大赛、教学基本功大赛、教学能手评选等。这些活动为英语教师提供了一个展示与交流的平台，提升了他们的教学和科研能力，促进了外语教学的发展。

2013年12月起，全国基础外语教育研究培训中心与《山东师范大学外国语学院学报》（基础英语教育）编辑部联合举办了第十届"新标准杯"基础英语教育教学论文大赛[15]。论文选题范围包括：课堂教学实践与探究、教师专业发展、教材使用与探究、教学评价与测试以及专家评课。大赛组委会邀请英语教育领域的专家组成评委会，对参赛论文进行评选。大赛设一等奖8名，二等奖20名，三等奖20名，优秀奖若干。获奖名单在《山东师范大学外国语学院学报》（基础英语教育）、外语教学与研究出版社网、新标准英语网、全国基础外语教育研究培训中心网等媒体上公布。部分优秀论文在《山东师范大学外国语学院学报》（基础英语教育）期刊上发表。

中国日报社二十一世纪英文报系于2014年3月全面启动了2014年"21世纪杯"全国中小学教师英语报刊课堂教学设计大赛[16]。参赛教师以2014年3月至5月期间出版的《二十一世纪学生英文报》小学（含小学低幼版画刊）、初中或高中版报纸为上课素材，制作课件、撰写教案与说课稿。小学、初中、高中三个组别每月均设立冠、亚、季军及优秀奖。获月冠、亚、季军的教师可成为二十一世纪学生英文报名师团的讲师，将有更多机会参与该报举办的其他高端学术活动。优秀参赛作品即时发布于大赛专题网站，供专家网上点评和教师交流学习。

为提高英语教师职业发展的意识和兴趣，激发对英语教学的热情，推动英语教学及教研活动的发展，剑桥大学外语考试部与贝尔国际教育集团、澳门理工学院—贝尔英语中心联合于 4 月 16 日至 6 月 1 日举办了 2014 剑桥英语明星教师大赛[17][18]。大赛邀请中国各地英语教师分享自己的英语教学案例，上传到参赛网站进行展示。参赛教师只需在线提交一篇英语（200 单词以内）或中文（300 字以内）教案，阐述自己最喜欢（最成功）的教学活动。大赛设一等奖 2 名、二等奖 2 名、三等奖 15 名和参与奖。所有成功提交作品的参赛教师都将收到剑桥大学外语考试部颁发的参与证书。

2014 年 10 月 19 至 24 日，第八届全国高中英语教师教学基本功大赛在海南省三亚市成功举办[19]。本次活动的主题是全面深化高中英语课程改革、夯实和提高高中英语教师语言和教学基本功，促进高中英语教师专业发展，切实提高高中英语课堂教学效益，落实立德树人根本任务。活动的主要形式包括：教学基本功大赛、优秀课展评、现场观摩、教学反思、专家点评、评议互动、教学研讨、名家座谈会、论文交流与评比、教学教研资源展等。

2014 年 12 月，由中国教师发展基金会和国家基础教育实验中心外语教育研究中心联合举办的第三届全国中小学外语教师教学能手评选活动落下帷幕[20]。该活动自 2010 年起每两年评选一届，旨在奖励和表彰我国基础教育阶段教学、教研成绩突出的骨干中小学教师和在一线从事教学工作的外语教研员。本届教学能手评选活动分为初评和复评两个程序。初评由各省市教育行政部门逐级申报、评审。复评由教育部相关部门和中国教师发展基金会领导、国家外研中心领导组成的专家评审委员会负责。经过差额评选，最终有 207 名教师获得"第三届全国中小学外语教师教学能手"称号。

2014 年的教师专业活动形式多样，成效卓著，既加深了教师对课程标准和国家政策的理解，又增强了他们的教学能力。广大英语教师也在这些活动中获得了展示自己、提升信心、相互交流、共同发展的机会。

四、学生赛事

与教师专业活动一样，2014 年的学生赛事也精彩纷呈。这些赛事主要考查了学生的阅读能力、口语表达能力以及语言综合应用能力，吸引了全国广大中学生的积极参与，也获得了学校、老师及家长的大力支持。

由国际英语外语教师协会中国分会和国家基础教育实验中心外语教育研究中心联合主办，《英语辅导报》社和《考试与评价》杂志社承办的第二十二届全国中学生英语能力竞赛（NEPCS）决赛于 2014 年 12 月 7 日正式落下帷幕 [21]。该竞赛是目前我国中学英语唯一的全国性权威学科竞赛，是全国性中学英语教学的评价手段和重要的激励机制。竞赛分为初赛和决赛，由全国竞赛组委会统一命制赛题，在同一时间分别在各赛区进行竞赛。在 2014 年教育部批准的拥有自主招生条件的 109 所高校中，中国政法大学等十余所高校明确规定该竞赛获奖者可具申报条件。

2014 年 7 月 10 日，"外教社杯"第六届全国中学生英语阅读竞赛全国总决赛在外教社隆重举行 [22]。该赛事由上海外语教育出版社举办，旨在通过广泛阅读，扩充中学生英语词汇，提高英语技能，开拓知识领域，激发英语学习兴趣，提升学生的人文素养。比赛分初中和高中 2 个组别。经过地区初赛和复赛两个环节，初、高中两个学段共有 49 名学生从全国 15 大赛区 30 多万名参赛选手中脱颖而出。总决赛分为笔试和口试两个环节。在口试中，高中组选手围绕"一本我曾阅读过两遍的书"这一主题进行演讲，并回答即兴提问。最终，来自安徽省马鞍山市第二中学的刘桥同学获得高中组冠军。高中组前三名选手同时获得报考上海外国语大学的加分优惠。

2014 年 7 月 19 至 23 日，由全国基础外语教育研究培训中心、中国翻译协会共同主办的第五届"外研社杯"中国青少年英语能力大赛暨英语新课程改革教学成果展示活动在北京市北外附属外国语学校圆满落幕 [23]。学生组比赛通过快速拼词、看图说话、英语模仿、英语故事、快速阅读、阅读表达、书面表达、口语表达、电影配音、英语短剧、英语小合唱、视图与表达、英文书写、英文 PPT、英文手抄报、主题英文写作比赛等活动全方位展示了青少年学生在英语听、说、读、写、译等方面的知识和技能以及综合语言运用能力。经过初赛、复赛和全国总决赛，最终有 82 位选手荣获个人全能金奖，其中 15 名选手获得 5 个组别"个人全能之星"称号。同时，与会百位教师参加了"2014 年全国中小学英语名师论坛——如何在变革的测试形式下提高英语教学效益"。论坛主题包括"从高考变化看基础外语教育改革"、"测试变革形式下的中高考备考"、"信息技术与中小学英语教学"和"注重过程、强调实践—多维、互动的英语教学"。

　　2014 年 7 月 29 日，第十一届"外研社杯"全国中小学生英语技能大赛总决赛在北京落下帷幕[24]。该赛事由北京外国语大学和外语教学与研究出版社主办，是国内权威性最高的全国青少年英语品牌赛之一。经过三天的分组赛、半决赛和冠、亚、季军争夺赛的激烈交锋，来自河南的郭仕博、福建的潘庭右、辽宁的赵冠翔、重庆的涂潇睿和福建的俞晨等同学分别获得 A 组（小学 1—2 年级）、B 组（小学 3—4 年级）、C 组（小学 5—6 年级）、D 组（初中）、E 组（高中）冠军。本次大赛还首创了体验式比赛形式，与中国宋庆龄基金会外研文化教育基金合作，开展了一系列以"创造·分享·传递"为主题的活动，让每位选手在比赛的同时参与社会公益。

　　由《高校招生》杂志社主办、搜学网承办、英国文化协会提供学术支持的第十三届全国创新英语大赛总决赛夏令营于 2014 年 7 月 30 日在京结束[25]。本届大赛经过初赛、复赛、总决赛，历时近一年，吸引了全国六万多名考生参加。在总决赛现场，十强选手通过情景演绎、分组辩论、外教帮帮忙和最强 PK 等四个环节来争夺本届大赛的冠、亚、季军。最终，胡美中、刘桥、金朗润三名选手分获大赛的冠、亚、季军。

　　2014 年 9 月 10 日，"第十四届全国创新英语大赛"的初赛报名工作正式启动[26]。本次比赛分为初赛、复赛和决赛三个阶段，全国所有高一、高二学生均可报名参赛。初赛主要考查选手的英语写作水平，全国排名前 30% 的选手可进入复赛。复赛将于 2015 年 4 月 12 日举行，内容由作文、听力和口语三部分组成。决赛将于 2015 年 7 月 25 至 29 日，以夏令营的形式在北京举行，届时将评出冠、亚、季军各一名和全国二十强，并将追加部分优胜者名额。复赛和决赛"优胜者"可获得联办高校的自主选拔录取考核资格或部分非自主招生高校相应录取优惠条件，经该校自主招生测试(审查)合格后，按该校自主招生办法录取。

　　学生赛事的广泛开展，有助于开拓学生视野，提高英语学习积极性，丰富业余生活。部分赛事与高校合作，给予获奖学生相关学校的自主招生资格或录取优惠条件，无疑能够激发学生的参与热情。但在参与的过程中，学校和家长要把握好度，切不可以赛代考，增加学生的负担。

五、重要考试

据统计，2014年全国高考报名人数为939万人，较2013年增加27万人，增幅3%[27]。这是全国高考人数连续五年下降后首次回升。

2014年高考卷仍然分为三类，与2013年相比的主要变化是海南省由新课标全国卷改为自主命题卷[28]。试卷版本及适用情况如表3.1：

表3.1　高考试卷版本及适用范围

试卷类型	适用范围
新课标版全国卷（I）	河南、河北、山西
新课标版全国卷（II）	贵州、甘肃、青海、西藏、黑龙江、吉林、宁夏、内蒙古、新疆、云南
大纲版全国卷	广西
自主命题试卷	安徽、北京、重庆、福建、广东、湖北、湖南、江苏、江西、山东、上海、陕西、四川、天津、浙江、辽宁、海南

2014年各地高考英语试卷在题型方面变化明显。其中，全国新课标卷变化最大[29] [30]。在题型上，全国新课标卷取消了延续数十年的单项选择题，代之为语篇型语法填空。在试卷编排顺序上调整了试卷中各版块的位置。原第一卷的顺序为：听力、单选、完形填空和阅读理解（包括七选五）；第二卷的顺序为：改错和书面表达。调整后的编排为：第一卷：听力、阅读理解（包括七选五）、英语知识运用（第一节：完形填空）；第二卷：英语知识运用（第二节：语篇填空）、写作（改错和书面表达）。

与全国卷一样，上海卷也取消了单项填空，改为对话式或语篇式语法填空。山东卷的试卷取消了听力考试，完形填空由一篇改为两篇，阅读理解由原来的四篇增加到五篇。江西卷的阅读表达五个题全改为问答式。江苏卷的书面表达部分增加了读写任务作文[31]。北京卷则将侧重议论的开放作文改为侧重交际的应用作文[32]。

纵观2014年全国各地高考英语试卷，主要有以下几个特点：首先，试卷大体上"稳中求变、变中求新"。尽管部分试卷在题型、结构等方面作出了调整，但在长度、难度、实用性等方面保持了较好的稳定性。其次，更加注重考查学生的实际语言运用能力。例如，新课标全国卷和上海卷取消单选题，改为语篇式语法填空题就体现了课标提出的对学生语言知识运用能力的考查。再次，试题选材精细，设题巧妙，贴近生活。各地试卷的听力选材多为学生熟悉的日常交际场景。阅读理解体裁多样，贴近学生的生活实际，继续保持了知识性、趣味性强的特点。

在深化考试招生制度改革的大背景下，调整考试的题型、结构等微观方面是一种积极的尝试。但改革不仅应关注"如何考"，更重要的是"考什么"。只有解决了"考什么"的问题，英语教学才可能从抓语法和词汇的低效状态中解放出来，真正开始关注学生的语言实际应用能力。

六、专著、辞典、教材出版

2014年5月30日，教育部办公厅颁布了关于2014年中小学教学用书有关事项的通知[33]。通知规定，高中阶段仍使用《2011年中小学教学用书目录（变动部分）》和《2009年基础教育课程标准实验教学用书目录》中的教材。

除教材外，各大出版社也出版了不少外语类教材和教辅材料。2014年2月，上海外语教育出版社《环球英语教程》World Link（第二版）问世[34]。World Link是全球著名教育出版集团美国圣智学习出版公司(Cengage Learning)最畅销的核心产品系列，适合初级至中高级英语学习者使用。自2006年6月出版以来受到国内读者的一致好评。与第一版相比，第二版在内容和形式做出了大幅修订，反映出编写者与出版者对英语教学过程的演变以及教材作为重要媒介的深刻思考。

2014年6月，外语教学与研究出版社出版了《理想树：高考必刷题》系列丛书[35]。该丛书是针对高考的专题训练书，既方便同步复习训练，又适合高考总复习专项训练。通过一刷基础、二刷易错、三刷提分、四刷难关、五刷综合、六刷速度、七刷模拟，八刷真题等多轮训练，扫清高考疑难点，做到快速准确应考。

教辅材料能够辅助课堂教学，促进学生的自主学习。面对多样化的教辅材料，学生和家长要科学适量选择，切不可搞题海战术。

七、科学研究项目

2014 年公布的国家社科基金项目、教育部人文社会科学研究项目、全国教育科学"十二五"规划项目评选结果显示，与中学英语相关的只有一项，即由北京师范大学陈则航副教授主持的教育部人文社会科学研究项目《我国中学生英语写作中思辨能力表现研究》[36]。

2014 年 9 月中国教育学会外语教学专业委员会公布了"十二五"规划 2014 年度第一批立项课题 [37]。在中标的 60 项课题中，与高中英语教育直接相关的课题有 18 项，涉及农村地区英语教学、语言知识和技能教学改革实践、英语教师专业发展、教育技术在外语教学中的应用等主题。

从科研项目评选的总体情况来看，中学英语教育研究在国家级科研项目中所占比重较小。这在某种程度上反映出高校英语教育研究与基础英语教育的脱节。国家级项目评审应更多地鼓励高校教师和教育研究者开展与基础英语教育相关的研究，为提高基础英语教学质量助力。

[1] 教育部，2014 国务院关于深化考试招生制度改革的实施意见 [OL]，http://www.moe.gov.cn/publicfiles/business/htmlfiles/moe/moe_1778/201409/174543.html（2015 年 1 月 20 日读取）。

[2] 教育部，2014，浙江省深化高校考试招生制度综合改革试点方案 [OL]，http://www.moe.gov.cn/publicfiles/business/htmlfiles/moe/s8367/201409/175287.html（2015 年 1 月 20 日读取）。

[3] 教育部，2014，上海市深化高等学校考试招生综合改革实施方案 [OL]，http://www.moe.gov.cn/publicfiles/business/htmlfiles/moe/s8367/201409/175288.html（2015 年 1 月 20 日读取）。

[4] 新浪教育，2015，教育部：各省高考改革方案需 6 月 30 日前报备 [OL]，http://anhui.eol.cn/anhuinews/201502/t20150213_1230027.shtml（2015 年 2 月 23 日读取）。

[5] 搜狐教育，2014，2014 年高考英语改革：各省改革措施汇总 [OL]，http://learning.sohu.com/20140826/n403790139.shtml（2015 年 1 月 20 日读取）。

[6] 中国教育在线，2015，江西高考改革方案公布：用全国卷、规范加分 [OL]，http://gaozhong.eol.cn/jx/jiangxi/201501/t20150128_1225882.shtml（2015 年 2 月 23 日读取）。

[7] 今视网，2015，解读江西高考改革新政策 考分将不再成录取唯一标准 [OL]，http://news.jxgdw.com/jszg/2719758.html（2015 年 2 月 23 日读取）。

[8] 人民网，2014，关注·高考：2015 年辽宁高考将采用国家卷命题 [OL]，http://edu.people.com.cn/n/2014/1014/c1053-25831943.html（2015 年 2 月 23 日读取）。

[9] 济南时报，2014，2015 年山东高考英语出现重大改革 [OL]，http://jnsb.e23.cn/shtml/jnsb/20141028/1359991.shtml（2015 年 2 月 23 日读取）。

[10] 上海外语教育出版社，2014，第十二届全国外国语学校英语教学研讨会纪要 [OL]，http://www.sflep.com/press-center/3-news/1060-2014-05-27-01-01-46（2015 年 1 月 20 日读取）。

[11] 广外教育集团，2014，广外外校赴全国外语特色校研讨会 [OL]，http://eg.gdufs.edu.cn/info/1053/1576.htm（2014 年 1 月 20 日读取）。

[12] 西部地区外语教育研究会，2014，西部地区外语教育研究会 2014 年年会暨第十一届学术研讨会会议纪要 [OL]，http://foreign.swu.edu.cn/west_fledu/article.php?state=1&nav=5&id=248（2015 年 1 月 20 日读取）。

[13] 新课程英语教育网，2014，关于举办"第十一届全国中学骨干英语教师新课程教学高级研修班"的通知 [OL]，http://www.ncneedu.cn/zixun/tjzx/2014-05-16/15622.html（2015 年 1 月 20 日读取）。

[14] 蚌埠教育网，2014，蚌埠三中教育集团参加"第十一届全国中学骨干英语教师新课程教学高级研修班"活动 [OL]，http://www.bbjy.com/n81788c43.aspx（2015 年 1 月 20 日读取）。

[15] 知网空间，2013，第十届"新标准杯"基础英语教育教学论文大赛通知 [OL]，http://www.cnki.com.cn/Article/CJFDTotal-SDWG201306002.htm（2015 年 1 月 20 日读取）。

[16] 中国日报社 21 世纪英文报系，2014，关于举办 2014 年"21 世纪杯"全国中小学教师英语报刊课堂教学设计大赛的通知 [OL]，http://elt.i21st.cn/article/11960_1.html（2015 年 1 月 20 日读取）。

[17] 剑桥大学外语考试部，2014，2014 剑桥英语明星教师大赛隆重举办 [OL]，http://www.es123.com/c15353/w10257724.asp（2015 年 1 月 20 日读取）。

[18] 英国牛津剑桥国际评估服务有限公司，2014，大赛简介 [OL]，http://www.ceteacher.org/news.aspx?m=20140409105001543638（2015 年 1 月 20 日读取）。

[19] 国家基础教育实验中心外语教育研究中心，2014，关于举办第八届全国高中英语教师教学基本功大赛通知 [OL]，http://www.tefl-china.net/Article/ShowArticle.

asp?ArticleID=1857（2015 年 2 月 23 日读取）。

[20] 国家基础教育实验中心外语教育研究中心，2014，第三届全国中小学外语教师
      教学能手评审会议在北京召开 [OL]，http://www.tefl-china.net/Article/ShowArticle.
      asp?ArticleID=1882（2015 年 2 月 23 日读取）。

[21] 国家基础教育实验中心外语教育研究中心，2014，第二十二届（2014 年）全国中
      学生英语能力竞赛 [OL]，http://www.tefl-china.net/Article/ShowArticle.asp?ArticleID
      =1855（2015 年 1 月 24 日读取）。

[22] 上海外语教育出版社，2014，第六届全国中学生英语阅读竞赛全国总决赛圆满落
      幕 [OL]，http://easyreading.sflep.com/2012/zuixindongtai/2014/0715/247.html（2015
      年 1 月 24 日读取）。

[23] 搜狐教育，2014，第五届中国青少年英语能力大赛圆满落幕 [OL]，http://learning.
      sohu.com/20140807/n403209947.shtml（2015 年 1 月 24 日读取）。

[24] 腾讯教育，2014，第十一届全国中小学生英语技能大赛圆满落幕 [OL]，http://edu.
      qq.com/a/20140730/047566.htm（2015 年 1 月 24 日读取）。

[25] 创新英语网，2014，第十四届全国创新英语大赛 [OL]，http://www.engshow.cn/dskb/
      dskb/201407/1038.html（2015 年 1 月 24 日读取）。

[26] 创新英语网，2014，"第十四届全国创新英语大赛"参赛通知 [OL]，http://www.
      engshow.cn/dskb/dskb/201409/1049.html（2015 年 1 月 24 日读取）。

[27] 中国教育在线，2014，2014 年中国教育在线高招调查报告 [OL]，http://www.eol.cn/
      html/g/report/2014/index.shtml（2015 年 1 月 25 日读取）。

[28] 腾讯教育，2014，2014 年腾讯网中国高考报道 2014 年全国各地高考试题及答案
      [OL]，http://edu.qq.com/zt2014/gkstts/（2015 年 1 月 25 日读取）。

[29] 百度文库，2014，2014 年全国高考考试大纲（新课标版）[OL]，http://edu.sina.
      com.cn/gaokao/2014-02-20/0834409973.shtml（2015 年 1 月 20 日读取）。

[30] 中国教育新闻网，2014，2014 高考英语卷评析 [OL]，http://www.jyb.cn/gk/gktk/201406/
      t20140612_585880.html（2015 年 1 月 25 日读取）。

[31] 新浪教育，2014，2014 高考英语新题型：专家分析英语改革趋势 [OL]，http://edu.
      sina.com.cn/gaokao/2014-06-16/1110423932.shtml（2015 年 1 月 25 日读取）。

[32] 中国教育在线，2014，2014 年北京高考英语变化大难度降低注重应用 [OL]，http://
      en.eol.cn/kuai_xun_4210/20140227/t20140227_1079187.shtml（2015 年 1 月 20 日读取）。

[33] 教育部，2014，教育部办公厅关于 2014 年中小学教学用书有关事项的通知 [OL]，
      http://www.moe.edu.cn/publicfiles/business/htmlfiles/moe/s5972/201405/169668.html
      （2015 年 1 月 26 日读取）。

[34] 上海外语教育出版社，2014，《环球英语教程》World Link（第二版）问世 [OL]，

http://www.sflep.com/press-center/news/1036-world-link（2015 年 1 月 26 日读取）。

[35] 外语教学与研究出版社，2014，理想树 6·7 高考自主复习系列 2015 全新推送 [OL]，
http://www.fltrp.com/products_news/15777（2015 年 1 月 26 日读取）。

[36] 教育部人文社科网，2014，关于 2014 年度教育部人文社会科学研究一般项目评审
结果的公示 [OL]，http://www.sinoss.net/2014/0609/50417.html（2015 年 1 月 27 日
读取）。

[37] 中国教育学会外语教学专业委员，2014，2014 年度第一批立项课题的通知 [OL]，
http://www.eltchina.net/NewsDetails.aspx?ArticleID=8a057b887cf849b190e3cedaf414d
7fc（2015 年 1 月 27 日读取）。

第二节　初中英语 [1]

一、改革与招生情况

　　2014 年，在小升初的招生制度改革上，国务院发布了相关文件，强化"就近面试入学"的政策，加大力度，严格执行该项政策。2014 年 1 月教育部办公厅下发了《关于进一步做好重点大城市义务教育免试就近入学工作》[1] 通知，明确重点大城市入学工作目标："到 2015 年，重点大城市所有县（市、区）实行划片就近入学政策，100% 的小学划片就近入学；90% 以上的初中实现划片入学；每所划片入学的初中 90% 以上生源由就近入学方式确定。到 2017 年，重点大城市 95% 以上的初中实现划片入学；每所划片入学的初中 95% 以上的生源由就近入学方式确定。组织考试及与入学挂钩行为得到杜绝，与择校有关的乱收费得到根治"。随后，国务院在 2014 年 9 月颁布了《国务院关于深化考试招生制度改革的实施意见》[2]，强调"推进九年义务教育均衡发展，完善义务教育免试就近入学的具体办法，试行学区制和九年一贯对口招生……进一步落实和完善进城务工人员随迁子女就学和升学考试的政策措施"。此通知后，教育部印发了《教育部要求 19 个大城市尽快制定完善义务教育免试就近入学工作方案》[3]，进一步规范义务教育免试就近入学工作。方案要求"2014 年各重点大城市要在义务教育招生入学方面采取切实举措，标本兼治，破解择校难题。到 2015 年，19 个大城市所有县（市、区）实行划片就近入学政策。到 2017 年，重点大城市 95% 以上的初中实现划片入学；每所划片入学的初中 95% 以上的生源由就近入学方式确定。"新政策使每个片区学生都拥有平等进入优质学校的机会，"以钱择校"、"以权择校"的现象得到有效遏制并解决了学生择校问题，教育资源得到平等均衡分配，促进义务教育的均衡发展，使学生在家门口就能上好学。这几个文件的出台，表明国家从政府层面对促进教育公平和均衡发展的决心和力度，这为社会中低层家庭子女接受更好的教育提供了政策保障。

1　本节作者：王颖、田雨捷、黄文秀、黄志鹏、刘宏刚，东北师范大学。

二、学术会议

1. 西部地区外语教育研究会2014年年会暨第十一届学术研讨会 [4]

由西部地区外语教育研究会主办、西北师范大学外国语学院承办的"西部地区外语教育研究会2014年年会暨第十一届学术研讨会",于2014年7月19至21日在甘肃省兰州市召开。

与会的各位专家、学者围绕会议主题"西部外语教育面临的挑战与机遇"发言、讨论和交流,内容涵盖西部高校外语专业人才培养模式的改革与创新、西部民族地区外语教育改革与创新、高考综合改革与高校外语专业建设、大数据时代的外语教育技术、中小学教师资格考试与师范院校外语教师教育专业建设等方面。

2. 第七届中国英语教学国际研讨会

2014年10月23至26日,由中国英汉语比较研究会英语教学研究分会主办、南京大学外国语学院承办、外语教学与研究出版社协办的"第七届中国英语教学国际研讨会"在南京大学圆满召开。来自全球各地的近千名专家、学者围绕着"面向本土化与个性化的中国英语教学改革与研究"这一主题进行了广泛而深入的研讨。大会的研讨形式丰富多样,除主旨发言外还设有特邀专题研讨、专题研讨、工作坊、分组发言、论文展示等。在为期三天的会议中,有三场论文宣读的内容与初中英语教学相关,分别是《EFL教材语用评估——〈牛津初中英语〉中宣告类言语行为研究》(王晴晴、王文),《从2013年"国培"中看陕西农村初中英语教师教学中母语文化缺失问题》(王翠英)和《蒙古族初中英语教师课堂语码转换结构类型及其功能分布特征研究》(吴白音那)。

三、专业活动

1. 第十届全国初中英语课堂教学观摩研讨会 [5]

此次会议由中国教育学会外语教学专业委员会主办,陕西省教育科学研究所协办。以"进一步推进我国初中英语教育教学改革，提高初中英语教师的专业水平和课堂教学质量"为目的的"第十届全国初中英语课堂教学观摩研讨会"于 2014 年 10 月 25 至 27 日在西安交通大学隆重召开。国内权威英语教育教学专家、语言学专家，初中英语教研员、一线初中英语教师代表、各省推荐的参赛教师、基础外语教育研究者、外语学习者、出版机构代表以及其他教育工作者近 2,500 余人参加了此次盛会。

此次研讨会有三个特点：（1）参赛人员的广泛性。参赛教师分别来自 31 个不同的省、市、自治区。通过本次大赛，教师们可以更好地了解全国各地的英语教学水平及特点；（2）比赛流程的紧密性。此次比赛流程是先上交光盘进行审核，再由专家进行层层打磨，体现了磨课的严谨性，具有重要的借鉴价值；（3）评价体系的创新性。此次研讨会现场开通了微信平台，不仅体现了大赛公平、公正、公开和一线教师广泛参与评价的原则，还通过平台及时进行现场互动，体现了更广的参与性和更强的互动性。本届教学观摩研讨会帮助了初中英语教师了解全国各地英语教学现状，发现自身教学技能和专业知识方面的不足，促进其提高专业素质，夯实语言基本功和教学基本功，推动了初中英语教学健康、高效的发展。

2. "阅读策略在提升中小学英语阅读能力中的价值研究"第三届课题工作会暨全国中小学英语阅读教学研讨会 [6]

2014 年 7 月 15 至 18 日，由全国基础外语教育研究培训中心主办的"阅读策略在提升中小学英语阅读能力中的价值研究"第三届课题工作会议暨全国中小学英语阅读教学研讨会在山东青岛召开，来自全国各省、市、自治区的 350 多名中小学英语教师、教研员参加了此次会议。

会议针对课题研究需求和中小学英语阅读教学的问题，共设置了 5 场专家讲座、3 场课题实验区 / 校经验交流和课题支持相关讲座，及小初高共 9 堂典型阅读课例点评分析。其中，专家通过分析点评典型课例向老师们传达了英语阅读教学和策略教学的先进教学理念和思想，并对教学提出了细节的指导。此外，该课题也是全国教育科学"十二五"规划教育部重点课题。

会议开始，由北京教育科学研究院基础教育教学研究中心英语教研室教研员陈新忠老师作了《中、高考改革政策解读与英语阅读教学应对思路》的报告，对当今中高考英语改革政策进行了解读，并提出在中高考改革的背景下，英语阅读教学的应对思路。其后，分小学、初中和高中三个学段，分别在不同的会场进行"英语阅读教学光盘课点评"环节。初中视频课例由王彤教授及刘北利教授共同点评。两位教授分别就策略教学的研究方法和英语阅读语篇能力进行了讲解。王彤教授指出了老师们普遍存在的问题——对阅读策略的教学不明确，并通过结合中学生的认知特点，从教学设计的理论角度指出：教师需要向学生明确策略教学的目标，改进策略教学。

本次会议帮助教师认识到自身在英语阅读教学中的问题和不足，并结合学生认识特点等实际，提出了基于语篇理解的题型设计思路，展示了如何充分利用阅读资源提高学生阅读能力的方向，使众多参加会议的教师收获良多，对促进英语阅读教学积极健康的发展有着十分重要的意义。

四、学生赛事

1. 第六届全国中学生英语阅读竞赛 [7]

"外教社杯"全国中学生英语阅读竞赛是上海外语教育出版社主办的，始于 2007 年，旨在鼓励学生通过广泛的阅读，扩充英语词汇，提高英语技能，开拓知识领域，激发对英语学习的兴趣，从而提高学生的英语水平，提升人文素养。

2014 年，"外教社杯"第六届全国中学生英语阅读竞赛拉开帷幕。本届阅读竞赛选拔过程历时近 1 年，经过地区初赛和复赛两个环节，初、高中两个学段共有 49 名学生从全国 15 大赛区 30 多万名参加官网答题的选手中脱颖而出，于 2014 年 7 月 10 日齐聚上海。

初中组笔试和口试分上午和下午两场错开同时举行：上午初中组口试与高中组笔试同时进行，下午高中组口试与初中组笔试同时举行。在口试环节，每位选手都占有 5 分钟时间：前四分钟他们将围绕既定题目阐述自己的观点和想法，后一分钟则用来回答 Michael 老师的即兴提问。本次阅读竞赛，初中组选手围绕"你喜欢阅读什么样的书籍？是那些与你的生活距离遥远的，还是那些能贴近你生活的？"这一主题展开。通过一边展示自己亲手制作的精美 PPT 一边演讲，选手们与大家分享了各自不同的阅读经历和收获。最后，评委汤青老师和许立冰老师对赛事作出了点评。汤老师强调了阅读的重要性，认为阅读是"品质生活的内涵"，是"品质工作的哲学"；阅读也不仅仅是一种单一行为，它是读者与作者、与文本、与故事主人公，甚至与自己的对话。而许老师则对初中组口试题进行分析。她认为图书在时空上的远近是相对的："近"的图书能帮助我们规划"远"的未来；而"远"的图书也能指导我们走好脚下的路。初中组选手对同一主题有多种个性化解读，证明了他们用心思考，不拘泥于程式化理解，充分发挥了其想象力和创造力。通过此次比赛，参赛选手们的阅读方法和技巧也得到了大幅提升。

2. 第十一届全国中小学生英语技能大赛 [8]

第十一届全国中小学生英语技能大赛由外研社主办，历时近半年，于 2014 年 7 月 29 日下午在北京外研社国际会议中心落下帷幕。秉承"为教育机构和学习者提供全面教育服务解决方案"的理念，今年的大赛一如既往地保持着赛事的高水准，以现场英语竞技的方式帮助中小学生获得超出传统课堂的宝贵技能。

共有来自全国 20 多个省份，100 多个省会及其他重点城市的近百万名中小学生参赛。经过市级初赛、复赛、决赛的层层选拔，有近千名中小学生及其家长有机会来到北京参加此次大赛的全国总决赛。经过三日分组赛、半决赛和冠亚季军争夺赛的激烈交锋，最终初中组冠军由来自重庆的涂潇睿获得。

全国中小学生英语技能大赛全国总决赛共分三个阶段，其中分组赛阶段包括"演讲家"、"拼词达人"和"我最爱阅读"三部分，每个组别排名前 30% 的选手晋级半决赛。半决赛阶段包括"人小鬼大"和"专家近距离"两部分，每组成绩排名前三的选手进入冠亚季军争夺赛。选手们通过赛制的重重考核，在此次大赛中得到了锻炼，其基本技能取得了明显的进步。

五、升学考试

2014 年 6 月 10 日至 7 月 1 日，全国各地陆续进行了中等学校入学招生考试。外语科目均被安排在语文、数学考试之后进行。由于某些地区听力考试暂不进行，因此各地英语考试的时间也不尽相同，基本为 105 分钟至 145 分钟。英语考试的分数为 120 分或者 150 分。从总体上看，2014 年全国各地的中考英语能在贯彻 2011 版《新课标》要求的基础上，基于本地区使用的初中英语教材，根据本地区实际进行命题，基本上达到了预期效果，此次中考呈现以下三个特点。

1）考试题型多样化。在传统的单选题、填写单词等题型基础上，有的地区进行了一定的革新，例如上海市的选择题型：（1）增加 1—2 题音标考核的题型；（2）改写句子，增加连词组句内容；（3）阅读 D 根据题目要求分层赋分（第一题 1 分，最后 1 题 3 分，其他 2 分）。

2）考试内容上进一步突出"贴近真实生活，关注学生身边事，激发正能量"的主题。"贴近真实生活"体现在考试内容反映了当年的一些社会热点，比如 2014 年广州文化节的主题就进入了广州市的中考英语试卷。"关注学生身边事"体现在，学生生活中的事成为试卷的命题点，例如北京市中考的作文题"生日派对"，长春市中考的作文题"我最喜欢的节日"，上海市中考阅读题中的阅读 D 篇主要讲孩子在青春期的表现。"激发正能量"体现在中考作文围绕环保、参与、奉献等命题，趋向于树立初中生的道德感、使命感、环保意识。这具有时代气息和大都市视野的命题趋势，对中学生们提出了用清晰的思路、正能量的观点、零瑕疵的行文表达来获得高分的要求。比如 2014 年深圳的作文话题是"养老院义工活动计划"。

3）听力权重增大成为趋势。如北京市中考英语，听力理解将增加 4 分，总分达到 30 分，占全卷 25%。如山东淄博决定，在初中学业考试突出语言学科的实际应用，英语考试中将增加口语测试，与听力考试一起采取人机对话模式进行测试。而某些城市，如沈阳市拟在 2015 年将听力考试加入中考成绩总分。2011 版《新课标》在 2001 版本的基础上，进一步强调了基础英语教育的人文性和工具性的统一，强调培养学生在真实语境中运用英语的能力。从这个角度讲，2014 年各地的中考英语试题，在逐渐靠近这个目标，且力求在考试形式、内容、取材等方面做到真实、生动，贴近生活。

六、专著、辞典、教材出版

1. 专著

1）李铁安、宫学莉、陈玉卿，2014，高品质课堂创新案例研究丛书 初中英语，北京：教育科学出版社

该书主要阐述高品质课堂的理论研究成果，展现的是对高品质课堂的基本架构，以案例的形式对一节课教学研究的全程化、解剖式的系统呈现。该书为读者提供了一个完整的英语教学研究过程，不仅能够在教学内容本身引发大家的思考，而且在教师专业发展、校本研修上也为读者提供了可以借鉴的形式，为高品质课堂的塑造提供指导。

2）西华师范大学外国语学院，2014，初中英语教学探索·体验·感悟，四川：西南交通大学出版社

西华师范大学外国语学院编著的《初中英语教学探索·体验·感悟》是"国培计划"（2013）四川省农村中小学和幼儿园教师置换脱产研修项目的成果文集之一。本书主要介绍英语语言能力的培养的目标设定，阅读课的有效教学，现代教育技术在英语教学中的应用，外语教师的教学研究及课题设计、外语学习策略。该书从各个方面为教师的成长、反思与学习提供参考，对初中教学的探索和研究都有一定的指导作用。

3）申招斌，2014，思维导图—初中英语，长沙：湖南教育出版社

该书将大脑的思维过程进行可视化的展示，提高学生的思维水平，改变思维方式和思考模式，让学生用一个开放的头脑接受新鲜的事物，让自己的学习、生活更轻松。目前，在国外教育领域，哈佛大学、剑桥大学的学生都在使用思维导图这项思维工具教学；在新加坡，思维导图已经基本成了中小学生的必修课，用思维导图提升智力能力提高思维水平已被越来越多的人认可。运用

思维导图这种思维工具，按知识模块绘制思维导图，有利于帮助使用者从整体上把握学习方法，获取知识。该书以其特有的方式，更加科学的讲解知识点，总结规律方法。

4）刘锐诚，2014，学生实用初中英语语法指南与实践，北京：中国青年出版社

《学生实用初中英语语法指南与实践》是针对初中学生英语学习而编写的专用辅导用书。《学生实用初中英语语法指南与实践》内容翔实，练习讲解精当，语言简明，通俗易懂。我们根据教材、考试说明、中考改革的实际情况，再次进行了全面的修订，内容更换和改编的幅度达 60%。训练题根据近两年全国中考试题的题型和改革思路重新设计，增加了《学生实用初中英语语法指南与实践》的实用性，更好地体现了素质教育的要求，能够更有效地培养学生英语运用的能力。

5）钮继军，2014，初中英语学习手册 北京：中国少年儿童出版社

《初中英语学习手册》紧扣教育部新课程标准精神，打破教材的版本限制，集基础性、科学性、实用性于一体，对初中阶段应掌握的各门基础学科的知识作了全面、系统、详尽的归纳与梳理，是初中生学习参考和中考复习的必备工具书。本丛书科学构建知识体系，基础训练设计完备，列举中考常见的考点和题型，探寻中考命题趋势，既可引导学生系统地温习各科知识点，弥补课本知识点零散的不足，又可对学习过程中遇到的新知识及时查阅。

6）畅听工作室，2014，畅听 100 列：初中英语听力，北京：外语教学与研究出版社

该书依据新课标精选核心听力话题，科学设计，实景模拟，真实体验，阶梯训练，提升能力，开拓视野。 畅听 100 新课标英语系列丛书按中小学相应阶段所熟悉的"话题"编写，每个"话题"为一个单元，每分册共 10 个单元。每个单元下设 Goals（目标导航），Warm-up（听前热身），Practice（听力实训）和 Culture（文化乐园）四个板块：

Goals（目标导航）：相应单元话题及题目中的重点词汇、短语、句型、交

际用语等，让学生明确听力训练目标，不打无准备之战。

Warm-up（听前热身）：围绕本单元话题及相关的词汇、短语、句型、交际用语等进行听前热身训练，为进行下面的听力训练打好基础，作好准备。

Practice（听力实训）：通过词汇、短语、长短对话或语段等形式设置灵活多样的听力训练。旨在打好学生的听力基础，并提高其听力理解能力。

Culture（文化乐园）：精心选取与各单元话题相关的英美文化知识，便于学生增长知识，开阔视野。该书注重夯实基础的同时，突出听力技能的培养，是培养学生英语听力理解能力的助手。

2. 教材

1）韩宝成，2014，初中英语阅读，北京：外语教学与研究出版社

《初中英语阅读》是《英语》（新标准）"一条龙"初中阶段教材的配套出版物，供老师开展课上阅读或指导学生开展课外自主阅读使用。本教材是依据《新课标》关于初中学生英语阅读能力培养要求编写的，总的指导思想是使学生通过一定的阅读实践活动，进一步巩固课上所学语言知识，扩大阅读范围，激发他们的学习兴趣，增强阅读理解能力，从而提高学生实际运用语言的能力。该书体现《新课标》理念，充分吸收先进的阅读和语言学习理论，借鉴"任务型学习（task-based learning）"原则，科学合理地设计教材结构，安排学习内容，注重体现学用结合。同时该书以激发学生学习兴趣为出发点。对青少年学生来讲，趣味性强的学习材料和活动能够进一步激发他们的学习兴趣和学习动机，从而提高学习效果。另外该书强调培养学生阅读能力，同时注重多种语言技能协同发展。在语言学习阶段，传统观念把阅读视为语言输入的一种方式，将其与听、说、写割裂开来学习与训练。而在实际交际中，语言运用是一个整体概念，是多种技能的有机结合。该教材改变以往做法，围绕阅读设计了多种活动和任务，采取读前观察与思考、读中体验与思考、读后思考与说写的模式，充分调动学生的观察力和想象力，使其通过多种感知和体验，在输入的基础上逐渐锻炼输出能力，从而提高综合语言运用能力。这套阅读教材作为主教材的有益补充，不仅能够解决初中学生阅读资源不足的问题，而且能够进一

步拓展学生视野，帮助学生养成良好的阅读习惯，掌握学习策略，在文化意识方面得到加强，综合素质得到提高。

2）王德美，2014，初中英语听说训练（新标准），北京：外语教学与研究出版社

《初中英语听说训练（新标准）》一书是为使用新标准英语教材的教师课堂教学和学生自学设计的听说教材，紧密配合教材和课标话题，以话题项目和功能意念项目为纲，贯彻任务型教学理念，强调听说能力的提升，设计配套的热身活动、听力活动和听说结合的活动，包括方便教师开展教学活动的问答练习、小组练习，以及充分拓展学生思路、锻炼自由表达能力的更加开放的练习。模拟真实语境，有趣、高效、多样的任务型课堂练习，将更好地丰富课堂，调动学生学习的积极性，提高综合语言运用能力和用英语解决问题的能力。

Part I　Reading practice

第一部分是精心挑选的紧扣主题、经典优美的朗读材料，对话、短文各一篇，紧扣功能话题，为后面的听说练习提供素材，作好准备。

Part II　Listening practice

第二部分是听力练习，先热身，再提高。选取真实生活中地道、鲜活的语言，活动设计丰富轻松，让学生乐于学习。

Part III　Listening and speaking

第三部分是听说练习，也是本书的重要特色之一。突出文化元素，注重听说结合，既符合英语学习的规律，又顺应听说测试的题型，文章地道有趣，让学生在听说活动中不知不觉地树立信心，提高能力。

Part IV　Language summaries

最后一部分，即第四部分，是本模块、本话题常用的词汇、短语、句型的整理和汇总，为语言提供有力支撑，帮助学生学会总结归纳，熟能生巧，举一反三。

3. 辞典

1）刘锐诚，2014，《学生实用现代英汉双解大词典（第3版）》，北京：中国青年出版社

《学生实用现代英汉双解大词典（第3版）》，本书收录2011版《新课标》要求掌握的 3,500 词和现行中学主流教材中的超纲词汇，以及近年出现的经常使用的时尚新词共约 10,000 个，是中学生学习英语的实用工具。

2）霍恩比，2014，牛津高阶英汉双解词典（第8版），北京：商务印书馆

《牛津高阶英汉双解词典》（第8版）秉承霍恩比开创的学习型词典的理念，在多个方面有所创新。如收录更多社会热点词汇及英语国家广泛流行的词语，增收百科词汇，新增20%内容，包括1,000新词、78页全彩图解词汇、5,000余项正文修订。更加注重语言的生成性，动词用法模式更加直观合理；新设"词语搭配"和"用语库"等用法说明，辨析常见疑难问题；新增"牛津写作指南"，涵盖14个写作有关项目，对提高写作能力大有裨益。这些都体现了这部词典以学习者为中心的编纂宗旨。

七、科学研究项目

2014 年度国家社科基金、教育部人文社会科学研究规划基金、全国教育科学"十二五"规划、自筹经费项目评审结果显示，直接与初中英语相关的有一项 [9]，即重庆三峡学院许楠老师获批的教育部青年基金项目"中、美、加、英、芬五国中小学外语课程标准比较研究"。

中国教育学会外语教学专业委员会规划课题 [10] 是为配合《国家中长期教育改革和发展规划纲要（2010—2020 年）》和《义务教育英语课程标准》的贯彻实施，推动全国基础教育外语教学研究工作的开展，提高外语教研机构和中小学校的教科研水平而设立的。全国基础教育外语教研机构和中小学校均可申报。2014 年 9 月公布了 2014 年度第一批立项课题。在立项的 66 项课题当中，直接和初中英语教学有关的项目有 24 项，分别涉及农村中学英语教学中的分层教学问题、课外阅读策略及应用和初中英语阅读资源的开发与利用研究、初中英语团队教师专业发展有效策略研究、初中英语课堂教学情景设计实践研究、初中英语家庭作业设计及评价研究、新课标下初中英语课堂小组合作活动有效性实证研究、初中英语自主复习策略、热身导入问题以及解决策略、高效课堂的教学模式、课堂教学方法、英语作业设计及检测、微型课程开发与建设、分层作业设计等方面。

中国基础教育英语教学研究资助金项目[10]是中国教育学会外语教学专业委员会和《学英语》报社为推进中小学英语教师教学科研，实施优势互补、共同发展战略而合力推动的国家中小学英语教科研项目，是国家基础教育课程改革进程中的一项重要工程。中国基础教育英语教学研究资助金项目参研人员主要为从事中小学英语教学的一线教师和教研员等。该项目选题要求切实与中、小学英语教学相关，从学法、教法、学习策略、课堂活动等方面展开研究，以促进中小学英语教育、教学质量的提高，从而大力推进基础教育课程改革的进程。经专家评审，中国教育学会外语教学专业委员会审批，评选出中国教育学会外语教学专业委员会"十二五"规划2014年度第一批立项课题。这66个课题中，与初中英语教学有关的课题一共是25项，涉及农村中学英语教学中的分层教学问题，"学案导学"在初高中英语教学衔接中的运用，信息技术环境下农村中学英语词汇教学实效性研究、英语早读课实效性的应用研究、分层作业设计研究等议题。

八、其他

2014年，是教育信息化程度进一步提升的一年，其标志性的特点是慕课（Mooc）和翻转课堂（flipped classroom）大范围进入各阶段、各层次学生的学习生活。慕课和翻转课堂的结合，遵循下述模式：课前，学生观看微视频，完成进阶作业，完成知识的初步理解和内化、课堂上，师生、生生交流合作，完成作业，解决疑难，创造探究的步奏，使得学习向个性化、自主式和互动性发展，使优质教育资源的全民共享成为可能。翻转课堂与慕课在英语课堂的应用，还刚起步。这两种新颖的教学形式能否在中国的英语教育情境下发挥其作用，以提升学生自主性，增强学生学习兴趣，拓宽学生的思维广度、深度、切实减轻教师的作业批改压力、重复讲解的工作量，做到个性化教学，还有待进一步探索。

[1] 中华人民共和国教育部，2014，教育部办公厅关于进一步做好重点大城市义务教育免试就近入学工作的通知 [OL]，http://www.moe.gov.cn/publicfiles/business/htmlfiles/moe/s3321/201402/164088.html（2015 年 1 月 20 日读取）。

[2] 中华人民共和国教育部，2014，国务院关于深化考试招生制度改革的实施意见 [OL]，http://www.moe.edu.cn/publicfiles/business/htmlfiles/moe/moe_1778/201409/174543.html（2015 年 1 月 20 日读取）。

[3] 中华人民共和国教育部，2014，教育部要求 19 个大城市尽快制定完善义务教育免试就近入学工作方案 [OL]，http://www.moe.gov.cn/publicfiles/business/htmlfiles/moe/s7867/201402/163873.html（2015 年 1 月 20 日读取）。

[4] 西部地区外语教育研究会，2014，西部地区外语教育研究会 2014 年年会暨第十一届学术研讨会会议纪要 [OL]，http://foreign.swu.edu.cn/west_fledu/article.php?state=1&id=248&nav=5（2015 年 1 月 20 日读取）。

[5] 中国教育学会外语教学专业委员会，2014，2014 年初中英语课堂教学观摩研讨会在西安交通大学举行 [OL]，http://www.eltchina.net/NewsDetails.aspx?ArticleID=659dd90de65f471ea89e824d2934cfcd（2015 年 1 月 20 日读取）。

[6] 新标准英语网，2014，"阅读策略在提升中小学英语阅读能力中的价值研究"第三届课题工作会议召开暨全国中小学英语阅读教学研讨会 [OL]，http://www.nse.cn/information/400510.shtml（2015 年 1 月 20 日读取）。

[7] 上海外语教育出版社，2014，第六届全国中学生英语阅读竞赛全国总决赛圆满落幕 [OL]，http://englishcontest.sflep.com/2012/zuixindongtai/2014/0715/247.html（2015 年 1 月 20 日读取）。

[8] 21 世纪英语教育网，2014，第十一届全国中小学生英语技能大赛圆满落幕 [OL]，http://elt.i21st.cn/article/12216_1.html（2015 年 1 月 20 日读取）。

[9] 中国高校人文社会科学信息网，2014，2013 年度教育部人文社会科学研究规划基金、青年基金、自筹经费项目评审结果公示一览表 [OL]，http://www.sinoss.net/uploadfile/2013/0419/20130419100423801.pdf（2015 年 1 月 20 日读取）。

[10] 中国教育学会外语教学专业委员会，2014，外专委 2014 年度第一批立项课题的通知 [OL]，http://www.eltchina.net/NewsDetails.aspx?ArticleID=427258c6d5ae4fd0be14f9ebffa2e439（2015 年 1 月 20 日读取）。

第三节　小学英语 [1]

2014 年是基础英语教育发展较为"动荡"的一年。我国的基础英语教育改革，尤其是高考英语改革备受公众关注，引发了全民关于英语在高考中权重和价值的大讨论。英语教育界的资深专家们积极为国家教育部门建言献策，推进基础英语教育改革的进程。在这一背景下，我国小学英语教育也受到一定的影响。但总体而言，过去一年我国小学英语教育仍取得了长足的发展。

一、改革情况

2012 年初，《义务教育英语课程标准（2011 年版）》正式出版。2011 版《新课标》将义务教育阶段的英语课程定位于工具性和人文性的统一，其基本理念定位于"注重素质教育，充分体现语言学习对学生发展的价值，面向全体学生，充分考虑语言学习者的个体差异性；整体设计目标，体现语言学习的渐进性和持续性，强调学习过程，体现语言学习的实践性和应用性；优化评价方式，着重评价学生的综合语言运用能力，开发课程资源，丰富和拓展英语学习的渠道"。[1]

2011 版《新课标》在课程目标、实施及其评价部分特别针对小学英语教学所作的修改，不仅深化了英语教育工作者对小学英语课程价值和目标的认识，还引发了小学英语课堂教学模式、教学设计和实施、教材的编写和使用等方面的改革。[2] 在 2012、2013 年深入学习 2011 版《新课标》的基础上，2014 年其精神和理念在小学英语教育一线得到进一步推广和普及。

与此同时，从 2013 年下半年持续到 2014 年上半年，少数地区先行进行高考改革方案的征求意见稿。以北京为例，新方案拟降低英语学科分数在高考招生中的权重。在此期间，北京市教委相关负责人曾表示新的学年"小学一、二年级不再开设英语类相关课程"，这对该区的小学英语教学现状造成一定的消极影响。

直至 2014 年 9 月 4 日，国新办举行高考改革新闻发布会正式发布高考招

1　本节作者：赵连杰，北京师范大学。

生改革实施意见，官方明确了"全国统一高考包含语文、数学、英语三科，每科总分 150 分不变，其中英语实行一年两考"，持续一年之久的改革之争才尘埃落定。

　　作为典型性的地区性改革方面的代表，北京市教委在 2014 年正式发布《北京市中小学英语学科教学改进意见》，于 2014 年 11 月 27 日起正式实施 [3]。意见总计 14 条，对北京市中小学生英语学科的课程标准、教学重点、教学方式等都做了规定，其中直接涉及小学英语的占 5 条。尤其值得注意的是，在改进意见的第一条明确规定"小学阶段严格按照课程标准一级、二级目标的要求进行教学，一年级坚持'零起点教学'，六年级毕业达到二级目标的要求，禁止统考统测"。

二、学术会议

1. 第三届全国中小学外语教师名师大会 [4]

　　为实现国家富强、民族振兴、人民幸福的中国梦，贯彻落实党的十八大精神、落实教育规划纲要，以立德树人为根本，进一步贯彻落实《国家中长期教育改革和发展规划纲要（2010—2020 年）》中"国家对作出突出贡献的教师和教育工作者设立荣誉称号"的精神，经教育部有关部门同意，中国教师发展基金会和国家基础教育实验中心外语教育研究中心决定将于 2015 年 3 月 22 至 25 日在上海举办"第三届全国中小学外语教师名师大会"，向多年来在我国基础教育外语教学和科研一线取得突出业绩的优秀教师和教研员授予第三届"全国中小学外语教师名师"的称号。本次会议的主题是"中小学英语教学的反思，调整和发展"，会议由英语辅导报社北京研发中心协办。

2. 第四届全国小学英语新课程探索研讨会 [5]

　　为了深入探讨 2011 年版《新课标》颁布后小学英语教学的新思路和新方法，寻求促进学生全面发展的有效途径，由北京师范大学外文学院、北京师范大学《中小学外语教学》编辑部主办，北京教育学院国际语言与文化学院承办的第四届全国小学英语新课程探索研讨会于 2014 年 7 月 11 至 12 日在北京举办。本次会议的主题是：促进学生发展的有效教学。此次研讨会采用大会发言与工作坊相结合的方式，邀请了四位国内外知名的外语教育专家作了学术报告，共开设了 16 个不同主题的工作坊，注重使听课教师在理论和实践层面都有所收获。来自全国各地的 400 余名小学英语教师和教研人员参加了此次研讨会。研讨会期间，《中小学外语教学》编辑部还举办了第五届小学英语教学优秀论文评选活动。全国各地的小学英语教师积极参与了此次论文评选活动。经《中小学外语教学》编辑部组织专家评审，共评出一等奖论文 37 篇，二等奖论文 58 篇，三等奖论文 42 篇。

3. 第四届全国少数民族地区中小学英语教学与教师发展研讨会 [6]

为了进一步提高少数民族地区英语教师的教学理念、英语教学理论和自身素质，解决在实际教学中出现的一些问题，研讨少数民族地区英语课堂教学的方式、方法，2014 年 9 月 21 至 25 日"第四届全国少数民族地区中小学英语教学与教师发展研讨会"在中国甘肃兰州举办，参加会议的人员有来自全国各少数民族地区的中小学参赛选手、参会观摩的代表，以及来自教育部有关部门领导，中外语言学专家，英语教学法专家，各地区的英语教研员、科研人员以及各地市主管英语教学的教科研领导等达千人。本次活动分小学、初中、高中三个会场，内容丰富，包括各专家的报告、讲座以及教师的现场观摩课、说课、优秀课展评等。

4. 全国小学英语教育教学改革高峰论坛 [7]

2014 年 11 月 15 至 16 日，"全国小学英语教育教学改革高峰论坛"在聊城东方双语小学隆重举办。聊城市市委常委、副市长耿涛，聊城市教育局党组书记、局长哈宝泉，聊城市东昌府区区委书记李小平，聊城市东昌府区副区长王怀福，全国著名教育专家高林生，教育部教材审定委员会专家组组长、中小学英语教材主编刘道义，北京外国语大学党委书记韩震，外语教学与研究出版社党总支书记王芳，北京外国语大学教授、北外国际教育学院院长曹文以及来自全国各地各级教学研究人员、学校校长和英语骨干教师 600 余人参加论坛。论坛开幕式由哈宝泉局长主持。本次论坛探讨了新形势下基础英语教育改革与发展方向，展示了中小学英语教育教学成果，交流、分享了特色学校先进经验与做法，对于全国基础英语教育改革发展将起到良好的推动作用。

三、专业活动

全国范围内举办的小学英语专业活动主要包括教学观摩、教师基本功大赛、教学征文活动等。这些活动指向小学英语教师发展，为一线老师搭建专业培训和交流的平台，能显著提升小学英语教师的教学和研究能力，对促进小学英语新课程理念的落实和课堂教学具有重要的推动作用。

为了进一步推进我国小学英语教育教学改革，提高小学英语教师的专业水平和课堂教学质量，"第七届全国小学英语课堂教学观摩研讨会"于 2014 年 5 月 9 至 12 日在陕西省西安市举办 [8]。本次课堂教学观摩研讨会由北京师范大学外国语言文学学院主办，中国教育学会外语教学专业委员会提供学术指导。本次研讨会堪称为一次视听盛宴。两天半的时间里，来自全国各地的 29 位优秀教师呈现了精彩的课堂教学，每节课后请专家现场评课并与授课教师进行互动。专家们的生动点评及中肯建议也成为本次研讨会的一大亮点。

作为全国小学英语教学科研的品牌赛事，第八届全国小学英语教师教学基本功大赛暨教学观摩研讨会于 2014 年 5 月 18 至 23 日在云南省昆明市隆重召开 [9]。本届大会的主题是"推行教育改革创新实践，提升小学英语教师素质，关注教师发展，切实提高小学英语课堂教学效益，促进义务教育均衡发展"。国内权威英语教育教学专家、语言学专家，各地、各级英语教研员，一线初中英语教师代表，各省推荐的参赛教师及其他有关教育工作者共计 800 余人参加了本届观摩和研讨活动。本次活动由国家基础教育实验中心外语教育研究中心主办，云南省教育学会小学英语教学专业委员会协办，《英语辅导报》社北京研发中心、《考试与评价》杂志社、云南师范大学附属小学共同承办。

四、学生赛事

全国小学生英语竞赛（英文简称 NECPS）被誉为"小学生英语奥赛"，提倡"重在参与"的奥林匹克精神，是全国性的小学外语学科权威赛事活动，旨在激励小学生的英语学习动力，科学地评估小学阶段英语教学和学习，提高小学英语教学水平和效益。此竞赛每年举办一次，十六年来坚持不断改革和创新，得到全国广大师生的一致认可和社会的广泛好评，全国已有近千万小学生参加过此项赛事活动。2014 年 NECPS 初赛于 4 月 20 日上午 9:00—10:00 在全国各赛区、赛点顺利举行[10]。本竞赛得到了全国各地各级教育行政、教研部门的高度重视与大力支持。在全国各级竞赛组委会的共同努力下，各赛区初赛组织工作井然有序。竞赛主办方旨在通过举办这一全国性英语竞赛活动，服务全国小学生，增强学生们学习英语的兴趣，打好英语语言知识基础，培养学习能力，提高英语综合运用能力，为升入中学、大学后进一步学好英语，进而适应时代和社会的要求，成为具备综合素质的创新型、复合型人才打下坚实基础。

2014 年全国小学生英语竞赛（NECPS）全国总决赛暨 2014 年全国小学生英语夏令营是全国小学生英语竞赛（NECPS）的一项重要后续活动。此活动旨在进一步鼓励在竞赛中取得优异成绩的小学生，提高其英语听说交流能力，培养其自理、创新能力及团结协作精神。根据《2014 年全国小学生英语竞赛通知》规定，大连红星海国际学校于 2014 年 7 月 20 至 25 日举办了 2014 年全国小学生英语竞赛（NECPS）全国总决赛暨 2014 年全国小学生英语夏令营[11]。本届全国总决赛暨夏令营活动由国际英语外语教师协会分会（TEFL China）和国家基础教育实验中心外语教育研究中心联合主办，天仁报业集团《英语辅导报》社北京研发中心承办，大连红星海国际学校协办。

为了推进素质教育，培养具有创新能力和跨文化交际能力的人才，提高国家的国际竞争力和国际交流能力，全面实施教育部颁布的 2011 版《新课标》对英语课程提出的新要求，由北京外国语大学主办的第十一届"外研社杯"全国中小学生英语技能大赛现面向全国中小学在校学生发出邀请[12]。本次大赛从指导理念到比赛内容及赛程赛制都进行了大胆创新，旨在向广大中小学生传递英语学习的新理念、新概念、新思路。大赛首创体验式比赛形式，在考查选手英语水平的同时，以国际化的视野推广公益与环保的理念，开展一系列以"创造·分享·传递"为主题的活动，让每一位选手参与社会公益活动，培养选手的社会责任感，为选手提供一个更为广阔的世界舞台。比赛共分为四个阶段进行，即市级初赛、市级复赛、市级决赛、全国总决赛。大赛分为五个组别，其中 A 组—C 组对应小学低、中、高年级。大赛比赛范围以 2011 版《新课标》为基础，各省不同版本新课标教材、《英语》（新标准）系列教材、《新概念英语》系列教材、《剑桥国际少儿英语》、《剑桥国际儿童英语》等教材作为主要参考书目。

五、重要考试

1. 2014 年全国中小学英语学习成绩测试（NEAT）春季测试 [13]

2014 年全国中小学英语学习成绩测试（National English Achievement Test, NEAT）春季测试于 2014 年 5 月 25 日在全国各省、市、自治区顺利举行。在各级英语教研部门的大力支持与各地各级 NEAT 考试办公室的共同努力下，各考区的组织工作井然有序。NEAT 测试分为笔试和口语两部分进行。测试当日，各考区的负责人到当地考场进行了巡视。测试结束后各地 NEAT 考试办公室组织了巡考人员与测试师生座谈，针对本次春节测试的组织工作试卷质量、改革后的试题结构及试题的难易度、答题时间等方面进行了讨论和答疑。参与座谈的师生各抒己见，为 NEAT 测试更加科学化、制度化和规范化地发展提出了许多宝贵意见和建议。

2. 2014 年全国中小学英语学习成绩测试（NEAT）冬季测试 [14]

国家基础教育实验中心外语教育研究中心 2014—2015 学年度工作会议研究决定，于 2014 年 12 月 13 日举行 2014 年全国中小学英语学习成绩测试（NEAT）冬季测试。本次测试分为九个级别，测试对象包括从小学至高中各类学校的各年级学生。本测试经教育部批准，由国家基础教育实验中心外语教育研究中心和英国剑桥大学考试中心联合开发、研制、实验并成功举办十五年，由国家基础教育实验中心外语教育研究中心主办，全国中小学英语学习成绩测试（NEAT）中心承办，各省、市、自治区英语教研部门协办。

六、专著、词典

1. 专著

1）王电建、赖红玲主编，2014，小学英语教学法（第三版），北京：北京大学出版社。

《小学英语教学法》在 2007 年修订之后，已经被多次印刷使用。在这期间，现代信息技术的飞速发展，给小学英语教学带来了非常大的变化。为了适应时代的发展和新世纪小学英语教学的需要，广大英语教师在网上对如何使用《小学英语教学法》提出了非常中肯的意见和建议。本次修订主要是以这些老师的意见和建议为参考，补充了一线英语教师认为比较需要的内容，以满足网络时代小学英语教学的需要。本次修订仍然保持原书编写的原则，即内容尽量贴近小学英语教学的实际情况，力图做到简明、形象、生动、实用、易学易用，具有一定的教学性、示范性和可操作性。

2）蔡红梅，2014，中小学英语教材分析与教学设计，武汉:湖北教育出版社。

本书共分为三个部分，第一部分是关于国家英语课程标准的解读。着重讨论了国际外语课程改革的趋势，以及我国基础教育英语教学大纲的发展过程，并对 2011 版《新课标》和《普通高中英语课程标准》（实验）的各个部分进行了详细的解读。第二部分是关于中小学英语教材的分析，因为篇幅有限，本部分只对人民教育出版社出版的中小学英语教材进行了分析。第三部分是关于中小学英语教学设计案例分析及说课训练。从语言知识、语言技能教学以及基本教学案例分析三个方面分别对小学、初中和高中英语的教学设计进行了案例分析。

3）冷德玉主编，2014，高品质课堂创新案例研究丛书：小学英语，北京：教育科学出版社。

随着新课程改革的深入推进，我国小学英语教学发生了翻天覆地的变化，这种外部的变化促使我们一直在思考，如何突破小学英语教学的发展瓶颈，实现课堂教学的高品质。《高品质课堂创新案例研究丛书：小学英语》中的案例就是金州新区全体小学英语教师追求高品质课堂的一个缩影。冷德玉从不同的角度和层面尝试对高品质课堂"高尚、本真、丰厚、灵动"的核心理念进行生动而真实的诠释。

4）阚维主编，2014，绿色教育小学英语课堂：给孩子成长的空间，北京：北京师范大学出版社。

由阚维主编的《绿色教育小学英语课堂：给孩子成长的空间》深入详述了石景山的六所实验小学在绿色课堂理念指导下，进行课堂改进的过程。从个案研究的角度，分析了不同类型学校在小学英语课堂教学中的优势、挑战，以教师叙事的研究方式，记录了课堂改进过程中来自学校管理层、教师、学生以及家长的感受。通过对各所学校的小学英语课堂实录、课内课外活动、教师与研究者的对话，多角度、多层次地展示了六所实验小学在课堂改进过程中的特点，为不同类型的学校和教师从中汲取营养，促进本校和自身教学工作的发展提供借鉴。本书适宜教育工作者和教育研究者参考阅读。

5）孙泓编著，2014，小学英语课堂观察，北京：现代教育出版社。

本书共有五章。第一章是小学英语课堂观察的理论基础，对课堂观察进行概览性的介绍，包括什么是课堂观察、课堂观察的意义、课堂观察的基本原则和方法，使读者对本书要讨论的课堂观察有初步的了解。第二章基于课堂观察提出的相关问题，进行了小学英语课堂观察点解读和小学英语课堂观察表的改进分析，进而讨论小学英语课堂观察的标准。第三章通过小学英语课堂观察典型案例实录和不同的小学英语课堂观察报告，介绍了课堂观察的研究与实践。第四章通过课堂观察团队故事，说明教师在观察与被观察中成长，学生也因课堂观察而更加有效地学习，更加热爱课堂，同时本章节还有课堂观察引发的思考。第五章展现给读者的是根据崔允漷教授及浙江余杭高级中学团队的 LICC

理论，课题学校反复研制的观察量表。这些量表将进一步帮助读者理解量表的开发与使用。每一份量表的设计意图和使用说明可帮助读者实践运用。

6）高源、许立虹主编，2014，润物细无声：小学英语课例与微型课题研修成果集，成都：西南交通大学出版社。

《润物细无声：小学英语课例与微型课题研修成果集》为 2013 国培成都学院小学英语农村骨干教师置换脱产培训成果集。该成果集收录了 10 个课题的开题报告以及 20 篇优秀论文，12 个课例研究，展示了参培学员的学习成绩以及他（她）们对小学英语教学实践活动的思考和探索。内容涵盖师资队伍的建设、教学方法的探索、英语课堂教学的创新、英语教学的文化养成等方面的深入研究和实践。书中收录的文章在这些方面作出了有益的探索，提出了一些很好的建议和有实际推广价值的方法，契合农村小学英语教学实际，能够对英语教学工作者和研究人员有所裨益。

2. 词典

1）《儿童英汉百科图解词典（新版）》（外语教学与研究出版社 2014 年 3 月 1 日出版）

《儿童英汉百科图解词典（新版）》是专门为少年儿童准备的一份礼物，既能满足他们的好奇心和求知欲，又能开发他们学习语言的潜能。在这本丰富多彩的图解词典里，孩子们可以在探索大千世界的过程中学习英语单词。该词典有上千幅彩色图片，每幅图片均配有通俗易懂的中英文单词，即使只是随意翻阅也能感受到无穷的乐趣。

八、科学研究项目

1. 全国基础教育外语教学研究项目 [15]

为了落实素质教育，推动基础外语教育的改革和发展，教育部于 1997 年

设立国家基础教育实验中心外语教育研究中心，按教育部基础教育司 1998 年
12 月 22 日下发文件，设立全国基础教育外语教学研究资助金项目，其具体运
作由国家基础教育实验中心外语教育研究中心负责实施，自主经费由《英语辅
导报》社提供，每年资助金及活动经费各 50 万元，每两年（每届）累计 200
万元。从 1999 年至今十多年来，此项目已经进行了五届，首批（1999—2000）
立项课题为 153 项；第二批（2001—2002）为 156 项；第三批（2004—2005）
为 142 项；第四批（2006—2007）为 150 项；第五批（2009—2010）为 146 项，
并于次年增补立项 38 项，至此，资助金项目立项课题共计 785 项；2011—
2012 年评选自筹经费课题 90 项，资助金项目立项课题总计 875 项，共耗费
1,000 余万元，有力地推动了全国基础外语教育改革。

2013 年 8 月，国家外研中心工作会议期间全体代表讨论并研究决定，于
2014 年初启动 2014—2018 年全国基础教育外语教学研究资助项目。本届项目
研究期限为五年，即 2014 至 2018 年，资助金总额为 1,000 万元，2014 年初，
国家外研中心按照 2013 年下半年研制的《全国基础教育外语教学研究资助金
项目管理办法》，于 2014 年 3 月正式启动本项目 2014—2018 年度的课题立项
申报工作。

2. 中国中小学生英语分级阅读体系标准研制 [16]

"中国中小学生英语分级阅读体系标准研制"课题（简称分级阅读课题）
是全国教育科学"十二五"规划 2011 年度教育部重点课题（课题批准号：
GPA115054，课题负责人：北京师范大学王蔷教授）。"分级阅读课题"主要致
力于研制中国中小学生英语分级阅读体系标准及课堂教学指导方案。自 2011
年启动以来，在实验校已经完成了 5 个学期的实验，积累了宝贵的优质课程资
源，目前已取得了重要的阶段性成果。为分享和推广课题成果，总结交流经
验，课题组于 2014 年 4 月 12 日在北京师范大学京师大厦第六会议室召开以
"绘本阅读——提升小学生英语阅读素养的有效途径"为主题的研讨会。主要
内容有"中国中小学生英语分级阅读体系标准研制"课题实践及成果；英语持
续默读法（SSR）的理论与实践；如何在故事教学中内化语言；基于示范课的

英语分级阅读教材教法培训;"家庭英语阅读"调研分享等。

3. 中国教育学会外语教学专业委员会"十二五"规划 2014 年度第一批立项课题[17]

经专家评审,中国教育学会外语教学专业委员会审批,中国教育学会外语教学专业委员会"十二五"规划 2014 年度第一批立项课题共计 66 项。其中直接涉及小学英语教学的有 18 项(如表 3.2),涉及小学英语课堂教学研究、课程开发、教师培训、评价等诸多方面。尤其值得注意的是,本次小学英语方面的立项课题,"微课"、"翻转课堂"等开始受到关注,反映出小学英语教育领域一线教师和教研人员与时俱进的研究精神。

表 3.2 "十二五"规划 2014 年度第一批英语教学相关立项课题

课题名称	课题编号	负责人	所在单位
小学英语教学资源开发中的立德树人	NAFLE0114003	郐利琴 王松美	北京市北京教育学院
基于学科网站的小学英语课堂教学研究	NAFLE0314001	崔宝国	天津市滨海新区大港第一小学
小学英语课堂教学中师生互动的方式及其有效性的研究	NAFLE0314003	范金来	天津市东丽区赵北小学
小学英语教师课堂教学行为优化研究	NAFLE0314007	孟令坤	吉林市长春师范大学
小学高段英语语篇情境教学的实践研究	NAFLE0314008	沈国锋	江苏省如东县掘港小学
小学英语微课的开发和应用研究	NAFLE0314010	肖磊	山东省青岛胶州市常州路小学
"慢"教育理念下的小学英语对话课堂的研究	NAFLE0314012	张宏丽	天津市中小学教育教学研究室

(待续)

（续表）

课题名称	课题编号	负责人	所在单位
边远贫困农村中小学生英语语音意识与单词习得关系的研究	NAFLE0314017	贾振峰	黑龙江省绥化学院
"翻转课堂"在小学英语教学中的应用	NAFLE0314018	曲玮丽	山东省济南市大明湖小学
绿色指标背景下小学英语多元化评价策略的实践研究	NAFLE0314021	唐冰	上海市奉贤区五四学校
小学英语课堂教学中的问题及对策	NAFLE0314027	古立花	山东省日照经济开发区银川路小学
小学英语新职教师专业发展与培训模式的研究	NAFLE0314030	江萍	北京市东城区教师研修中心
小学英语课堂教学活动研究	NAFLE0314033	吕淑敏 王颖	天津市静海县教育教学研究室
小学英语教师学习型团队建设研究	NAFLE0314045	周敏	湖北省宜昌市教育科学研究院
中小学英语课堂教学方法研究	NAFLE0314056	张杰	山东省五莲县第二中学
中小学英语作业设计及检测研究	NAFLE0314058	钊伟霞	山东省日照市五莲县松柏镇中心学校
中小学英语微型课程开发与建设研究	NAFLE0314059	刘祥平	山东省日照市五莲县实验小学
农村小学英语听说读写技能训练研究	NAFLE0314060	秦培华	山东省日照市岚山区黄墩镇中心小学

[1] 中华人民共和国教育部，2014，《义务教育英语课程标准（2011年版）》[Z]。北京：北京师范大学出版社。

[2] 郑丽萍，2012，小学英语 [A]。载文秋芳、徐浩（编），《2012中国外语教育年度报告》[C]。北京：外语教学与研究出版社。177-188。

[3] 新浪教育，2014，北京中小学英语学科教学 14 条改进意见 [OL]，http://edu.sina. com.cn/zxx/2014-11-13/1839443350.shtml（2015 年 2 月 27 日读取）。

[4] 国家基础教育实验中心外语教育研究中心，2014，关于举办第三届全国中小学外语教师名师大会的通知 [OL]，http://www.tefl-china.net/Article/ShowArticle.asp?ArticleID=1883（2015 年 2 月 4 日读取）。

[5] 中小学外语教学杂志社，2014，第四届全国小学英语新课程探索研讨会在京召开 [J]，《中小学外语教学》（小学篇）（8）：封四。

[6] 湖里区政府在线，2014，关注教师的发展，促进课堂教学的改革—记第四届全国少数民族地区中小学英语教学与教师发展研讨会 [OL]，http://www.huli.gov.cn/main/a/2014/k14/a231526_277661.shtml（2015 年 2 月 28 日读取）。

[7] 外语教学与研究出版社，2014，全国小学英语教育教学改革高峰论坛在聊城隆重举办 [OL]，http://www.fltrp.com/academicnews/15666（2015 年 2 月 5 日读取）。

[8] 英语周报，2014，关于举办"第七届全国小学英语课堂教学观摩研讨会"的通知 [OL]，http://www.ew.com.cn/yyzb/xwzx/bsdt/2014/03/2014-03-2125292.html（2015 年 2 月 1 日读取）。

[9] 国家基础教育实验中心外语教育研究中心，2014，第八届全国小学英语教师教学基本功大赛暨教学观摩研讨会在昆明成功举办 [OL]，http://www.tefl-china.net/Article/ShowArticle.asp?ArticleID=1859（2015 年 2 月 2 日读取）。

[10] 国家基础教育实验中心外语教育研究中心，2014，2014 年全国小学生英语竞赛（NECPS）初赛在全国各地顺利进行 [J]，《基础教育外语教学研究》（5）：9。

[11] 国家基础教育实验中心外语教育研究中心，2014，2014 年全国小学生英语竞赛（NECPS）全国总决赛暨 2014 年全国小学生英语夏令营将在大连举行 [J]，《基础教育外语教学研究》（5）：封底。

[12] 外语教学与研究出版社，2014，第十一届"外研社杯"全国中小学生英语技能大赛章程 [OL]，http://www.fltrp.com/eventsnews/14967（2015 年 2 月 2 日读取）。

[13] 全国中小学英语学习成绩测试网，2014，关于举行全国中小学英语学习成绩测试（NEAT）2014 年春节测试的通知 [OL]，http://www.neat.net.cn/Article/227.html（2015 年 2 月 4 日读取）。

[14] 全国中小学英语学习成绩测试网，2014，关于举行全国中小学英语学习成绩测试（NEAT）2014 年冬节测试的通知 [OL]，http://www.neat.net.cn/Article/227.html（2015 年 2 月 4 日读取）。

[15] 国家基础教育实验中心外语教育研究中心，2014，全国基础教育外语教学研究资助金项目 2014—2018 年课题立项申报及评审通知 [OL]，http://www.tefl-china.net/Article/ShowArticle.asp?ArticleID=1834（2015 年 2 月 5 日读取）。

[16] 外语教学与研究出版社, 2014, 2014 年"中国中小学生英语分级阅读体系标准研制"课题研讨会通知 [OL], http://www.fltrp.com/academicnews/14948（2015 年 2 月 5 日读取）。

[17] 中国教育学会外语教学专业委员会, 2014, 关于公布中国教育学会外语教学专业委员会"十二五"规划 2014 年度第一批立项课题的通知 [OL], http://www.eltchina.net/NewsDetails.aspx?ArticleID=427258c6d5ae4fd0be14f9ebffa2e439（2015 年 2 月 5 日读取）。

第四节 中小学日语[1]

一、高中日语课程标准修订工作启动

2014 年 12 月 8 日，普通高中课程标准修订工作启动会在京召开。教育部副部长刘利民出席会议并讲话。他强调，把普通高中课程标准修订作为全面深化课程改革、落实立德树人根本任务的关键领域和重要环节，整体规划，系统设计，确保修订工作统筹推进，取得实效，为培养社会主义合格建设者和可靠接班人作出新贡献。

刘利民指出，课程标准在整个教育教学链条中具有核心地位和关键作用。首先，要放在立德树人的全局视野和战略高度来认识，放在统筹推进课改的大背景下来设计、来谋划，把学生发展核心素养和学业质量标准要求率先落实到高中课程标准中。其次，必须坚持问题导向，着力解决 10 余年高中课改存在的突出问题。第三，要做好高中课程标准修订与高考改革政策的衔接，确保学和考的有机结合，增强育人效果[1]。

高中日语课程标准也在此次修订之列。为此，教育部事先已经组织了《高中日语课程标准调研报告》。其中提出的问题，有些是属于课标改进的问题，如表述要更加简明易懂、关于评价的问题要更具体等，有些属于教材编写或教材使用的问题，有些属于教师教学理念、语言观、语言教学观更新的问题。本次课标修订的主要难点在于学科核心素养和学业质量标准的确定。目前，高中日语课程标准修订组正在按照教育部的统一安排，紧锣密鼓地展开修订工作。

二、改革中的进展与不安

2014 年，中小学日语界的发展状态，似乎可以用两个词来概括：坚持发展和怀揣不安。

从目前国内开展的中学日语教师培训现状来看，教学的具体环节越来越

---

1 本节作者：林洪，北京师范大学。

深入，教师们对于课程标准的理解越来越到位，课堂上开展的教学活动越来越丰富，我们可以看到自 2000 年启动课改后近 15 年的艰苦跋涉所取得的可喜变化。同时，随着改革的不断推进，教师心中也带有几许不安。

1. 教师培训

国内中学日语教师的培训，如前几年一样，主要由人民教育出版社、中等日语课程设置校工作研究会等国内机构联合日本国际交流基金会北京日本文化中心、日本国际文化交流财团实施。2014 年所主办的全国性的培训大致如下。

1）2014 春季全国中等教育教师研修会

表 3.4　"培养阅读理解能力"培训概况

时　　间	2014 年 3 月 15 至 18 日
地　　点	武汉实验外国语学校
主　　办	国际交流基金会北京日本文化中心 人民教育出版社课程教材研究所
主　　题	培养阅读理解能力
参加人数	49（41 所学校）

通过听取讲座、模拟教学、研制教案、观摩课程、教学研讨等一系列活动，参加培训的老师认真研讨了如何提高学生的阅读理解能力这一问题，通过工作坊等形式，与不同学校的同行们广泛交流，获得了很多收获。本次研修引入了"研修档案袋"的模式，促进参加研修的老师们每天作详细的反思，重新审视自己在培养学生阅读理解方面的教学设计，并与今后的研究课题联系起来。

2）新教材的体验

2014 年 4 月 12 至 13 日，由中国教育学会外语教学专业委员会与日本国际交流基金会北京日本文化中心、日本国际文化交流财团在上海举办了"国际化人才的培养与多语种教育——从日语教育探索可行性研讨会"。其中专门为参加本次研讨的日语教师举办了以新教材体验为主题的专题讲座。

3）2014 年夏季全国中等日本语教师研修会

时间：2014 年 7 月 31 日至 8 月 3 日

地点：人民教育出版社（北京市）

主办：国际交流基金北京日本文化中心、人民教育出版社课程教材研究所

主题：以活动教学促能力发展

参加人数：57（44 所学校）

4）教师研修活动：采访当地的日本人

2014 年 9 月 11 至 13 日，在"中等日语课程设置校工作研究会第四届年会"召开期间，该研究会与日本国际文化交流财团在西安外国语大学附属西安外国语学校组织了课题型培训研修活动——采访当地的日本人。

本次培训的主要目的是通过制定采访方案、实施采访、汇报采访情况（分彩排和实际汇报两个阶段），让教师体会课题型学习、合作学习以及评价之间的关系。作者应邀全程参加了研修的过程，并作为讲座教师之一，为教师们作了《教学中的对话与对话中的教学——从探究性学习与协作学习说起》和《目标、过程与评价》两场报告，最后以"感想与分享"为题对整个采访汇报活动作了总结。

从以上教师研修的内容与过程来看，每次研修的内容更加凝练、具体，全部都采用了体验式来展开，关注在研修过程中，教师自身对探究、合作、说课、评课、评价等方面的体验与积累，比起前几年的以听讲座为主、以语言为中心的讲座内容，有了很大的改变。而参加研修的教师，也从一开始不太愿意参与这些活动，到能够积极参与、主动思考。不少中学教师说，经过这些体验型的研修，进一步理解了课程标准所提倡的各个理念，也能进一步主动地在课堂教学中去落实这些理念了。

2. 中学将日语作为第二外语开设的情况

在《2012 中国外语教育年度报告》的"中小学日语"一节中，我们已经

介绍过中学将日语作为第二外语开设的情况。北京日本文化中心的调查[2]（截至 2013 年 3 月）显示，在全国开设日语课程的中小学已经增至 80 所。随着日语二外教材的发行以及教师进修等相关措施的完善，今后开设日语二外课程的学校有望继续增加。以下是其中六所学校的具体开设情况。

表 3.5　六所学校的日语二外课程开设情况

北京市北外附属外国语学校 初一、二年级 /1 周 1 节 高一、二年级 /1 周 1 节	教学目标：1）外语教育是我校特色。2）为了丰富学生生活，拓展这生视野。 教科书：《艾琳学日语》、自编教材 开设形式等特色：选修课
长春市十一高中 高一年级 /1 周 1 节	教学目标："生活日语"——掌握简单的日常会话，听懂、能表达简单的生活常用语，了解日本文化、资讯。 教科书：《好朋友》 开设理由：作为校本资源之一开设。 开设形式等特色:社团活动，学生最多时为 200 人。
哈尔滨萧红中学 初一年级 /1 周 1 节	教学目标：学习简单的日语知识以期达到学生对日本风俗习惯、文明礼仪和文化教育了解的目标。 教科书：《好朋友》 开设理由：开拓学生视野，培养国际化人才。 开设形式等特色：社团活动，黑龙江大学日语系 4 年级学生作为志愿者承担指导任务。
大连市第七十六中学 初一年级 /1 周 1 节	教学目标：1）通过学习日语加深对日语及日本文化的亲近感。2）具备用简单的日语进行日常生活的基本交际能力。3）培养学生学习日语的能力及思考能力。4）丰富学生的兴趣、张扬学生个性。5）奠定学生学习日语生涯的基础。6）培养学生尊重多元文化、理解他人的态度。 教科书：《好朋友》 开设理由：提高学生国际视野，培养学生国际意识，了解日本文化。 开设形式等特色：必修课，初一全体学生必须学习二外日语。

（待续）

（续表）

临海市新时代学校 高二、三年级 /1 周 3 节	教学目标：考国际能力日语和商务考试等级，参加高考。 教科书：《高中日语》（人教版） 开设理由：学生当中有一部分英语较差，转学日语。
上海市东辉职业学校 高一年级 /1 周 2 节或 4 节 高二年级 /1 周 2 节	教学目标：掌握基本日常用语。 教科书：《标准日本语》、自编 开设理由：专业、就业需要，拓宽视野。 开设形式等特色：选修课

3. 围绕高考等新政的不安

随着 2014 年 9 月 3 日《国务院关于深化考试招生制度改革的实施意见》的颁布，一系列改革方案出台，如"2014 年启动考试招生制度改革试点，2017 年全面推进，到 2020 年基本建立中国特色现代教育考试招生制度"，"2014 年出台完善高中学业水平考试的指导意见"，"2014 年出台规范高中学生综合素质评价的指导意见"，"2014 年底出台进一步减少和规范高考加分项目和分值的意见"，"2014 年上海市、浙江省分别出台高考综合改革试点方案，从 2014 年秋季新入学的高中一年级学生开始实施"，"2015 年起增加使用全国统一命题试卷的省份"，"2015 年起推行自主招生安排在全国统一高考后进行"，"保持统一高考的语文、数学、外语科目不变、分值不变，不分文理科，外语科目提供两次考试机会。计入总成绩的高中学业水平考试科目，由考生根据报考高校要求和自身特长，在思想政治、历史、地理、物理、化学、生物等科目中自主选择"[3]，这种种改革方案让人在期许的同时又感到几许不安。

其一，考试次数的增加是否会在实际上增加学生的负担。因为如果存在两次考试的机会，估计能十分有把握地认为自己第一次的考试成绩就足够应对升学的考生人数不会太多。换言之，对于外语科目增至两次考试机会对学校的教学、学生的学习、家长的心态的影响及对策等，教师心中没底。

其二，新的高考内容与要求会在多大范围、程度上发生变化，教师心中没底。

其三，上海与浙江先行试点，命题是上海和浙江自行命题还是使用全国卷，心中没底。因为既然是试点，全国卷未必提供给这两个省份，但是如果是这两个省份自行命题，是否能保证与以往的全国卷保持一致。高考题的难易程度，决定着考生成绩的升降。对此，处于试点区的教师心中没底。

其四，随着2014年3月30日《教育部关于全面深化课程改革落实立德树人根本任务的意见》的颁布，教师们得知"教育部将组织研究提出各学段学生发展核心素养体系"，"研究制订中小学各学科学业质量标准和高等学校相关学科专业类教学质量国家标准"，"教育部将在总体设计的基础上，先行启动普通高中课程修订工作。合理确定必修、选修课时比例，打牢学生终身发展的基础，增加学生选择学习的机会，满足持续发展、个性发展需要"，"编写、修订高校和中小学相关学科教材。教材编写、修订要依据课程标准和教学大纲等要求，加强各学段教材上下衔接、横向配合。要优化教材内容。将社会主义核心价值观的基本内容写入德育等相关学科教材中，渗透到其他学科教材中。进一步提炼和精选学生全面发展和终身发展必备的、最基本的知识内容，做到容量适当、难易适度，避免内容偏多、偏深。要创新呈现形式，根据学生年龄特点，密切联系学生生活经验，设计教材内容的呈现和编排方式，使之更加生动、新颖、活泼，增强对学生的吸引力"[4]，那么课标、教材、学业水平测试、高考将会发生什么变化、在多大程度上发生变化，教师心中没底。

4. 中学日语教师论文的发表情况

为了了解中学日语教师的科研情况，笔者通过中国知网（CNKI），以"中学日语"为关键词，在"篇名"的条件上搜索。为了对比，同时以"中学英语"为关键词组进行了同样的搜索。对比结果如下：

表3.6 "中学日语"与"中学英语"相关科研搜索结果对比

以"中学日语"为关键词的查询结果		以"中学英语"为关键词的查询结果	
2015 (1)	2014 (3)	2015 (63)	2014 (1009)
2013 (2)	2012 (1)	2013 (1052)	2012 (1345)

（待续）

（续表）

以"中学日语"为关键词的查询结果	以"中学英语"为关键词的查询结果
2011 (3)　　2010 (1) 2009 (1)　　2008 (2) 2006 (1)　　2005 (1) 2003 (2)　　2002 (2) 2001 (2)　　1996 (3) 1995 (1)　　1992 (1) 1991 (3)　　1990 (2) 1989 (2)　　1988 (1) 1985 (1)　　1984 (5) 1983 (3)	2011 (1294)　　2010 (965) 2009 (905)　　2008 (676) 2007 (595)　　2006 (400) 2005 (316)　　2004 (270) 2003 (251)　　2002 (192) 2001 (146)　　2000 (117) 1999 (102)　　1998 (73) 1997 (45)　　1996 (56) 1995 (52)　　1994 (48) 1993 (24)　　1992 (29) 1991 (18)　　1990 (34) 1989 (32)　　1988 (26) 1987 (37)　　1986 (21) 1985 (20)　　1984 (18) 1983 (19)

以"小学日语"为关键词找到两篇，以"中小学日语"为关键词找到一篇。这里摘出近几年文章的篇名，包括查到的小学内容。

表 3.7 "中小学日语"相关论文选摘

题名	作者	来源	发表时间	数据库
做中学、学中乐、乐中教——中职日语教学策略探究	李天晓	科学中国人	2015-02-15	期刊
浅析中学日语教学中进行文化导入的有效策略	赵倩	学周刊	2014-08-05	期刊
浅谈中学日语教学的校本化策略	姜丹	现代企业教育	2014-07-28	期刊
提高中学日语课堂教学效率的方法	赵蒙	教师博览（科研版）	2013-03-20	期刊

（待续）

（续表）

题名	作者	来源	发表时间	数据库
CDIO 教育理念中的"学中做，做中学"在商务日语教学中的应用	李义楠	课程教育研究	2013-08-25	期刊
关于中学日语教材实用性改革的几点看法	孟珍琦	成功（教育）	2012-04-08	期刊
如何进行黑龙江省的小学日语教学实验	张石焕	黑龙江教育学院学报	2004-12-25	期刊
浅谈小学日语兴趣教学	阎丽英；方德文	大连教育学院学报	1995-08-15	期刊
我市中小学日语教育呈健康推进态势	于洪全	大连日报	2008-07-28	报纸

从以上结果，可以初步看出如下几个情况：

第一，主流的外语刊物几乎没有刊登中小学日语教师的文章；第二，在本次数据库搜索条件下，以"中学日语"、"小学日语"、"中小学日语"为篇名关键词的论文只停留在个位数上；第三，从论文题目来看，所涉及的领域和所探讨的深度有限。诚然，一线日语教师发表论文有很多十分现实的困难。比如，不像英语有良好的团队引领科研和教学研究，可以发表论文的空间也有限。而这些恰恰是需要予以关注的。

三、招生及毕业情况

《2013 中国外语教育年度报告》中"中小学日语"一节中，通过江苏省宿迁青华中学的相关报道，以展示在招生和毕业方面的情况。今年，通过在网上查找到的部分中学的招生简章来透视一下中学日语的招生及毕业情况。

表 3.8 部分中学日语班招生简章选读

学校名称	班级	录取	毕业走向	成效
北京月坛中学 北京市唯一一所以日语为第一外语的公立完全中学。	从初一到初三全程开设日语，英语为必选课。	月坛中学日语班实行校级范围的特色自主招生，通过对自愿报名学习日语的学生进行综合评价的方式择优录取。评价依据：学生要有较强的语言表达能力，要有较高的文明素养和良好的行为习惯，参考小学四、五、六年级综合评价手册相关内容，根据 2014 年招生计划确定录取名单。	学校每年大学上线率达到 100%，本科率达到 85%，重点率超过 50%。国内高考分别考取了多所重点大学；留学日本的分别考取了知名高等学府。	十二个项目成就每一个学生。例举其中几项：(1) 2009 开始实施的教育部公派留学项目，每年 4 个公费留学名额。(2) 2009 开始"中日小大使"交流项目，每年选派 8—10 人参加高规格交流访问。(3) 2008 开始中日青少年夏令营项目，每年都选派部分优秀师生参加。(4) 2008 年 12 月与日本城西国际大学签订的"3+4+1"高大一体化直通车留学项目和骨干教师培训项目。(5) 2012 年 5 月与日本佐野日大高校签订的民宿交流项目，佐野日本大学高等学校于 2012 年 6 月开设了第一个民间汉语班。

（待续）

（续表）

学校名称	班级	录取	毕业走向	成效
镇江市实验高级中学 江苏首批、全市唯一被授权具备高中日语课程教育的学校。	1个日语课程班 该班将日本大学升学预科课程搬到国内，旨在为学生提供优质的日语教育资源，为具有成才抱负的学生开辟安全、便利、经济的日本留学通道和国内小语种升学新渠道	单独划定录取分数线，在自愿报名及面试合格的基础上根据中考文化成绩由高到低择优录取，其中录取总人数的前50%享受统招生待遇	主要选择赴日本留学，同等成绩更易录取日本一流大学，江苏卓越日语专修学院负责推荐院校和办理全部留学手续，可升入日本具有博士授予权的本一类大学（专业任选），现有近40所正规院校可供选择，毕业后既可在日本就业，也可回国供职于日资企业。 与学英语的高中生一样毕业后参加高考，外语考日语，可以报考国内相应院校，比考英语更容易获得高分。	近三届"日语课程班"有176名同学已顺利进入日本具有博士授予权的本一类大学留学，并获得30%至80%的学费减免，有部分同学还参加日本高考进入著名院校深造，许多同学经过4至5个月的适应，通过申请奖学金和勤工俭学已经不再需要家庭给予学费及生活费资助
滕州实验高级中学	日语教学部是2004年由省教育厅和市教育局批准，实施国家新课改的实验班。根据国家教育部普通高中课改规定，市级以上有条件的中学可开展除英语之外的多语种教学。	招生条件：身心健康、热爱学习的应届初中毕业生（不受已填报志愿限制）。 录取方法：经面试合格后，注册入学；面试内容和录取分数线由日语部统一制定。	日语班用日语代替英语，把日语作为主修的外语科目。高考法定语种（英、俄、德、日、法、西班牙语）都由教育部统一修订教学大纲、高考统一命题，并且试卷分值全部相同。更好地为那些英语弱势的同学开辟了通向大学的新航道。	十年来取得了显著的教学成果，受到了家长和社会的一致好评。在2013年高考中，本科过线率高达55%，全员顺利就读各类高等院校，其中不乏北京工业、山东政法、山东理工、曲阜师范和沈阳大学等知名院校。好成绩的取得，不仅得益于将弱科英语换成日语，更得益于特有的管理模式、特色的教学方式和教职员工的辛勤付出。

从以上尚不完整的信息中，我们似乎可以把中学日语班的招收分为三类：第一类，如北京月坛中学、上海甘泉外国语中学这样少数完全中学；第二类，直接以将日语班的学生通过直通车的方式送到日本就读大学为目标；第三类，招收从高中开始学习日语的学生，目标是突击日语，迎接高考。第三类的考生，大多是英语学习成绩不理想，家长、教师及考生本人希望借助高考中对非英语科目的一些"照顾"，力争考取更好的大学。

三、学术活动

2014 年，以中学教师为主要对象的全国性学术活动大致有两个。下面分别予以简述。

1. 国际化人才的培养与多语种教育——从日语教育探索可行性

中小学开设多语种课程，得到教育部的高度重视。2014 年 6 月 16 日，德语、法语、西班牙语课程标准研制工作启动会在北京召开。德语、法语、西班牙语课程标准研制组全体人员以及北京外国语大学相关领导参加了会议。英语、日语课程标准组核心成员、北京师范大学王蔷教授和林洪教授分别介绍了英语和日语课程标准研制的过程与经验，并就标准研制中相关问题解答了与会专家的提问 [5]。由此可见，在基础教育阶段开设多语种课程，已经进入实施阶段了。在这样的大背景下，"中学开设多语种课程的进程中也确实存在着一定的问题，如政策保护、观念认同、师资、教材、语言环境、教学资源、教学方法、教学评价、高考命题等方面都缺少人数的专业化研究" [6]。为此，中国教育学会外语教学专业委员会联合日本国际交流基金会北京日本文化中心、日本国际文化交流财团召开了一次以多语种教育为主题的研讨会，会议情况见下表。

表 3.9 多语种教育主题研讨会概况

时 间	2014 年 4 月 12 日
地 点	上海君丽大酒店

（待续）

（续表）

主　办	中国教育学会外语教学专业委员会 日本国际交流基金会北京日本文化中心 日本国际文化交流中心（国际文化フォーラム）
主　题	国际化人才的培养与多语种教育——从日语教育探索可行性
参加人数	120
开幕式	主持人 长江春子（日本国际文化交流财团副主任） 嘉宾致词 何锋（中国教育学会外语教学专业委员会副理事长） 吉川竹二（北京日本文化中心主任）
主旨演讲	林游岚（全美中小学中文教师协会执行长） 培养二十一世纪国际化人才必备之核心教育
专题讨论	主持人 徐一平（北京外国语大学教授、北京日本学研究中心主任） 嘉宾演讲 1）胡玉华（日本北九州市立大学外语学院中文科教授） 《"英语+1"——从汉语教育的现状看日本外语教育的动态》 2）唐磊（课程教材研究所日语课程教材研究开发中心教授） 《关于国际化人才培养和多语种外语课程设置的思考》 3）王崇梁（日本国际交流基金会日语国际中心专任讲师） 《第二外语日语的具体教学情况和存在的问题》 4）刘国华（上海甘泉外国语中学校长、上海市特级校长） 《感民族情怀，拓国际视野》
专题演讲	王崇梁（日本国际交流基金会日语国际中心专任讲师） 《支援二外日语教育的体制、基础资源》
闭幕式	水口景子（日本国际文化交流财团事务局长）总结发言

2. 探索自主教学模式、育国际化创新型人才——第四届中等日语课程设置校工作研究会年会

2014年9月11至15日，中等日语课程设置校工作研究会在西安外国语大

学附属西安外国语学校举办了第四届年会，会议主题为"探索自主教学模式，育国际化创新型人才"。各校领导及日语教师约 50 人参加了本次年会。中等日语设置校工作研究会会长刘国华、秘书长张国强、日本国际文化交流中心事务局长水口景子、副主任长江春子，卡西欧贸易有限公司电子词典营业统辖部部长中村理惠，外语教学与研究出版社综合语种出版分社社长薛豹，西安外国语学校校长张怀斌及来自全国近 50 所学校的校长及教师代表参加了会议。

中等日语课程设置校工作研究会是全国部分开设日语的中等学校组成的学术团体。本次年会承接了前三次活动的宗旨和精神，实现了各校在日语教学中的经验总结分享，为日语教学的深入开展奠定了坚实的基础。本次年会分为两个部分。9 月 11 至 13 日，日语教师参加中日专家组织的课题型培训，外出采访生活在西安的日本人，然后汇报培训成果。9 月 14 日，年会正式召开。开幕式由主办学校主管中学副校长崔平主持，张怀斌校长、研究会会长刘国华及水口景子分别致辞，随后，张怀斌校长作了题为《关于探索外语多语种教学模式，为培养创新型国际化人才奠基》的主题报告。报告通过"构建多语种课程体系，彰显外语特色"、"开展广泛的国际合作交流，为学生搭建国际交流平台"、"以特色活动为载体，促进学生综合素质的全面提升"、"坚持'专家引领、系统培养'，培育具有国际化服务能力的师资队伍"、"加强校园建设，营造国际化的校园气氛"七个部分，介绍了西安外国语学校多元化培养模式、多语种课程体系以及外语自主教学模式。上海市东辉职业技术学校的曾敏作了题为《构建中职日语人才培养系统，提高日语课堂教学质量》的发言。在谈到亟待解决的问题时，曾敏指出"日语教研活动要常态化"、"贴近职业教育的教法和学法要进一步研究"、"体现职业教育特点的课程设置要进一步完善"等三个方面的解决思路。接着，西安外国语学校的索莉虹和黄冈外国语学校陈凤分别展示了两节公开课。课堂上教师与学生的默契配合以及环环相扣的教学设计赢得了与会代表的阵阵掌声。通过观摩课堂，与会代表们对西安外国语学校的教学模式有了更加深入的了解。下午，参会代表围绕主题展开交流、讨论，秘书处通报讨论结果，最后会长总结。

本次年会的召开为中等日语课程设置校会员学校搭建校际交流的平台，交流日语教学与管理的经验，促进学校日语教学的创新和发展，共同提高中等日语教学水平提供了契机，促进了会员校日语教学的进一步发展，使西安外国语学校的多语种教学模式得以推广。

四、主要赛事

1. 2014《艾琳学日语》教案评比大赛 [7]

表 3.10   2014《艾琳日语》教案评比大赛概况

主办	北京日本文化中心（日本国际交流基金会）
参赛资格	中国中等教育机构的中国人日语教师 ※ 平时教学中未使用《艾琳学日语》者也可参加。
参赛日期	2014 年 8 月 4 日（周一）—8 月 31 日（周日）
评委	北京日本文化中心（日本国际交流基金会）日语教育专家 人民教育出版社课程教材研究所日语课程教材研究开发中心
协办	日本国家旅游局北京办事处（提供日本观光海报）

2014 年《艾琳学日语》教案评比大赛收到了来自全国各地的众多参赛作品。经过北京日本文化中心的专家和人民教育出版社的编辑共同评审，最后评出 1 名最佳教案奖，2 名优秀奖和 13 名鼓励奖。北京日本文化中心将邀请最佳教案奖获得者参加 2015 年春季全国中学日语教师研修会。同时，请获奖教师录制实际授课视频，并在研修会上发表。

2. 2014 全国高中生日语演讲大赛

由中日青年交流中心与日本特定非营利活动法人亲权代行教育机构主办，北京国际青年研修学院（中日青年交流中心教育研修部）与株式会社 Iware JOBA 负责承办的 2014 全国高中生日语演讲大赛总决赛于 5 月 31 日在中日青年交流中心举行。本项大赛是自 2010 年起连续举办的第五届。2014 年 4 月 26 日，2014 全国高中生日语演讲大赛在黑龙江省哈尔滨市朝鲜族一中拉开帷幕，本次比赛是该项赛事的东北地区预赛。本次大赛云集了来自黑龙江、吉林、辽宁等三个省市 9 所高中的 16 名选手。参赛选手根据主题准备内容 3 分钟的演讲并回答评委的提问。经过激烈角逐，最终由来自长春外国语学校、东北育才外国语学校的 5 名选手胜出，参加在北京举行的全国总决赛[8]。

5 月 31 日，由中日青年交流中心和日本 NPO 亲权代行教育机构共同主办的第五届全国高中生日语演讲大赛总决赛暨第 19 届日本海外高中生日语演讲大赛（中国赛区）在北京世纪剧院举行。从东北、华北、华中南、华东四个预赛区的选拔中脱颖而出的 20 名选手参加了当日的总决赛。他们首先以"文化的差异"为题，每人完成限时三分钟的演讲，随后现场回答由评审委员提出的两个问题。经过紧张激烈的角逐，来自上海甘泉外国语中学的高二学生朱徐为和辽宁省东北育才学校的高三学生汪芷涵获得一等奖。中日交流中心副主任房恩在开幕式致辞时说，"语言既是文化传播的主要载体，又是文化的重要组成部分。通过日语比赛这样一种形式，激发同学们对日语学习的兴趣，让我们中国更多的青年学生从多方面多角度去认识日本、了解日本，进一步理解日本的社会和文化，从而促进中日两国青年以及两国人民的世代友好，为亚洲乃至世界的和平与稳定作出努力，这也正是我们今天举办日语演讲大赛的目的所在。"[9]

3. 大连第 25 届"佳能杯"日语演讲比赛决赛

2014 年 6 月 13 日，由佳能大连办公设备有限公司与大连市人民对外友好协会联合举办的第 25 届"佳能杯"日语演讲比赛决赛在大连富丽华酒店举行。大连市副市长曲晓飞出席并致辞，而作为这项赛事的主办单位代表，中国日本友好协会副会长王秀云、大连市人民对外友好协会会长李永金、佳能股份有限公司副总裁田中稔三、佳能亚洲营销集团总代表小泽秀树以及佳能大连办公设备有限公司董事长金子惠一出席了决赛。本次比赛自 3 月报名开始以来共吸引了 12,000 余人报名参加。经过激烈角逐，最终高校日语专业学生组、高校非日语专业学生组、社会组、高中学生组、初中学生组、小学生组共 18 名选手脱颖而出入围决赛。决赛时每位选手当场抽取自己的演讲主题，准备 30 分钟后进行即席演讲，再由评委组从内容、发音、仪态等角度综合评分。最终每个组各决出一等奖 1 名，二等奖 2 名。

[1] 资料来源：http://ncct.gov.cn/2014/workDynamicStateCurr_1210/3420.html（2015 年 3 月 15 日读取）。

[2] 资料来源：http://www.jpfbj.cn/down/2014/guojihua.pdf（2015 年 3 月 15 日读取）。

[3] 资料来源：http://www.gov.cn/zhengce/content/2014-09/04/content_9065.htm（2015 年 3 月 15 日读取）。

[4] 资料来源：http://www.moe.edu.cn/publicfiles/business/htmlfiles/moe/s7054/201404/167226.html（2015 年 3 月 15 日读取）。

[5] 资料来源：http://ncct.gov.cn/2014/workDynamicStateCurr_0707/2760.html（2015 年 3 月 15 日读取）。

[6] 张国强，2014，中日合作举办外语教育高端论坛——国际化人才的培养与多语种教育 [J]，《中等日语教育研究》16。

[7] 资料来源：http://www.jpfbj.cn/newsE95.asp（2015 年 3 月 15 日读取）。

[8] 资料来源：http://www.iyu.com.cn/NewShow.asp?Newid=91（2015 年 3 月 15 日读取）。

[9] 资料来源：http://japan.xinhuanet.com/2014-06/03/c_133379691.htm（2015 年 3 月 15 日读取）。

第四章　社会外语教育

第一节　社会外语培训[1]

一、社会外语培训机构

培训机构是指社会组织、个人和中外合作办学机构，利用非国家财政性教育经费，依照相关的法律法规，面向社会举办各种教育培训活动的办学组织。按培训主体划分，外语培训机构可分成4类，不同培训机构的培训主体及其特点见表4.1。

表 4.1　社会外语培训机构按其培训主体的分类及其特点[1]

培训主体	主要培训内容和方向
民办外语培训机构	各种层次各种语言的培训
高校下属培训机构	外语考试和能力辅导、考研辅导、成人高考辅导、学历考试辅导、高层研修等
社会媒体外语培训机构	各层次外语论坛、电视沙龙等
境外培训机构	出国咨询管理、各种境外职业资格认证等

1. 社会外语培训机构十强简介

据2014年腾讯教育、新浪教育及网易教育举行的社会教育行业（包括社会外语培训行业）年度盛典，参考网友的投票及业内专家的评价，以下十强社会外语培训机构[2]（排名不分先后）备受社会各界的关注。

1）新东方教育科技集团

新东方教育科技集团，创立于1993年。集团以语言培训为核心，拥有短

1　本节作者：裘晨晖，北京外国语大学。

期语言培训系统、职业教育系统、基础教育系统、文化传播系统、科技产业系统、咨询服务系统、发展研究系统等多个发展平台，是一家集教育培训、教育产品研发、教育服务等于一体的大型综合性教育科技集团。截至 2014 年 5 月 31 日，新东方已经在全国 50 座城市设立了 56 所学校、31 家书店以及 703 家学习中心，累计面授学员近 2,000 万人次。该集团下的培训学校业务包括泡泡少儿教育、优能中学教育、大学生考试培训、留学考试培训、英语培训和国际游学（出国夏 / 冬令营）。除了不同层次的英语培训外，其他语种包括德语、法语、日语、韩语、西班牙语和意大利语。

2）EF 英孚教育

EF 英孚教育创立于 1965 年，是全球最大的私人英语教育机构。旗下有 10 个下属机构及非盈利性组织，主要致力于语言学习、留学旅游及学位课程等方面。如今，EF 英孚教育已遍布全球 52 个国家，拥有 1,500 多万学员，员工和培训师多达 37,000 多人。英孚教育的一大特色是针对不同年龄阶段的学员开设不同课程。如儿童英语课程（包括 3—6 岁、7—9 岁）、青少年英语课程（包括 10—13 岁、14—18 岁）、成人英语课程（18 岁以上）、在线英语课堂（18 岁以上）、企业英语培训（18 岁以上）和出国留学 / 游学（所有年龄段）。

3）华尔街英语

华尔街英语于 1972 年创立于欧洲，是一家全球性的面向成人和企业客户的英语培训机构。自创建以来，华尔街英语已在全球 28 个国家和地区拥有逾 460 家中心，帮助全球 200 多万名学员成功提升英语能力。从 2000 年开始，华尔街英语进入中国市场。目前已在北京、上海、广州、深圳、天津、青岛、杭州、南京、佛山、无锡、苏州开设了 60 余家学习中心。华尔街英语以"多元法"为特色，旨在提高外语教学效率。其课程设置包括四大块：英语入门、英语在线、高级英语和商务英语。

4）韦博国际英语

韦博国际英语于 1998 年成立，是韦博教育旗下的高端英语培训机构。目前已在中国 50 多个城市开设了 140 多所英语培训中心，是全国最具规模的英语培训机构之一。作为语言培训的专业机构，韦博国际英语倡导"多元学习法"，并提供真实的英语母语环境，以促进英语学习的有效性。其英语培训课程包括商务英语、职场英语、英语口语、零基础英语、旅游英语、企业英语团训、开心豆少儿英语。

5）环球雅思

环球雅思学校成立于 2001 年，现在 119 个城市有从事外语和职业教育培训的连锁学校 351 家以及 156 所环球灵童少儿英语连锁学校。每年培训 60 万学员人次，是全国最大的雅思培训机构。2011 年，环球雅思被英国培生集团全资收购，实现了国际化升级。环球雅思学校主营雅思、托福培训、出国留学、国际游学、语言培训、图书出版等业务。

6）美联英语

美联英语创立于 2006 年，是全球体验式英语培训的领先品牌。目前已在全国开设直营培训中心 70 多家，覆盖 11 个省份、19 个城市，于纽约、北京、深圳三地分设总部，精英团队拥有 3,000 余人，其中教学、研发团队近千人。美联提供实用英语、海外考试培训、留学咨询、在线英语四大类产品，满足成人及青少年的各类英语学习需求。截至 2014 年底，美联学员遍布全球已近 20万人。美联课程包括成人零基础、商务英语、英语口语、青少年英语、行业英语、面试英语、托福培训、雅思培训、ACT 培训。

7）朗格教育集团

上海朗阁教育集团组建于 2005 年 6 月，前身为 1999 年 7 月成立的上海卢湾区朗阁进修学校。经过九年的发展，朗阁从当初上海的一个教学校区发展到在上海、北京、广州、杭州等地拥有 40 多个机构及培训中心，形成以华东为重点，辐射全国省会城市、覆盖全国中小城市、遍及海外的大型教育集团。目前朗阁教育集团拥有多个知名的教育品牌及机构（朗阁培训中心、欧风培训中心、朗朗国际少儿英语、朗阁教育投资咨询有限公司、朗阁国际出国留学、Learning365），每年学员数量达 80,000 人左右。经营范围也从单一的英语雅思教学，拓展到朗阁（雅思、托福、外教口语、全日制英语、成人英语、企业英语培训）、欧风（法语、德语、西班牙语、意大利语）、少儿英语、出国留学咨询、网络英语等领域，形成了完善的产品系列。

8）新航道国际教育集团

新航道国际教育集团是由中国英语培训界著名领军人物、英语教育专家胡敏教授率领一批国内外语言培训界精英及专家学者共同创办，美国国际数据集团（IDG）和全球著名的教育培训机构美国 Kaplan 国际教育集团参与战略投资的国际化语言教育机构。下辖教育文化发展公司、培训学校、留学服务中心、学得快个性化学习中心、各省分校等 30 多家机构，合作单位包括北京大学、中国人民大学、外交学院、教育部高等教育出版社等著名学府和学术机构。业务领域涉及英语培训、图书、少儿英语、国际游学和留学五大领域。

9）51Talk 无忧英语

无忧英语成立于 2011 年，是一家网络英语学校。51Talk 为国内英语学习者提供与远在国外的外教一对一的在线视频课程。51Talk 课程分主修课、专业课和选修课三类。主修课使用 51Talk 经典英语教材，匹配 25 分钟的外教一对一在线课堂。专业课适合有专业的英语学习需求或考试的学员。选修课则供学员们根据自身兴趣自主选择，以拓宽知识面，让英语学习更有趣。

10）昂立英语

昂立英语，创办于 1991 年，隶属于上海昂立教育集团，是目前上海最大、全国知名的非学历教育培训机构。该机构致力于建立完整的终生教育产业链。目前已经建成了面向全国青少年提供英语培训的昂立国际教育、世纪昂立幼儿园、昂立进修学院、昂立国际英语、昂立出国留学、昂立 MINI-MBA 管理培训等多元化的培训网络。昂立外语课程体系包括新课程、新概念英语、基础口译、中高级口译、中考英语、高考英语、托福、雅思等。

2. 社会外语培训机构分类及其特点

表 4.1 中提及了社会外语培训机构的分类及其特点，但纵观当前社会外语培训机构的介绍及侧重点，民办外语培训机构在外语培训市场占较大比例。依

据年度盛典中对民办机构的相关介绍，民办外语培训机构更适合按培训对象及其特点分类 [1] [2]。以社会英语培训机构为例，第一类是少儿英语培训机构，其培训对象多为 3—12 岁的儿童。2014 年腾讯网教育和新浪教育评选出最受欢迎的少儿英语品牌包括泡泡少儿英语、英孚教育少儿英语、迪士尼英语、爱贝国际少儿英语、开心豆少儿英语、LILY 英语等。这类机构培养儿童英语学习兴趣的同时，也关注儿童们在成长过程中说英语的自信。以泡泡少儿英语为例，其教学特点是寓乐于学，让孩子"玩中学，学中玩"。第二类是课外英语辅导类培训，其培训对象多为青少年。这类培训多与学生在学校中所学英语相辅相成，如一对一课后作业辅导、新概念英语培训，或者和中考、高考、自考等升学考试相关的考试类培训；第三类是以成人为主，对不同领域的专业化人士所进行的职业英语培训。这类培训包括金融英语、商务英语、IT 英语、旅游英语和酒店英语等；第四类是和出国留学相关的英语培训，如雅思、托福、SAT、SSAT、GRE、GMAT、PTE 等出国考试培训。除了以英语为主的培训机构，其他语种机构如阳光西班牙语、韩通教育也备受社会各界人士的青睐。在 2014 网易教育"教育有态度"金翼奖年度大选中，这两家机构均被评为"2014 年度最具影响力外语培训品牌"。

3. 社会外语培训机构新举措

随着国内"英语成为社会化考试"政策的制定，"大数据"时代的到来，"慕课"、"翻转课堂"、"网易公开课"等一系列在线课堂的盛行，国内的外语教育正进行着一场变革。为了实现这一转型，2014 年，各大社会外语培训机构纷纷提出了新举措。其新举措主要体现在三方面：教学理念、授课方式和师资培训。

在教学理念方面，英语培训倡导实现从注重成绩到培养 21 世纪全能型人才的转变，以切实提高学生的英语实用能力。传统的语言教学更多地注重语言知识和语言技能的学习，较少体现语言在实际的文化和学科背景下的运用。而如今，英语作为国际通用语，伴随着国内的公司不断走出国门拓展海外业务，及大批外资公司的不断登陆，用人单位对英语人才的需求越来越高，一些知名国际化企业对于求职人员英语能力的要求日趋全能应用型。为了实现这种转型，培生教育提出了"BIG ENGLISH"。基于美国在 2003 年提出的"21 世纪能力框架"，培生提出了课程标准的五个维度：学习策略、情感态度、文化意识、语言知识、语言技能。在培生教育看来，21 世纪的教育，不仅包括传统教育科目，如阅读、写作、算术等，更应注重适应现代社会的主题，如全球化意识、金融 / 经济、健康与环境保护等 [3]。

在授课方式方面，在线教育是当前社会外语培训机构实现教学方式改变的重要手段之一。据《北京晚报》报道，2013 年，中小学课外辅导行业规模达 2,000 亿人民币，中国人每年花费 300 亿学英语，在这组数字中，在线教育的参与率已经达到 39%。随着网络时代的到来，学习也从传统的面对面教授向"在线"方式转移 [4]。以智课网为例，作为中国权威的出国考试线上学习平台，智课网集结了中国托福、雅思、SAT、GRE、GMAT 五大出国考试的各科权威教学专家和来自哈佛、耶鲁等世界名校的全职教学内容研发专家。他们凭借创新的技术运用和系统的知识切片研发理念，为用户提供优质的在线课程及学习管理服务。譬如，智课网倡导"3 分学、3 分练、4 分管"的学习方案，来促进学生的有效学习。此外，有报道指出，与传统线下培训"固定时间、固定地点、固定节奏、模糊师资"的学习限制相比，在寒、暑假通过在线学习名师课程将成为新选择 [5]。

在师资培训方面，民办教育已意识到优质师资力量的重要性。近年来，我国民办英语教育呈现教程、教法、师资国际化的显著特征，为公立学校英语教学提供有益补充，同时也对民办机构教师的专业化水平提出更高要求。为了达到这一要求，在 2014 年 8 月 28 日，北京外国语大学民办培训教育外语教师培训基地（以下简称"教师培训基地"）正式成立。教师培训基地由中国民办教育协会培训教育专业委员会（简称"中培委"）和外研社共同主办。该教师培训基地将集中外研社和中培委在英语教育专业、认证咨询方面的优势资源，引领民办英语教育的专业化发展 [6]。

二、社会外语培训行业

1. 社会外语培训行业发展特点

鉴于新浪教育、搜狐教育、腾讯教育及 21 世纪英语网等网络媒体对社会外语培训行业的报道,2014 年社会外语培训行业发展主要围绕以下七方面展开:在线教育、少儿英语、外教市场、出国留学、英语竞赛及研讨会、师资力量、高考英语。

1)在线教育

艾瑞咨询调研数据显示,2013 年职业在线教育颇受用户青睐,用户占比高达 38.6%。语言培训紧随其后,用户占比为 13.7%。公开课和高等学历在线教育的用户占比排第三位,为 13% [7]。2014 年,外语类在线教育颇受社会各界关注。从年初的 VIPABC 获得阿里、淡马锡和启明的一亿美元投资,到 51Talk 无忧英语获得红杉领投的 5,000 多万美元投资,真人外教在线一对一授课的模式已经得到了投资人的认可。此外,在移动 App 方面,扇贝、百词斩、英语流利说等 App 颇受欢迎。移动端的碎片化学习和 PC/Web 端的真人 / 沉浸式教学是 2014 年外语类在线教育的两大主题 [8]。然而,根据 2014 年搜狐教育年度消费者调查报告显示,42% 的人每天在线学习时间不超过半小时,学习时间超过 2 小时的人只占 11%。结果还表明,使用在线平台完成全部课程的学员不到两成(16%)。一方面,用户消费习惯有待提高 [8];另一方面,在线教育缺乏互动性和现场感 [9]。此外,在线教育开发者如智课网和学而思网的创始人均认为,相比平台,高品质的内容研发是培训行业的核心。当前在线教育亟待解决的是课程内容问题 [10]。

2)少儿英语

随着中国"一带一路"战略的提出,北上广深等城市的国际化程度加深,中国的少儿外语教育呈现低龄化趋势,少儿外语培训也如火如荼地进行着。然而,在激烈的竞争中,2014 年多家少儿英语培训机构面临着洗牌。据报道,2014 年,英特英语董事长卷款潜逃;迪士尼少儿英语关闭 10 家门店;戴尔少

儿英语关门 [11]。新华网指出，众多少儿英语市场无法立足的原因在于其教学质
量低下。据业内人士透露，众多少儿英语培训机构打着光鲜的口号，如 1）"我
们的教学方式是最科学的"；2）"连年学习才看得到效果"；3）"纯美语环境，
外教上课"。但这些口号在实际操作中却暗藏猫腻，无法兑现 [12]。

3）外教市场

2014 年，中国的外教市场也面临着清理。据教育部数据，2013 年内地各
类英语教学机构共招收约 3.6 亿名学生。有港媒报道称，内地英语教育供不
应求，大部分以英语为母语的外籍人士可以轻松地找到英语教师职位 [13]。然
而，2014 年有报道指出，在目前的语言培训市场中，外教对许多培训机构而
言只是一个招生的噱头，遍地开花的"黑外教"实质上并不能保证学生的学习
效果。因此，有必要对中国的外教市场进行整改。譬如，2014 年，北京市人
社局、北京市政府外办、北京市教委联合下发了《关于进一步加强北京市外籍
人员聘用工作的通知》。《通知》指出，自 2014 年 10 月 31 日起，新申请办理
工作许可和工作证件的外籍教师，在学前幼教机构、中小学、国际学校以及各
级各类教育培训机构从事教育教学工作的，应当持有所在国颁发的教师资格证
书；从事语言教学的，如未持有所在国颁发的教师资格证书，应当取得国际通
行的语言教学资格证书 [14]。譬如，外籍教师常用资格书包括：TEFL，TESOL
和 TESL[15]。

4）出国留学

据 2014 年《中国留学回国就业蓝皮书》数据统计，2013 年留学服务中心总
计为 19 万名留学人员办理了各种手续（2011 年为 11.8 万名，2012 年为 15 万名）。
近几年，我国出国留学和学成回国的留学人员总数持续增加。统计资料显示，
2013 年，我国留学回国人数达到 35.35 万人，是同期出国留学人数的 85.41%，
越来越多的中国留学人员选择回国就业 [16]。此外，出国留学生呈现低龄化趋势。
据启德教育集团于 2014 年发布的《中国低龄留学生研究报告》显示，低龄留学
家庭特点突出，出国留学生自身综合素质也越来越高。其中，在校平均成绩 85
分以上的学生占 50%；拥有体育类特长的学生最多，占 34.3%，其次是器乐和绘
画类，分别占 28.5% 和 26.1%。在留学国中，美国最受低龄学生的欢迎 [17]。但美

媒指出，中国经济增长放缓，赴美留学热潮或消退。专家指出，中国学生赴美留学风向明显转变背后的一个因素，与导致钢和其他原材料价格下跌的因素是相同的：过去两年世界第二大经济体的增长有所放缓[18]。

5）英语竞赛及研讨会

2014 年社会各界举办了多种英语竞赛和英语研讨会。英语竞赛如第十一届全国中小学生英语技能大赛[19]；第五届"外研社杯"中国青少年英语能力大赛[20]；"外研社杯"全国英语演讲大赛[21]；第十三届全国中小学生英语演讲比赛[22]。英语研讨会如 ETS TOEFL Junior EPA 年会暨中小学英语教育国际化研讨会[23]；基础英语教育改革与民办教育发展研讨会[24]；第三届中国民办培训教育行业校长高峰论坛[25]。其中，值得强调的是，2014 年，由中国政府与联合国教科文组织共同举办的"世界语言大会"在苏州召开。本次大会以"语言能力与人类文明和社会进步"为主题，来自近 100 个国家和地区的代表汇聚一堂，交流共享促进语言能力提升、推动人类文明和社会进步的经验。中共中央政治局委员、国务院副总理刘延东出席开幕式并作了题为《促进语言能力共同提升推动人类文明发展和社会进步》的重要讲话。刘延东副总理从人类社会发展的高度，阐述了语言在推动文明发展和社会进步中的作用，并对未来世界各国如何提升语言能力提出了倡议[26]。可以说，不论是英语竞赛还是研讨会的召开，都在很大程度上促进了中国外语教育的发展。

6）师资力量

为提升中国教育中的师资力量，教育部启动实施了卓越教师培养计划，针对"找问题"、"抓选拔"、"瞄需求"、"重实践"、"促创新"、"强队伍"等方面对教师培养提出了要求与准则[27]。另外，由于新东方名师离开转加盟智课网，名师资源成了教育培训行业的竞争核心[28]。此外，鉴于中国外语培训行业外教市场乱象丛生，探索完善外籍教师服务和管理机制成了教育部 2015 年工作要点之一[29]。

7）高考英语

近年来，随着"外语成为社会化考试"说法的盛行，高考英语改革备受社会媒体的关注。"2014年外语高考改革论坛"于6月14日在北京举行，国内外语界知名专家学者与会。与会专家学者提出，英语高考改革的初衷与意义应在于减轻中小学学生负担，并非削弱外语教学的地位和作用。如何实施真正意义上的社会化考试，如何保证考试信度与效度，减少一年多考和提前考试对正常课堂教学的冲击，是外语学术界应密切关注并提供具体研究成果、应对举措的重要课题[30]。北京外国语大学陈琳教授和中国教育科学研究院研究员毕诚在接受采访时指出，不论改革如何进行，高考改革的终极目标是培养高素质人才，形成良好育人机制[31]。国家教育咨询委员会秘书长、教育部教育发展研究中心主任张力在接受媒体采访时指出，外语一年两考已迈出一大步，但外语社会化考试不可能一步到位[32]。北京师范大学顾明远教授表示，英语实行社会化考试、一年多考是改革方向[33]。

2. 社会外语培训行业面临的问题及挑战

针对社会外语培训行业当前所面临的问题，2014年，社会媒体主要聚焦于：在线教育、少儿英语、出国留学。

1）在线教育

2013年，中国在线教育的市场规模达到了981亿；到了2014年，其市场规模就达到了1,338亿，增速超过了30%；而据业内人士分析预测，2015年国内的在线教育市场规模将达到1,745亿。据统计，2013年以来，平均每天有2.6家在线教育公司诞生。但是，有报道指出，当前中国的在线教育市场舍本逐末，在疯狂中迷失了自我。其问题主要体现在以下六方面：（1）大量"烧"钱盲目争夺用户、抢占市场；（2）视频内容严重同质化；（3）没有真正吃透在线教育这个行业的特性、把握用户的特点；（4）盈利模式堪忧，目前国内的在线教育主要的赢利点就在于分成和广告费，盈利模式十分单一；（5）缺乏互动是目前在线教育平台存在的通病；（6）对于学生来说，网上学习的效果很难得到保证[34]。当然，从另一个角度来说，这些问题的存在正体现了今后在线教育发展的方向。

2）少儿英语

正如前文指出，2014 年中国众多少儿英语培训机构纷纷关门，该行业面临重新洗牌。面对众多少儿英语培训机构，如何选择？有报道指出，家长在选择少儿英语培训机构时，除了考虑机构的品牌，还要考虑孩子的因素，包括孩子的年龄及需求。另外，在选择纯外教的少儿英语培训机构时，家长可以从三方面进行考量：一是外教的教师师资，即外教有没有 TESOL 或 TEFL 这两个国际公认的英语教师资格认证；二是外教有没有教学经验，尤其是有没有教过小朋友；三是外教的来源。来自英语为母语国家的外教更合适，因为他们的发音更纯正[11]。

《2014 年搜狐教育行业白皮书》指出，2014 年随着英语方面政策的出台（如9 月份国新办正式发布的《高考招生改革实施意见》，北京市出台的小学一二年级不再开设英语等相关课程，降低中考、高考英语考试难度等政策），之前偏重应试教育、以应付英语考级为目标的少儿英语培训机构，变得越来越没有市场。2014 年搜狐教育年度消费调查发现：（1）有五成的家长认为小学一二年级不用特别学习英语，三年级开始学习足够了；（2）2014 年高考英语改革后，24% 的家长认为英语重要性降低，35% 认为没变化，41% 的家长认为改革后的英语相比以前更重要了；（3）由于 2014 年 2 月起少儿英语培训机构陆续发生倒闭事件，有 43% 的家长认为这会影响其报班的选择，但也有 57% 的家长对英语培训市场信心依旧[8]。

3）出国留学

根据教育部对 2014 年度出国留学人员情况统计，2014 年度我国出国留学人员总数为 45.98 万人，其中：国家公派 2.13 万人，单位公派 1.55 万人，自费留学 42.30 万人。2014 年度各类留学回国人员总数为 36.48 万人，其中：国家公派 1.61 万人，单位公派 1.26 万人，自费留学 33.61 万人。与 2013 年度的统计数据相比较，我国出国留学人数和留学回国人数均有进一步增加。出国留学人数增加 4.59 万人，增长了 11.09%；留学回国人数增加 1.13 万人，增长了3.20%[35]。在 2015 年两会中，有委员提出，针对国内高端人才的流失，要吸引我国高端海归的回归，既要给待遇更要搭舞台[36]。

3. 社会非英语语种培训概况

随着中国国际交流的进一步深化，以及"一带一路"战略的实施，非英语语种在中国市场的需求越来越旺。社会上知名的非英语语种培训机构有：法亚小语种、新东方、第一国际教育等。以法亚小语种为例，全称成都法亚小语种外语培训学校，成立于2006年。它是成都市第一家、也是目前为止唯一一家没有英语培训，专做法语、德语、日语、韩语、西班牙语、意大利语、葡萄牙语、俄语、泰语等非英语语种的培训机构。该机构开设日常精品、考级/出国、全外教口语、行业小语种、VIP个性化定制等多门类课程。

2014年，社会非英语语种培训行业概况主要体现在出国留学和市场需求两方面。

1）出国留学

就2014年留学现状而言，据《法制晚报》报道，与往年相比，2014年的中国学生出国留学的人数在持续增长，留学低龄化趋势凸显，名校申请竞争愈加激烈等。受访的威久国际教育集团总裁王伟指出，2015年中国学生出国留学的趋势在国家选择方面依然是以英国、美国为主。但其他一些国家也将会迎来他们的春天，如德国、法国。从2014年下半年开始，威久留学咨询德国、法国业务的人数就已经开始增多[37]。这也就意味着非英语语种国家将受追捧。

2）市场需求

腾讯网指出，非英语语种目前在就业市场需求很大，其就业率总体上也高于英语语种。以黑龙江大学2015届毕业生供需见面洽谈会为例，黑龙江大学招生就业处副处长潘景文介绍，今年商贸服务类企业用人数量增加。一些国企、央企等有海外业务的企业对于非通用语种的学生需求量加大，西班牙语、俄语毕业生炙手可热。但就我国现状而言，我国仍存在"非通用语种人才缺乏"问题。当然，这种现状与当前的语种设置不足有关。2014年，全国留学工作会议出台了《外语非通用语种人才培养意见》。《意见》指出，目前和我国建交的175个国家中，通用的语种约95种，而我国仅能开设54种语言课程[38]。

为了推动外语非通用语种人才的培养，2014年，"首届中国非通用语战略发展高端论坛暨北京外国语大学新型智库建设研讨会"在京举行。北京外国语大学提出，将在未来五年开设桑戈语、阿塞拜疆语、格鲁吉亚语、白俄罗斯语等 38 个小语种专业，实现与我国建交国家所有非通用语种的全覆盖。

[1]　曾薇薇，2009，外语培训机构现状和发展策略 [J]，湖北大学成人教育学院学报（1）：21-24。

[2]　这十强外语培训机构的遴选主要参考三大媒体的年度盛典投票：腾讯教育，2014，2014 回响中国腾讯网教育年度总评榜"中国最具品牌影响力外语机构" [OL]，http://edu.qq.com/2014/（2015 年 2 月 11 日读取）。
新浪教育，2014，2014 新浪教育"指尖上的中国教育"中国教育盛典 [OL]，http://edu.sina.com.cn/2014shengdian/（2015 年 2 月 11 日读取）。
网易教育，2014，2014 网易教育"教育有态度"金翼奖年度大选 [OL]，http://edu.163.com/special/2014edu/（2015 年 2 月 11 日读取）。
这十强外语培训机构的介绍主要参考好搜百科 http://baike.haosou.com/；百度百科 http://baike.baidu.com/ 及各机构官网（2015 年 2 月 11 日读取）。

[3]　21 英语教师网，2014，英语培训由重成绩转向培养 21 世纪全能型人才 [OL]，http://elt.i21st.cn/article/12325_1.html（2015 年 1 月 2 日读取）。

[4]　中国新闻网，2014，调查称国人每年花 300 亿学英语四成网民上过网课 [OL]，http://www.chinanews.com/edu/2013/11-28/5558560.shtml（2015 年 1 月 2 日读取）。

[5]　21 英语教师网，2014，暑假学名师课程在线成为新选择 [OL]，http://elt.i21st.cn/article/12219_1.html（2015 年 1 月 2 日读取）。

[6]　外语教学与研究出版社，2014，外研社携手中培委为民办英语教师提供培训及专业认证 [OL]，http://www.fltrp.com/news/15395（2015 年 2 月 11 日读取）。

[7]　艾瑞咨询，2014，2014 年中国在线教育行业发展报告简版 [OL]，http://www.iresearch.com.cn/report/2174.html（2015 年 2 月 11 日读取）。

[8]　搜狐教育，2014，2014 搜狐教育行业白皮书 [OL]，http://learning.sohu.com/s2014/book2014/（2015 年 2 月 11 日读取）。

[9]　21 英语教师网，2014，调查国人每年花 300 亿学英语四成网民上过网课 [OL]，http://elt.i21st.cn/article/12182_1.html（2015 年 2 月 11 日读取）。

[10]　21 英语教师网，2014，智课网以内容研发为核心构建中国版 MOOC 与可汗 [OL]，http://elt.i21st.cn/article/11967_1.html（2015 年 2 月 11 日读取）。

[11]　21 英语教师网，2014，少儿英语培训面临洗牌：家长如何选才放心 [OL]，http://elt.i21st.cn/article/12247_1.html（2015 年 2 月 11 日读取）。

[12]　新华网，2014，少儿英语培训市场乱象丛生家长吐槽教学质量 [OL]，http://news.

xinhuanet.com/edu/2014-09/01/c_126939186.htm（2015 年 2 月 11 日读取）。

[13] 21 英语教师网，2014，港媒：中国英语教育供不应求外教市场乱象丛生 [OL]，
http://elt.i21st.cn/article/12418_1.html（2015 年 2 月 11 日读取）。

[14] 首都之窗，2014，关于进一步加强北京市外籍人员聘用工作的通知 [OL]，http://
zhengwu.beijing.gov.cn/gzdt/gggs/t1367461.htm（2015 年 2 月 11 日读取）。

[15] 和讯网，2014，行业肃清"黑外教"净化语言培训市场 [OL]，http://news.hexun.
com/2014-09-22/168706818.html（2015 年 2 月 11 日读取）。

[16] 教育部，2014，《中国留学回国就业蓝皮书》编写情况介绍 [OL]，http://www.moe.
gov.cn/publicfiles/business/htmlfiles/moe/s8442/201411/178787.html（2015 年 3 月 7
日读取）。

[17] 启德教育集团官方微博，2014，《中国低龄留学生研究报告》全国首发 [OL]，
http://blog.sina.com.cn/s/blog_4e325ebd0102e7jp.html（2015 年 3 月 7 日读取）。

[18] 21 英语教师网，2014，美媒：中国增长经济放缓赴美留学热潮或消退 [OL]，http://
elt.i21st.cn/article/12312_1.html（2015 年 3 月 7 日读取）。

[19] 21 英语教师网，2014，第十一届全国中小学生英语技能大赛圆满落幕 [OL]，http://
elt.i21st.cn/article/12211_1.html（2015 年 2 月 11 日读取）。

[20] 21 英语教师网，2014，2014 年"外研社杯"中国青少年英语能力大赛圆满落幕 [OL]，
http://elt.i21st.cn/article/12280_1.html（2015 年 2 月 11 日读取）。

[21] 搜狐教育，2014，2014"外研社杯"全国英语演讲大赛决赛圆满落幕 [OL]，http://
learning.sohu.com/20141215/n406971679.shtml（2015 年 2 月 11 日读取）。

[22] 腾讯教育，2014，第十三届全国中小学生英语演讲比赛全面启动 [OL]，http://edu.
qq.com/a/20140730/045606.htm（2015 年 2 月 11 日读取）。

[23] 21 英语教师网，2014，ETS TOEFL Junior EPA 年会暨中小学英语教育国际化研讨
会举行 [OL]，http://elt.i21st.cn/article/11985_1.html（2015 年 2 月 11 日读取）。

[24] 21 英语教师网，2014，基础英语教育改革与民办教育发展研讨会在北外举行 [OL]，
http://elt.i21st.cn/article/12017_1.html（2015 年 2 月 11 日读取）。

[25] 21 英语教师网，2014，第三届中国民办培训教育行业校长高峰论坛在京举办 [OL]，
http://elt.i21st.cn/article/12487_1.html（2015 年 2 月 11 日读取）。

[26] 教育部，2014，国家语委关于印发刘延东副总理在世界语言大会开幕式上的讲
话 的 通 知 [OL]，http://www.moe.gov.cn/publicfiles/business/htmlfiles/s7066/201409/
xxgk_175571.html（2015 年 3 月 4 日读取）。

[27] 21 英语教师网，2014，教育部启动实施卓越教师培养计划 [OL]，http://elt.i21st.cn/
artic-le/12389_1.html (2015 年 2 月 11 日读取)。

[28] 21 英语教师网，2014，教育培训行业的竞争核心：争夺名师资源 [OL]，http://elt.

i21st.cn/article/12063_1.html（2015 年 2 月 11 日读取）。

[29] 教育部，2015，教育部 2015 年工作要点 [OL]，http://www.moe.gov.cn/publicfiles/
business/htmlfiles/moe/moe_164/201502/183971.html（2015 年 3 月 4 日读取）。

[30] 21 英语教师网，2014，2014 年外语高考改革论坛在京举行 [OL]，http://elt.i21st.cn/
article/12098_1.html（2015 年 2 月 11 日读取）。

[31] 21 英语教师网，2014，高考改革终极目标：培养高尚素质人才形成良好育人机制
[OL]，http://elt.i21st.cn/article/11973_1.html（2015 年 3 月 7 日读取）。

[32] 21 英语教师网，2014，专家：外语社会化考试不可能一步到位 [OL]，http://elt.
i21st.cn/article/12339_1.html（2015 年 2 月 11 日读取）。

[33] 21 英语教师网，2014，顾明远：英语社会化考试、一年多考试改革方向 [OL]，
http://elt.i21st.cn/article/12349_1.html（2015 年 2 月 11 日读取）。

[34] 挖贝网，2014，勿舍本逐末在线教育路在当下 [OL]，http://www.wabei.cn/news/201503/
1355940.html（2015 年 3 月 3 日读取）。

[35] 教育部，2014，2014 年度我国出国留学人员情况 [OL]，http://www.moe.gov.cn/
publicfiles/business/htmlfiles/moe/s5987/201503/184499.html（2015 年 3 月 4 日读取）。

[36] 教育部，2015，既要给待遇更要搭舞台——代表委员谈高校如何吸引高端海归
[OL]，http://www.moe.gov.cn/publicfiles/business/htmlfiles/moe/s8621/201503/184496.
html（2015 年 3 月 6 日读取）。

[37] 法制晚报，2014，低龄留学趋势更凸显小语种国家受追捧 [OL]，http://bschool.
hexun.com/2014-12-29/171878050.html（2015 年 1 月 7 日读取）。

[38] 光明日报，2014，全国留学工作会议关注"小语种人才缺乏"问题 [OL]，www.
jyb.cn（2015 年 1 月 7 日读取）。

第二节　社会外语考试 [1]

在社会外语教育中，社会外语考试近年来受到了持续的广泛关注。当"社会"、"社会化"等名词越来越频繁地被用来反映我国外语考试的一种发展及变化趋势时，探索社会外语考试的定义及适用范围已成为一个非常关键的话题，这将使我们对它的性质和含义有一个客观的认识。有关社会化考试，王蕾将其定义为："社会化考试一般是指由非政府部门组织实施的考试，提供客观的测试成绩，供需要的单位或个人使用。它可以是由政府部门指定或者由政府部门招标选定的专业性机构。该机构所提供的考试应具有针对性、专业性、客观性、公正性，并具有高度的信度和效度保证。社会化考试一般都面向公众，定期公开组织和实施。"[1] 这个定义为我国社会外语考试的界定与区分提供了客观的标准。尽管由于"社会化"的含义比较广泛，涉及诸多方面的因素，社会外语考试和其他类别外语考试的区分很难完全泾渭分明，但是目前仍然有相当数量的外语考试被较广泛地认可为"社会外语考试"。本章将分别介绍社会英语考试和社会非通用语种考试的最新情况。

一、不同功能的社会英语考试 2014 年发展及议题

1. 升学类英语考试：高考英语将试探社会化考试形式

高考英语作为即将进行的高考改革的一部分，也将有相应的变化和发展。虽然高考英语属于以升学为目的的英语考试，但是根据最新教育政策与改革方案，高考英语将向着社会化的方向发展。早在 2013 年年底，教育部网站披露了已经制定完成的考试招生改革总体方案的部分细节：将探索外语考试不再在统一高考时举行，而进行社会化一年多考的尝试。根据"三年早知道"原则，改革不会对未来三年内参加高考的学生产生大影响。配套实施意见现行试点，2017 年正式推广实施，到 2020 年，基本形成新的考试招生制度。[2] 今年 5 月，针对"高考改革方案 2017 年实施，英语退出统考"的传闻，教育部有关人员

1　本节作者：孙桐，北京外国语大学。

表示，目前改革方案仍在制定和完善中。但不可否认，高考英语实行社会化考试、一年多考是改革的大方向，客观上打破了"一考定终身"的格局。2014年9月，《国务院关于深化考试招生制度改革的实施意见》[3]强调外语科目将实行社会化考试和一年多考(国务院2014)。北京市教育考试院宣布，从2016年起，高考英语分值下调50分，实行一年两次社会化考试，考察方向更侧重实用性；江苏省教育厅厅长表示，2014年该省高考英语将实行一年两考，择优计入高考总分。[4]

此改革方案出台至今，已经在我国学术界、教育界乃至全社会引发了广泛的热议。2014年6月，中国青年报社会调查中心通过民意中国网和问卷网，对3,514人进行的一项网络调查结果显示，74.7%的受访者认同现行的英语高考方式需要改革，65.6%的受访者支持英语高考社会化。[5]同样是在6月，南方都市报在调查中发现，对于高考英语探索实行社会化考试、一年多考，超过6成的受访者表示赞成，反对的只占了21%。[6]有关高考英语社会化将为教育带来的益处，各界人士纷纷表达了自己的观点。有人认为，应试化的英语教学背离了英语教育的初衷，因此，英语不纳入高考总分或不统一高考，将有助于英语远离应试，回归交流工具的功能，走出应试教育的"死胡同"。[7]另外，高考英语社会化可以改变一考定终身。通过增加考试的机会，避免学生命运一锤定音；学生有机会经过努力学习，再次参加考试，由自己选择最高成绩提交给报考学校。对于部分成绩优异的学生，在取得满意的成绩后，他们可以投入更多的时间学习自己感兴趣的其他课程。[1]新京报表示，英语考试改为社会考试，不会降低外语教育的地位。学生根据个人学习兴趣有选择自由，"热爱"永远是学习的动力，只要社会有公平的用人制度，市场有不违规律的用人文化，任何有专长者，包括有外语专长者，都能"得其所哉"。[8]

但同时也有人对高考英语社会化可能带来的一些影响表示担忧，他们同时也呼吁我们应该客观分析这种新的变革带来的利弊。刘京京认为，社会化考试与国家统一组织的高考不同，它是由社会机构参与并组织，而不是由行政部门主导。倘若推行英语社会化考试，就需要把权力下放，把主动权交给社会考试机构，否则改革仅是流于形式，考试导向仍会以应试为标，学生仍身负重压，教学方式仍保持旧惯。[9]另外，有人担心因为学科地位决定教学工作量，而教师收入的一部分来自教学工作量。收入降低，就会影响到教师对教学的投入，进而影响教学质量。[7] 在教学方面，如果学生高中三年中可以多次报考，有可能造成一部分提前考试的学生在高一年级完成考试后，不再继续学习英语。而多数学生为了追求一个更好的成绩，只关注以考试为目的的教学，使学校正常教学秩序受到影响，还可能导致学校全面为应试服务，无法正常实施符合国家英语课程标准的教学。最后，社会化考试可能会催生大批的社会培训机构，引发新的社会不公平。[1]

2. 职称英语考试：相关诉求及发展趋势

职称英语考试全称全国专业技术人员职称英语等级考试，是由国家人事部组织实施的一项外语考试，它根据英语在不同专业领域活动中的应用特点，结合专业技术人员掌握和应用英语的实际情况，对申报不同级别职称的专业技术人员的英语水平提出了不同的要求。该考试根据专业技术人员使用英语的实际情况，把考试的重点放在了阅读理解上面。考试共分三个专业类别：综合类、理工类、卫生类。每个专业类别的考试各分 A、B、C 三个等级。[10] 根据最新的相关文献及报道，当前职称英语的考试管理、考试制度和考试内容方面存在着日益增长的改革诉求，这也在一定程度上反映了考试未来的发展趋势。

近来，职称外语考试在管理方面存在着一些诸如"考生信息泄露"的情况，导致考生遭到一些有关"卖试题"、"卖答案"等诈骗电话和短信的骚扰。[11] 多位受访的 IT 行业人士认为，考生信息泄露无非有三种可能：一是监守自盗，即报名网站的工作人员将考生信息泄露；二是报名网站存在系统漏洞，不法分子侵入获取考试信息；三是考生报名的电脑中了病毒或木马而泄露信息，而如果是同一个单位多名员工都被电话骚扰，第三种可能基本可以排除。[12]

在高考英语已迈出改革新步伐的情况下，有人开始为职称英语考试的改革出谋划策，包括：改革考试制度，扩大免考岗位范围；引进外语水平证书互认机制；还有借鉴高考英语改革经验，实行社会化一年多考模式等建议。[13] 而就各地的改革举措看，缩小考试范围、放宽成绩要求及延长考试成绩有效期等或是此轮改革的重点。但在不少专家看来，这样规范性的调整还是有些"换汤不换药"。上海社科院人力资源研究中心主任王振认为，起始于 20 世纪 90 年代特殊背景下的职称外语考试已经失去了其时代意义，必须进行"根本性的改革"，由评定职称的必要条件逐渐转变为参考条件。有专家表示，职称外语要改，还得向既得利益开刀。[14]

有关考试内容改革方面，孔祥提出了四点建议：第一，重新梳理确定专业技术人员外语等级考试的测量目标，对职称外语考试本身的测量目标作一些调整；第二，研究并开发符合本项考试测量目标的新的考试题型和测量技术；第三，根据本项考试的定位和测量目标，研究并调整各专业类别考试的相关内容，包括考试大纲所附的词汇表等；第四，参考并借鉴国际上大规模考试的新技术和新方法，改进职称外语考试的整体设计，进一步调整细化并明确不同等级考试的内容和要求。[15]

3. 重要留学英语考试：稳步发展中不乏变化

这部分重点介绍四种重要的留学英语考试在新的一年中的变化发展趋势，包括雅思、托福、SAT 和 GRE 考试。

雅思考试 2014 年在我国总体来讲发展平稳，由于其在国际范围内的权威性和影响力，以及出国留学的趋势，国内雅思考试大军依然在不断发展壮大。据资料显示，每年有超过 200 万人次参加雅思考试，中国每年大约有 35 万人次参加考试，雅思考试已然成为出国留学或工作的必然条件，雅思热已悄然兴起。[16] 当前，对雅思关注较多的是考试命题形式和思路的变化，而新东方和新航道等一直是考生备考青睐的著名社会外语培训机构。10 月 16 日，知名英语培训机构新航道国际教育集团成立十周年庆典时透露，全球雅思考试呈三大趋势，即难度已略有加大，考生低龄化明显，更趋语言能力导向。全球雅思考试举办方之一的英国文化协会专为中国考生编写的《雅思考试官方指南》也在同一时间出版，该手册也透露出了雅思考试的相关信息。[17] 根据 2015 年 1 月 14 日正式发布的《2014 新东方雅思年度报告》，2014 年的雅思考试情况呈现以下特征：旧题在考试中占据很高比例，即在每年 47 次的高频率考试的情况下，必然会存在一些试题复用的情况；主流题型不变，题型出现比例有变；以及考试素材背景呈现多元化趋势。[18]

有关托福考试的变化，由于受到托业考试一些替考以及泄露答案的事件的影响[19]，英国内政部在 4 月 5 日与美国教育考试服务中心（ETS）合约到期后不再续约，而英国大学也将不承认其机构下托福和托业的英语语言考试成绩。国内准备赴英的准留学生们陆续收到来自英国大学的邮件通知，被告知根据内政部的新政策，英国大学将不接受托福或托业的语言成绩，建议申请者尽快申请其他语言考试来替代。[20] 经中国学生的维权，到底有多少大学受到内政部新规影响以及有多少大学要求学生提供新考试成绩，英国内政部发言人接受新华社电邮采访时没有做出回答，只说"由学校自身决定接受哪种考试"。很快，多所英国高校对解约前的托福成绩均表示认可。[21] 有关托福考试形式及内容方面，新东方于 2015 年 1 月总结了 2014 年托福考试特征：除一次纯新题考试外，每次考试均重复老题，且为拼盘重复；"一日两题"次数继续增加；英语口音多元化；报考间隔缩短。[22]

SAT 方面，今年春天最新公布，2016 年考试将进行重大改革，重回 1600 分时代。主办方美国大学委员会 College Board 在美国时间 3 月 7 日发布公告，补充说明了 SAT 八大改革细则和 SAT 改革蓝图。大学委员会同时宣布，改革后的全新的 SAT 考试将在 2016 年春季开始实施，而改革后的考试规范及样题在 2014 年 4 月 16 日发布。预计改革后的考试细则为：考查单词更具实用性，增添论证式阅读和写作，Essay 部分偏重分析而不再要求写作，数学着重考察三个重点领域，阅读文章材料取材会更广，数据和材料分析将取自真实的研究内容，考察美国历史重要文献及其相关内容，以及错误答案将不会再扣分。[23] 关于此次 SAT 入学考试内容的改革，有部分人质疑它是否会比之前实施的规则更成功。因为从记录上看，SAT 成绩在一定程度上与学生的家庭经济条件相关。然而此次改革依然凸显了大学理事会对考试成绩公平性的关注度，重在考查学生的核心学术能力。[24] 在我国，对新 SAT 的备考已在紧锣密鼓地进行着。2014 年 12 月 21 日，以"新 SAT 开讲"为主题的新东方新 SAT 一站式解决方案首发课程体验发布会于北京悠唐皇冠假日酒店隆重"开课"。新东方的新 SAT 课程呈现了三大亮点：细分模块化教学、采用国际化教材以及依托移动平台引入互动答疑学习产品。[25]

　　GRE 考试的形式与内容在 2014 年未出现重大变革，但总体来讲报考规模在不断扩大。新泽西州普林斯顿（2014 年 11 月 17 日）GRE 项目公布了《新 GRE® 普通考试全球考生概况》(Snapshot of the Individuals Who Took the GRE® revised General Test)，涵盖了 2013—2014 考试年份（2013 年 7 月 1 日至 2014 年 6 月 30 日）的 GRE 考量和考生表现相关数据，并首次发布了从 2011 年 8 月至 2014 年 6 月的考生总量数据。该报告显示，2013—2014 考试年份的 GRE 考生人数（不包括期间重复参加考试的考生量）较上一年同期增长了 7%。但是，在中国参加考试的考生数下降了 7%。[26] 另据《新闻晨报》2014 年 9 月 25 日报道，GRE 项目亚洲学术关系经理姜志硕在谈及中国考生的 GRE 考试表现时说，中国大陆考生的数学成绩非常优秀，平均分为 163.4 分（满分 170 分），在全球考生中排在前 14%，不过在语文及写作分析上，中国大陆考生的成绩低于全球平均分。[27] 关于 GRE 的另外一类文献是有关备考复习策略方面的。如新浪教育网的《2015 年 GRE 考试趋势报告及备考方案》中，笔者探讨了词汇与长难句两项 GRE 基本技能的学习，然后对阅读、填空和写作三科的学习分别进行了讨论，并希望能够对于广大考生有所帮助。[28]

4. 少儿英语考试：火热进行背后为小学生减负

　　当前在国内最具权威性、公众最认可的少儿英语考试是剑桥少儿英语考试。剑桥少儿英语考试（CYLE）是剑桥大学考试委员会（UCLES）为测试 7—12 岁少儿的英语水平而特别设计的一套测试系统。该考试分为三个级别，引进中国后，增加了预备级，分别为预备级（Pre-Starters）、一级（Starters）、二级（Movers）和三级（Flyers）。剑桥少儿英语考试只向第一语言为非英语的考生开放。每级考试分为三个部分：读写、听力和口试。[29] 虽然迄今为止，剑桥少儿英语在我国的培训非常流行，儿童可以通过参加相关培训和准备相应考试提高自己的英语水平，但是少儿英语的培训也为他们的成长带来了很重的负担。除了繁重的课业、五花八门的竞赛，为了能够增加进入优质初中、高中的机会，孩子们还面临着各种等级证书的考试，学校认什么，家长就安排孩子去考什么，应考补习自然要占据大量的课余时间。[30] 鉴于此，北京教育考试院发布消息，经教育部考试中心国际教育测量交流与合作中心同意，2014年3月起将不再承办北京地区剑桥少儿英语考试。今后，这项考试由北京剑桥少儿英语工作站组织。这将意味着，剑桥少儿英语考试今后将走向"社会化"。与此同时，上海市教育考试院社考办亦通知沪上各剑桥少儿英语考点及培训点：今后这项考试将由剑桥少儿英语上海工作站组织。[31] 为了给小学生减负，北京市教委下发减负通知，对义务教育阶段教学行为进行规范，针对目前在中小学生中流行的各种考级、考证等行为，北京市将取消各级教育部门组织的各类等级证书考试和学科竞赛活动。同时，禁止公办中小学参与任何组织（或个人）举办的针对学校的各种评选排名。[32] 但是，并不是全国所有地区的剑桥少儿英语考试都有同样的发展趋势。西安市考试中心相关负责人表示，西安目前还没有变化，仍属于统一组织考试，记者走访该市多家考点及培训点发现，剑桥少儿英语报考情况依旧火热。对部分学生家长来说，只要对学生升学有帮助，就会给孩子报名参加。[33]

除剑桥少儿英语考试外，目前在国内流行的还包括另外一些少儿英语考试：PTE少儿英语考试面向7—13岁的学习者，以独特的试题设计，激发学习兴趣，增强学习信心并证明语言能力[34]；捷思国际少儿英语考试，又叫小雅思，是为年龄在4—17岁的青少年儿童而设计的国际英语测试体系，考试分为7个级别，体系依照英国国家标准制定，符合青少年儿童的心理特征，帮助考生建立自信，及时反馈给老师和家长关于学生学习英语的情况[35]；伦敦少儿英语考试（London Tests of English for Children）是全球最大的教育出版集团——培生集团（Pearson Group）旗下的专业语言测评机构——培生语言考试中心为全球7—13岁英语学习者提供的语言能力认证[36]；来自国内的考试有上海市通用少儿英语口语星级考试（原雏鹰章），由上海市通用外语水平等级考试办公室和上海市青年文化活动中心联合开设，是一项旨在培养少年儿童英语听说能力，并集权威性、科学性、趣味性为一体的考试，考试分为口试和笔试两部分[37]。

5. 行业英语考试：百花齐放，各取所需

行业英语考试的类别非常多，它的设计主要是针对社会中各行各业所需运

用的英语知识和技能，每个类别的考试都有较强的专业性。然而当今各种行业英语考试的发展程度和流行程度是存在差异的。这里介绍三种当前较受欢迎的行业英语考试：商务英语考试、旅游英语考试、法律英语考试。

商务英语的两大主要考试是剑桥商务英语考试和托业考试。剑桥商务英语证书（Cambridge Business English Certificate，BEC）是英国剑桥大学考试委员会专门为非英语母语国家的人员进行国际商务活动的需要而设计的。它根据商务工作的实际需要，对考生在商务和一般生活环境下使用英语的听、说、读、写四个方面进行全面考核，对成绩及格者提供由英国剑桥大学考试委员会颁发的标准统一的成绩证书。该证书由于其颁发机构的权威性，在欧洲大多数国家的商业企业部门获得认可，作为确认证书持有者英语能力证明的首选证书。[38]美国教育考试服务处（ETS）设计了"国际交流英语考试（Test of English for International Communication, TOEIC）"，简称"托业考试"，为了满足国际商务贸易中英语能力测评的需要，用于测试母语非英语人员在国际性环境中的日常英语能力，旨在衡量应试者在国际商业、贸易环境中使用英语的熟练程度，又有"商业托福"之称。[39]商务英语考试在我国高职高专英语教学中很有市场：如翁婷婷（2014）探讨了针对 BEC 初级考试的英语词汇教学[40]；李清（2014）分析了 TOEIC 引入高职高专英语教学的可行性及意义，并设想了一些应用方式。[41]

关于旅游英语，其中比较知名的是《北京市旅游饭店英语等级考试》（简称饭店英语等级考试），由北京市旅游局主办。为使饭店业的管理水平、服务质量，以及迅速扩大的饭店员工队伍的整体素质适应发展的需要，尽快提高饭店从业人员特别是一线员工和管理人员的整体英语水平，该考试分为笔试和口试。[42]在近年来我国外语考试及教育改革的大环境下，旅游英语的考试乃至教学也开始受到关注。如徐琴芳进行了基于交际能力的旅游英语考试改革研究，结果发现高职院校的学生口试中能够完成旅游服务过程中的语言交际活动，笔试反映出学生掌握了相关的专业词汇和表达，但是听力理解和阅读能力还有待提高。[43]霍妍如（2014）借鉴了新大学英语六级考试翻译题，总结了其对旅游英语的文化翻译教学的启示。[44]

法律英语在国内有三大考试，分别是 TOLES 法律英语水平考试、剑桥法律英语国际证书考试（ILEC）和国内推出的法律英语证书考试（LEC）。

TOLES，全称"Test of Legal English Skills"，也就是 TOLES 法律英语水平考试。TOLES 考试是世界上第一个国际法律英语水平考试，是由世界知名的英语培训机构（The London School of English & Communicaid）和法律领域资深的机构（Cambridge Law Studio）共同合作开发的，考试目的是为满足律师事务所、公司、法律机构、律师和法律系学生测评个人法律英语水平的需要。ILEC 全称 International Legal English Certificate，也就是剑桥法律英语国际证书，于 2006 年 5 月作为又一项崭新的法律英语证书考试正式向全球推广。ILEC 是由剑桥大学考试委员会 ESOL（English for Speakers of Other Languages）考试部与欧洲主要的律师语言学家协会（Translegal）共同研发的一种职业英语证书。ILEC 自 2010 年 1 月起，每月组织一次考试，目前，在中国境内，ESOL 仅委托北外网院作为报名代理机构。LEC 全称 Legal English Certificate，即法律英语证书，于 2008 年 5 月作为国内相关领域的全国统一考试正式推出。LEC 是由全国统一考试委员会依托中国政法大学和北京外国语大学具体组织考试工作，旨在为从事涉外业务的企业、律师事务所提供招募国际性人才的客观标准，同时督促国内法律从业人员提高专业英语水平。法律英语证书考试每年举行两次，目前已在北京、上海、广州等城市设主考点，由全国统一考试委员会全面负责组考工作。[45]

6. 公共英语考试：发展平稳，影响力持续

公共英语考试在国内近年来稳步发展，也对英语的学习与备考产生着持续的影响。除了 FCE 考试（First Certificate in English, 剑桥通用英语五级系列英语证书的第三级），国内比较重要的公共英语考试还包括全国英语等级考试（PETS）和三一口语考试（GESE）。

全国英语等级考试（Public English Test System，简称 PETS），是教育部考试中心设计并负责的全国性英语水平考试体系。作为中、英两国政府的教育交流合作项目，在设计过程中它得到了英国专家的技术支持。级别划分为 PETS1 至 5 级。[46] 从最近的一些文献来看，PETS 考试对英语教学带来的有益的反拨作用较受关注。比如，吴昭华（2014）倡导江苏职教英语教材与 PETS 口试相

结合的教学策略 [47]，姜军（2014）讨论了 PETS 口试对大学英语口语日常教学和课堂口语练习形式的启发 [48]，邱昕久（2014）探讨了全国英语等级考试对中学英语课堂教学的促进作用 [49]。

三一口语（GESE）的全称为：英国伦敦三一学院英语口语等级考试（Graded Examinations in Speakers of Other Languages），它是经英国文化委员会提议，专门为非英语国家设计的纯英语口语等级考试体系。该考试共有 12 个级别，分成 4 个档次，每个档次有 3 个级别，其中 1—6 级比较适合儿童。[50] 在国内，在一定的教育政策的影响下，三一口语考试与相关的英语培训市场有着密切的联系。根据贾娟娟（2014）的总结，三一口语考试一直以来是"小升初"的重要参考，但在 2013 年年底，教育考试院规定了 12 岁以下不能参加三一口语等级的考试，这意味着三一口语考试将不能再和中学入学挂钩。一时间，立刻出现了三一口语培训无人报名的现象。[51]

二、非通用语种社会外语考试

1. 法语社会外语考试

法语在国内主要有三种社会外语考试：TCF 考试、TEF 考试和 DELF/DALF 考试。

TCF（Test de Connaissance du Français）是法国国际教育研究中心组织的一种法文水平考试，由法国青年、国民教育及科研部推出。它是一个法语语言水平的标准化测试，按照极其严格的方式设计。该考试面向所有非法语母语，出于职业或个人需要希望以简单可靠和有效的方式衡量他们的法语知识水平的人群。TCF 的考试成绩受到 ALTE（欧洲语言测试协会）的承认。此项考试成绩有效期为两年。[52]

TEF 全称是法语水平考试（Test d'Evaluation de Francais，简称 TEF）由法国工商会和法国法语联盟（Alliance Franciase）主办，由法国法语联盟总部负责出题、阅卷，通过其海外分部组织的法语水平考试，是法国教育部正式承认的一项考试。TEF 成绩可以作为法国大学和高等专科学校测试入学者法语水平的依据，也可以作为法国企业招聘海外员工的参考条件之一。[53]

DELF，即 Diplome d'études en langue francaise（法语学习文凭）；DALF，即 Diplome d'approfondi de langue francaise（法语深入学习文凭）。这两个文凭是国家级法语文凭，于1985年5月由法国教育部创立，并由设在国际教育研究中心（CIEP，Centre international d'études pédagogiques）的 DELF/DALF 国家委员会（Commission nationale）负责考试的行政和教育管理。DEFL/DALF 自从2013年5月30日引入中国，目前仅在北京语言大学设有考点，成绩终生有效。[54]

2. 西班牙语社会外语考试

对外西班牙语考试（Diplomas de Español Como Lengua Extranjera，简称 DELE），英语是 Diplomas of Spanish as a Foreign Language examination，作为一门外语的西班牙语水平考试，相当于国内的托福、雅思考试。该文凭证明持有者西班牙语的语言能力水平，且被西班牙教育部、文化部、体育部正式承认，并获得国际性认可。2011年后，DELE 考试完全按照欧洲语言教学与评估框架性共同标准来设定考试级别，它将语言水平分为3个等级：A—基础水平、B—独立运用、C—熟练运用。每个等级又分为2个级别：A1、A2、B1、B2、C1 和 C2。[55]

3. 日语社会外语考试

当前日语主要有三种社会考试。日语等级考试 JLPT（The Japanese-Language Proficiency Test）是由日本国际交流基金会和日本国际教育支援协会举办的国际范围的等级考试，分为5个级别（N1、N2、N3、N4、N5，N1为最高级），N1与原日本语能力测试1级相比，加深了高难度部分，但及格线基本相同。去日本大学留学需要通过一级考试，在一级考试中获得前300名者，可获得大学提供的奖学金。[56]BJT 商务日语能力考试以母语为非日语并且日语为外国语或第二语言的日语学习者为对象，是测试使用日语从事商务活动能力的权威性考试，更加重视考生日语的实际能力，特别是在商务领域的日语运用应对能力，为日本国内外企业录用、使用优秀日语人才服务，在日本企业中获得高度认可，具有较高的公认性和可信性。[57]J.TEST 考试全称为实用日本语鉴定考试，于 2007 年 8 月获得了国家劳动和社会保障部的认可，其主要功能就是对母语为非日本语的人员进行日本语能力的测试。J.TEST 逐渐成为录用海外员工语言能力的依据，也有许多公司将其作为员工派遣、提升时的依据。[58]

4. 德语社会外语考试

在德语的社会考试中，目前德福考试最具影响力和权威性。德福考试（DAF）是针对外国留学申请者的德语语言考试。德福考试试题由德国德福考试学院集中命题、阅卷；在全球各专门的考试中心举行。德福考试共分 5 个级别，成绩达到"德福 3 级"（TDN3）水平，可以得到某些大学的特定专业的语言水平认可；达到"德福 4 级"（TDN4），可得到在德国大学专业学习的语言水平资格；达到"德福 5 级"（TDN5）代表了德福考试的最高水平。[59]在中国参加德福考试的考生逐年上涨，越来越多的申请者无法如期报名或参加考试。2014 年 7 月的德福考试，除了开放北京、上海和青岛 3 个考点外，还将开放四川外国语大学国外考试中心、大连外国语大学旅顺校区、广东外语外贸大学国外考试中心、南京师范大学外国语学院和武汉大学考试中心。与此同时，北京大学和青岛大学增加了考生名额。此外，2014 年 11 月开始，主办方在南京师范大学新成立了一个考试中心，并将不断增加考生席位。德福考试在西安的考试中心也将搬至西安外国语大学的新校区，从而扩招考生人数。[60]

DSH 考试全称是德国高校外国申请者入学德语考试 (Deutsche Sprachpruefung fuer den Hochschulzugang Auslaendischer Studienbewerber)。它由德国各高校单独组织，但基本模式是统一的，重点在于考察学生对所提供的文章的口头和书面的理解、处理和表达能力。DSH 一般均在学期之初举行。学校寄给申请者的入学通知中会写明 DSH 举行的时间和地点。2010 年德国弗伦斯堡大学的 DSH 考点正式设立在北京新东方学校，自 2011 年开始每年考 2—3 次，时间一般在 5 月、8 月和 12 月，DSH 考试的难度是相当大的。[61]

5. 俄语社会外语考试

俄语社会考试在我国仅有俄语国家水平考试，是为测试母语为非俄语者的俄语水平而设立的国家级标准化考试，分为俄语最初级水平考试、俄语初级水平考试和俄语1至4级水平考试。它主要面向非俄语国家愿意参加俄语考试的人员，其性质相当于雅思、托福考试和国内的汉语水平考试（HSK）。考生只要成绩达标，便可获得俄罗斯教育部颁发的《俄语等级证书》。该证书是留学俄罗斯的"敲门砖"之一。迄今为止，俄罗斯教育部已经正式授权在河南大学建立国内唯一一家俄语国家水平考试中心，为非俄语国家人员参加俄语考试提供方便。[62]

[1] 王蔷，2014，英语社会化考试的利弊分析与思考 [J]，《外国语》37（6）：20-23。

[2] 刘春瑞，2014，教育部：将探索外语考试不再在统一高考时举行 [OL]，http://news.xinhuanet.com/edu/2013-12/08/c_118463288.htm（2015年2月1日读取）。

[3] 国务院（国发［2014］35号），国务院关于深化考试招生制度改革的实施意见 [Z/OL]，http://www.gov.cn/zhengce/content/2014-09/04/content_9065.htm（2015年2月1日读取）。

[4] 新京报，2014，三问高考英语社会化考试 [OL]，http://news.xinhuanet.com/edu/2014-05/20/c_1110770129.htm（2015年2月1日读取）。

[5] 新华网——中国青年报，2014，高考英语社会化：65.6%受访者支持 [OL]，http://www.he.xinhuanet.com/jiuye/2014-06/12/c_1111111699_5.htm（2015年2月1日读取）。

[6] 南方都市报，2014，高考英语或探索社会化考试：逾6成人看好1年多考 [OL]，http://news.sohu.com/20140604/n400389174.shtml（2015年2月1日读取）。

[7] 温忠孝，2014，英语高考社会化之利弊 [J]，《校园英语》（26）：10。

[8] 新京报，2014，2014高考热点关注：英语考试改为社会考试是否可行？[OL]，http://www.examw.com/gaokao/cn/86747/（2015年2月1日读取）。

[9] 刘京京，2014，高考英语社会化考试的可行性及实施策略——基于SWOT视角的分析 [J]，《中国教育学刊》（7）：10-14。

[10] 百度百科，2014，全国专业技术人员职称外语等级统一考试 [OL]，http://baike.baidu.com/link?url=vOcHmObnoAgJNviLWDANsxDzHHYXL8Dax_3hNQI9FLjoBQwHP0fp5mXHTNr6U02eJBe_Xa8eHy8DotpmjHW4_xbiF-vL7L7YlTFFHafXuOrKDhtb8IO800h5MbknlLeuNg266JIJxu3WFgwQKIg2ZJrtXCxotCLHwnKIkNMnZ2c7wukn7YoLzyfvyhlS1kGx4O7zd3AUq-hEqYiCduk_Ua（2015年2月1日读取）。

[11]　于忠宁，2014，培训机构号称"有真题"考生信息频遭泄露——职称英语考试：真假信息迷人眼 [N]，《南方都市报》，2014-3-14。

[12]　京华时报，2014，职称英语考试信息泄露：人社部称挡不住黑客 [OL]，http://edu. sina.com.cn/yyks/2014-04-14/0951415122.shtml（2015 年 2 月 1 日读取）。

[13]　周红梅，2014，职称英语考试制度应改一改 [N]，《联合时报》，2014-5-23。

[14]　邓晖，2014，职称外语考试，改革何时"动真格"？[N]，《光明日报》，2014-3-31。

[15]　孔祥，2014，从教育测量学看全国职称外语考试改革 [J]，《济南大学学报（社会科学版）》24（4）：65-68。

[16]　曾瑞鑫，2014，新航道十年庆典：透析雅思考试官方指南发布仪式 [OL]，http:// edu.china.com.cn/2014-10/17/content_33791606.htm（2015 年 2 月 1 日读取）。

[17]　网易教育，2014，新航道 10 周年庆典：雅思考试官方指南同时发布 [OL]，http:// elt.i21st.cn/article/12466_1.html（2015 年 2 月 1 日读取）。

[18]　网易教育，2015，2014 年雅思考试解析与 2015 年趋势分析 [OL]，http://edu.163. com/15/0113/16/AFRQOH4C00294IPE.html（2015 年 2 月 1 日读取）。

[19]　纪双城、孙微，2014，英托福禁令搞疯英大学，对中国人影响不大 [OL]，http:// edu.sina.com.cn/yyks/2014-03-18/1712412605.shtml（2015 年 2 月 1 日读取）。

[20]　中国新闻网，2014，英国将不再承认托福和托业成绩，中国考生维权 [OL]，http:// edu.sina.com.cn/yyks/2014-04-28/1140416554.shtml（2015 年 2 月 1 日读取）。

[21]　中国江苏网，2014，托福被禁后续：由学校决定接受哪种语言考试 [OL]，http:// edu.sina.com.cn/yyks/2014-05-04/1109417025.shtml（2015 年 2 月 1 日读取）。

[22]　新东方，2015，2015 年托福考试趋势预测及备考建议 [OL]，http://edu.sina.com.cn/ yyks/2015-01-04/1404452642.shtml（2015 年 2 月 1 日读取）。

[23]　新浪教育，2014，SAT 发布改革八大细则 4 月 16 日公布新版样卷 [OL]，http:// edu.sina.com.cn/yyks/2014-03-08/1056411729.shtml（2015 年 2 月 1 日读取）。

[24]　新浪教育，2014，SAT 考试改革独家编译解析：高一新生被影响 [OL]，http://edu. sina.com.cn/yyks/2014-03-06/1410411500.shtml（2015 年 2 月 1 日读取）。

[25]　腾讯教育，2014，新 SAT 开讲：新东方推 SAT 一站式解决方案 [OL]，http://edu. qq.com/a/20141222/040678.htm（2015 年 2 月 1 日读取）。

[26]　新浪教育，2014，2014 年度 GRE 考生人数增长 7%，中国区考生下降 [OL]，http://edu.sina.com.cn/yyks/2014-11-19/1849444294.shtml（2015 年 2 月 1 日读取）。

[27]　林颖颖，2014，约半数中国大陆 GRE 考生报考 2 次 [OL]，http://news.sina.com.cn/ c/2014-09-25/014930909499.shtml（2015 年 2 月 1 日读取）。

[28]　新东方，2014，2015 年 GRE 考试趋势报告及备考方案 [OL]，http://edu.sina.com. cn/yyks/2014-12-30/1626452208.shtml（2015 年 2 月 1 日读取）。

[29] 考试百科，剑桥少儿英语考试 [OL]，http://kaoshi.eol.cn/cyle/（2015 年 2 月 1 日读取）。

[30] 中国广播网，2014，国内中小学生为考证奔忙，"才艺特长"沦为升学工具 [OL]，http://news.sina.com.cn/o/2014-05-21/130930186758.shtml（2015 年 2 月 1 日读取）。

[31] 郭颖，2014，2014 年 3 月起实行剑桥少儿英语考试"社会化" [OL]，http://edu.ifeng.com/kids/detail_2014_02/14/33808692_0.shtml（2015 年 2 月 1 日读取）。

[32] 京华时报，2014，北京取消中小学等级证书考试，禁止学校评选排名 [OL]，http://news.sina.com.cn/c/2014-05-20/022430170600.shtml（2015 年 2 月 1 日读取）。

[33] 网易新闻，2014，西安剑桥少儿英语培训火热 [OL]，http://news.163.com/14/0527/05/9T7RJKN600014AED.html（2015 年 2 月 1 日读取）。

[34] 爱思网，2009，PTE 少儿英语考试 [OL]，http://www.24en.com/e/DoPrint/?classid=1186&id=115502（2015 年 2 月 1 日读取）。

[35] 搜狗百科，捷思少儿英语考试 [OL]，http://baike.sogou.com/h30991960.htm;jsessionid=1663AC927A2B59BE53829CCBA15407BE.n2?sp=l30991961（2015 年 2 月 1 日读取）。

[36] 百度百科，伦敦少儿英语考试 [OL]，http://baike.baidu.com/view/2074788.htm（2015 年 2 月 1 日读取）。

[37] 百度百科，上海市通用少儿英语口语星级考试 [OL]，http://baike.baidu.com/link?url=zyj21wSNJ_J-e1mnhUQpmetSBIU3cVas5-4sw02sev1wsPC_W7L0TATpkYVHajJCoMWT9Eg- Xeiulsx15B1oLa（2015 年 2 月 1 日读取）。

[38] 考试百科，BEC 剑桥商务英语考试 [OL]，http://kaoshi.eol.cn/bec/（2015 年 2 月 1 日读取）。

[39] 百度百科，托业 [OL]，http://baike.baidu.com/view/89077.htm（2015 年 2 月 1 日读取）。

[40] 翁婷婷，2014，由 BEC 初级考试谈高职商务英语词汇教学 [J]，《校园英语旬刊》（8）：62。

[41] 李清，2014，TOEIC 引入高职高专英语教学的可行性及应用 [J]，《读与写杂志》11（2）：24。

[42] 百度百科，旅游英语考试 [OL]，http://baike.baidu.com/link?url=3LODWtB0x-yicuLRon2TYP2scHHwyXoLUN-LIn97NhOp5DhT_TqiXcSe6w_JqGc9-RSrBS6Zs3iJoXBl0x7Or_（2015 年 2 月 1 日读取）。

[43] 徐琴芳，2014，基于交际能力的旅游英语考试改革研究 [J]，《无锡职业技术学院学报》13（6）：44-47。

[44] 霍妍如，2014，新大学英语六级考试翻译题对旅游英语的文化翻译教学的启示 [J]，《考试周刊》（40）：1-2。

[45] 法律考试网，2012，目前国内三大法律英语考试证书的简介与区分 [OL]，http://

www.1000kaoshi.com/index.php?m=content&c=index&a=show&catid=62&id=960
（2015 年 2 月 1 日读取）。

[46] 百度百科，全国英语等级考试 [OL]，http://baike.baidu.com/view/273485.htm（2015
年 2 月 1 日读取）。

[47] 吴昭华，2014，关于江苏职教英语教材与 PETS 口试相结合的教学策略思考 [J]，
《校园英语旬刊》（10）：61。

[48] 姜军，2014，PETS 口试对英语口语教学的启发 [J]，《科教文汇》272（3）：103-105。

[49] 邱昕久，2014，全国英语等级考试助推中学英语课堂教学 [J]，《校园英语旬刊》
（34）：150。

[50] 百度百科，三一口语 [OL]，http://baike.baidu.com/view/1193273.htm?fromtitle=GES
E&fromid=9777199&type=search（2015 年 2 月 1 日读取）。

[51] 贾娟娟，2014，浅析英语教育改革后英语培训市场的发展方向 [J]，《现代经济信
息》（2）：294-296。

[52] 百度百科，法语 TCF 考试简介 [OL]，http://baike.baidu.com/view/407888.htm（2015
年 2 月 1 日读取）。

[53] 百度百科，TEF [OL]，http://baike.baidu.com/view/897108.htm（2015 年 2 月 1 日读取）。

[54] 赵雪薇，2013，法语证书 DELF/DALF 首进中国，成绩终生有效 [OL]，http://edu.
china.com.cn/cgym/2013-05/30/content_28980159.htm（2015 年 2 月 1 日读取）。

[55] 百度百科，西班牙语 DELE 考试 [OL]，http://baike.baidu.com/view/3397915.htm
（2015 年 2 月 1 日读取）。

[56] 百度百科，日语等级考试 [OL]，http://baike.baidu.com/view/281972.htm（2015 年 2
月 1 日读取）。

[57] 百度百科，BJT 商务日语能力考试 [OL]，http://baike.baidu.com/view/4075308.htm
（2015 年 2 月 1 日读取）。

[58] 百度百科，J.TEST [OL]，http://baike.baidu.com/view/1415027.htm（2015 年 2 月 1
日读取）。

[59] 考试百科，德福考试 [OL]，http://kaoshi.eol.cn/tdn/（2015 年 2 月 1 日读取）。

[60] 北京考试报，2014，德福考试 [OL]，http://en.eol.cn/german_news_8785/20140605/
t20140605_1126129.shtml（2015 年 2 月 1 日读取）。

[61] 百度百科，DSH [OL]，http://baike.baidu.com/view/557025.htm（2015 年 2 月 1 日读取）。

[62] 百度百科，俄语国家水平考试 [OL]，http://baike.baidu.com/link?url=-J9JlRJDEbnn8
iI0eoERNFy0XStuqTNS2ipaAucHWCKcr-87v51-RXSzXfDQVnv1Bu_3Nfup5ApIh8H
SKpBqbK（2015 年 2 月 1 日读取）。

第五章 外语教师教育与发展

第一节 高等外语教师[1]

2014 年对中国外语教师而言是不寻常的一年。9 月，国务院出台《关于深化考试招生制度改革的实施意见》，提出要加强"外语能力测评体系建设"，第一次从国家层面对中国外语教育教学和考试制度改革明确了任务和要求。教育部党组成员、部长助理林蕙青表示，外语能力测评体系建设应以标准建设为核心。国家需要建成一套覆盖大中小学各教育阶段、覆盖听说读写译综合能力、覆盖各种形式外语学习成果的评价系统，使我国的英语教学和测评"车同轨、量同衡"，推动分级教学，实施因材施教，提升外语教育成效，以更好地满足人才培养和选拔的要求，为政府行政决策、学校教学改革、用人单位外语评价等不同需求提供服务。这必然对高校外语教师的工作和职业发展提出了新的要求，高校外语教师也势必面临新的工作机遇与挑战。应对新时代的需求，2014 年高校外语教师广泛开展学术交流活动，共同研讨工作中的实际困难、解决方案、教学理念、教学改革等问题，分享自己的研究成果。

一、高校外语教师教育与发展动态

《国家中长期教育改革和发展规划纲要（2010—2020）》明确指出我国发展高等教育要全面提高高等教育质量、提高人才培养质量、提升科学研究水平、增强社会服务能力以及优化结构办出特色。高校要以中青年教师和创新团队为重点，建设高素质的高校教师队伍，大力提高教师教学水平、科研创新和社会服务能力。《国家教育事业发展第十二个五年规划》指出我国需要完善教师管理制度，建立中国特色教师教育体系，提高师德水平和教师专业能力，显著提高农村教师整体素质。到 2015 年，我国初步形成一支师德高尚、业务精湛、

---

1 本节作者：叶晓雅，北京外国语大学。

结构合理、充满活力的高素质专业化教师队伍，造就一批教学名师和学科领军人才。

与此同时，随着互联网技术的革新与发展，人们已经进入了"大数据"时代。"大数据"的影响力渗透到各个领域，也包括外语教育领域。当下外语学习者能够很轻松地接触并使用各种电子设备、互联网来进行学习，他们学习更具有自主性；同时教师也面临着角色的转变：从传统的知识占有者和提供者转变为课堂的组织者和学习的引导者。教育面临"结构性调整"，不仅更换结构，同时需要更新理念和生产方式。[1] 在线教育、网络视频课程变得越来越普遍，大学英语教学在大数据时代呈现出多元化的特点，大学英语教师需要在教育哲学思想、英语实践技能、英语教育技术、英语学科应用等方面作好准备。[2] 高校外语教师面临新的机遇与挑战。

2014 年全国举办了多个高校外语教师教学与学术发展研讨会，各地教师积极参与，共同学习、探讨、交流、进步。在研究成果方面，2014 年，根据中国知网中核心期刊的查询结果，以"大学英语教师"为主题的文章有 61 篇，研究关注点主要涉及职业倦怠、困境与挑战、专业发展、职业发展、身份定位等方面；以"大学英语教学"为主题的文章有 214 篇，研究主题涉及广泛，按照被引次数排列，热点研究话题主要包括外语教育政策、英语教学改革、大学英语教学研究综述、大学英语教学实践及实证研究等。

二、高等外语教师培养项目与活动

2014 年，北京外国语大学、外语教学与研究出版社、上海外国语大学、上海外语教育出版社、复旦大学、南京大学等单位主办了一系列外语教师教育与发展研修活动，为全国各地高校外语教师的教学和科研能力的提升提供了高水平的发展平台。教师和研究者们纷纷表示从中收获颇丰，受益匪浅。

为贯彻教育部提高高等教育质量、加强师资队伍建设的精神，推动高校外语教学改革，满足外语教师职业发展的需要，2014 年 4 月到 11 月北京外国语大学中国外语教育研究中心和外语教学与研究出版社继续联合举办"2014 年高等学校外语学科中青年骨干教师高级研修班"。本次主题式、专业化的研修班在内容与形式上继续完善，为广大教师提供最前沿的信息、最系统的指导与最全面的服务。研究班项目共 27 期，包括 4 个类别：学科管理、教学方法、研究方法和语言技术，邀请国内外知名专家主讲。研修主题既包括有效课堂的教学与研究、外语测试：理论与实践应用、语言学研究方法、学术期刊论文写作与发表等教学研究类，也包括科研项目设计与申报、语料库在外语教学与研究中的应用等学科管理类和语言技术类，为新形势下的教师发展提供理论与方法指导，并为各高校的教学与科研发展提供更全面、更有力的支持。各高校英语教师对此次研修活动表示收获良多。[3]

第二届外研社"教学之星"微课大赛以"建设大学生真心喜欢、终身受益的精品课堂"为主题，创新性地在全国以"微课"形式展示大学英语课堂，全国 7,000 多名高校英语教师参与、观摩、学习并从中受益。此次大赛共分为九场，300 余位高校英语教师展示"微课"教学，他们根据不同的教学理念灵活运用多种教学方法，从传统的"教课文"转为注重语言产出教学，激发学生的学习兴趣，提高课堂的学习效率，引导学生"输出"语言，培养学生思辨能力，呈现出一场场精彩的课堂教学。本次大赛成功举办，并获得了外语教育专家的充分肯定。大外教指委主任委员王守仁教授、北京外国语大学学术委员会主任文秋芳教授、外指委委员石坚教授、广东外语外贸大学副校长刘建达教授、西安外国语大学副校长姜亚军教授、北京外国语大学中国外语教育研究中心主任王文斌教授、大外教指委秘书长王海啸教授、北京外国语大学外国语言研究所副所长韩宝成教授先后担任大赛评委会主席并点评指导。王守仁教授作为大赛评审评价道："参赛教师、观摩教师都是真正的受益者，最终，他们都将在各自的教学中使学生真正受益，从而切实实现'建设大学生真心喜欢、终身受益的精品课堂'的目标。"[4]

2014 年 7—8 月，上海外国语大学中国外语教材与教法研究中心举办"全国高等学校外语教育中青年骨干教师高级研修班"。此次研修活动包括三大主题："培养学生学习自主性"教师工作坊、"有效课堂教学"教师工作坊和"外语教学质化研究"教师工作坊。活动邀请了英国利兹城市大学客座教授、国际英语教学机构（TEFL International）学术总监 Brian Tomlinson，香港教育学院国际教育与终生学习系主任、学院研究生项目主任、兼任中华人民共和国教育部英语教育顾问、美国欧哈纳基金会顾问、联合国教科文组织儿童基金会顾问 Bob Adamson 教授，上海外国语大学语言研究院教授、中国英语教学研究会教师专业教育与发展委员会常务理事郑新民等多名学者担任主讲专家。2006 年到 2014 年中国外语教材与教法研究中心已举办系列研修班 111 期，涉及外语教育多个领域，涵盖不同主题。研修班坚持"更新教学理念、传播学术信息、分享成功经验、提高科研水平"的原则，采用"主题讲座、案例分析、教学示范、教师工作坊"等研修模式，切实提高教师的教学水平和科研能力，已为全国各高校培训一万多名外语骨干教师。[5]

三、外语考试改革

2014 年 9 月，国务院出台《关于深化考试招生制度改革的实施意见》，提出要加强"外语能力测评体系建设"，第一次从国家层面对中国外语教育教学和考试制度改革明确了任务和要求。"国家外语能力测评体系建设启动会暨中国英语能力等级量表研制总体方案论证会"在京召开，提出制定国家外语能力量表，明确外语能力标准和制定适合我国国情的外语考试质量标准，规范大规模外语考试。11 月，来自国内高校和科研机构的 21 位外语教育专家在北京师范大学对中国外语战略和外语教育改革中面临的问题展开讨论。与会专家们认为中国外语教育需要顶层设计与规划，中国外语战略和外语教育改革不仅涉及社会各界对外语教育的认知和态度，还关系到国家的"软实力"和"走出去"战略的实施。北京外国语大学陈琳教授表示，我国现阶段大、中、小学不同阶段教学内容各自分离、缺乏衔接，相互脱节与不合理的重复问题并存，这一方面导致外语教学费时低效，另一方面由于内容的重复性，学生学习外语的兴趣也会大大降低。他建议从国家层面构建"一条龙"外语教学模式。陈琳教授说："要实现'一条龙'，就要改变目前大、中、小学英语教学多头领导、各自为政、缺乏沟通的现象，在国家层面设立一个负责制定和实施外语战略规划的机构。"南京大学王守仁教授认为，在新的环境下外语教师应转变角色，从知识的传授者变为学生学习的指导者、促进者。四川大学石坚教授认为英语教育方法要与时俱进，针对年轻一代习惯用手机等电子产品阅读这一现象，他建议教师们研究"90后"学生"指尖上"的学习方法。针对中国外语考试种类繁多、标准不一、功能各异等问题，教育部考试中心副主任刘建达表示，即将出台的覆盖大中小学各教育阶段、覆盖听说读写译综合能力、覆盖各种形式外语学习成果的统一评价系统将使中国英语教学和测评"车同轨、量同衡"。[6]

四、高等外语教师教育与发展领域专题会议

1. 第二届全球教师教育峰会（GTES2014）

2014年10月17至20日，"第二届全球教师教育峰会"（GTES2014）在北京师范大学召开。该峰会以"教师教育质量与学习"为主题，为来自世界各地的教师教育研究者、教师教育者提供了交流平台。会议主题为教师教育质量与学习：实践、政策与创新。会议议题包括：教师教育体系与质量、教师和教师教育的质量属性、教师教育与教师学习、教师教育与学生学习、教师教育与教师发展的创新理念与实践。会议邀请了多名国内外知名的教育专家作为会议主讲人，交流其各自领域的前沿研究状况。北京大学陈向明教授作了《教师在两难空间中的实践推理》的研究报告，分享了她最新的研究成果。[7]

2. 第七届中国英语教学国际研讨会

2014年10月23至26日，"第七届中国英语教学国际研讨会"在南京举办。本次研讨会由中国英汉语比较研究会英语教学研究分会主办，南京大学外国语学院承办，外语教学与研究出版社协办。来自世界各地的专家学者们围绕着"面向本土化与个性化的中国英语教学改革与研究"这一主题进行了广泛而深入的研讨。

宾夕法尼亚州立大学的世界知名学者 James Lantolf 以 Sociocultural Psychology and the Pedagogical Imperative: L2 Developmental Education 为题进行了大会第一场主旨发言。Lantolf 教授首先介绍了语言教学的通常假设，即只要教师给学习者提供简单可理解的输入（comprehensible input）（Krashen 理论），或者让学习者参与到需要讨论意义的任务中去，那么语言习得就会发生。Lantolf 教授认为

这是个假设存在问题，并对其进行了反驳。他认为在教学环境下的语言发展过程是在学生自己对事物的理解（preunderstanding）的基础上，教师通过与学生的互动（mediation）让学生形成对世界的新理解（new understanding）。

中国英汉语比较研究会英语教学研究分会会长文秋芳教授以 Production-oriented Approach for Chinese Adult L2 Learners 为题，进行了大会最后一场主旨发言。文秋芳教授首先分析了国内英语教学的现状：目前国内各种教学法多以教材为基础。在特定年代，在语言教学资源匮乏时，此类基于有限、优质教材的教学法能够引导学生反复练习、最大化地利用教学资源；但同时也过于枯燥机械，学习者主要从背单词、短语等识记角度入手，投入虽多，但与实际应用脱离，难以有效提升语言运用能力。Production-oriented 教学法旨在解决学生英语能力与社会需求不匹配的问题：当今社会需要外语人才具有较高的口语和写作能力，以满足社会实际工作的需求，但这两项往往正是大多数外语学习者薄弱的方面。文秋芳教授重点阐述了 Production-oriented 教学法的特点以及如何将其应用于高等教育阶段的英语教学。与传统教学法以听力、阅读输入为先导不同，Production-oriented 教学法要求教师在教学之初设定学生在将来工作生活中可能遇到的情境，学生在该情境中进行说、写、译等输出训练，输出中发现不足，然后主动在后续的听力、阅读等语言输入学习中弥补和提升，最后阶段再由老师对学生进行最终的输出评估。同时，Production-oriented 又与现在流行的任务驱动（Task-driven）教学法不同，后者有忽视学习过程而过于注重任务本身的弊端，容易流于形式。Production-oriented 教学法强调 Learning-centered 而非 Learner-centered，以确保有效利用课堂时间，保证有效学习在课堂发生。高校英语教师在这个教学过程中扮演极其重要的角色。教师自身不仅要有过硬的语言功底，还需要有丰富的知识，能够设计合理有效的输出任务，选择优质的输入资料，并且能够在课堂上切实了解学生的学习进度，指导学生有效地处理输入材料，及时引导学生积极思考，训练需要提升的能力。这样的教学法对于学习目标明确的成年人来说，尤其有效。[8]

3. 第三届全国外语教师教育与发展专题研讨会

2014 年 11 月 1 至 2 日，由中国高等教育学会外语教学研究分会主办、四川师范大学外国语学院承办的"第三届全国外语教师教育与发展专题研讨会"在成都召开。本次大会以"在职外语教师专业发展：理论、途径与方法创新"为主题，邀请到了多位国内外知名学者。美国 TESOL 主席 Sun Yilin 作了题为 Major Trends Issues and Responsibilities of Teacher Educators in the Changing Global ELT Field 的主题发言。她从自身的教育经验出发，论述了关于外语教师的教育和专业领域发展的主要趋势以及英语教师的责任与角色。 Julian Edge 教授作了题为 Cooperative Development—A Way of Being 的主旨发言，向大家展示了教师合作发展的相关理论。Anne Burns 教授作了题为 Strengthening English Language Teaching Quality Through Online Professional Development 的学术报告，简要介绍了相关的教师专业化发展项目的基础概念、内容以及影响结果等。本次会议还设立专门的分会场进行研讨。北京师范大学王蔷教授及其团队和北京外国语大学的周燕教授、杨鲁新教授及其团队分别以"基于实践取向的外语教师发展模式"和"优秀中学英语教师在职发展培养模式：学术导师和实践导师双轨制"为研究话题，与大家进行了展示分享。

4. 2014 全国学术英语教学研讨会暨教师培训会

2014 年 5 月以"学术英语的春天"为主题的"2014 全国学术英语教学研讨会暨教师培训会"在复旦大学举行，来自全国 57 所高校的 157 名大学英语教师参加了此次研讨会。本次研讨会共分为四个部分，第一部分以"本科新生中开展学术英语教学实践"主题，由 6 所成功开展学术英语教学改革的试点单位负责人介绍改革经验；第二部分开设"专门用途英语语料库建设与意义"专题，第二军医大学的章国英教授对该校医学英语语料库的构建以及基于语料库的词表、教材开发、教学应用等做了详细介绍，并提出未来基于网络数据库"云语料库"的开发设想；第三部分以"综合能力培养的学术英语教学实践"为主题，邀请 5 位在学术英语教学实践中成绩突出的个体教师进行公开课展示和说课；第四部分以"基于项目和思辨能力培养的学术英语教学"为主题进行说课展示。本次研讨会借鉴了国际研讨会小组讨论的研讨形式，在主会场将传统的一排排就位的听讲模式改成围桌讨论模式。大会代表共分成 14 个小组，每组 10—11 人，将不同学校及教学背景的与会者安排在同一小组，打破了传统会议由少数代表发言为主的固定模式。这种自由的研讨形式增加了参会老师彼此间交流互动的机会，真正实现了研讨会的交流目的。

5. 全国高校大学英语教学发展学术研讨会

2014 年 3 月外语教学与研究出版社与中国外语教育研究中心举办的"全国高校大学英语教学发展学术研讨会"在北京召开。会议的主题为"形势、目标、能力、策略"。从宏观到具体，从理论到实践，与会者们共同研讨了"如何把大学英语课程建设成大学生真心喜欢、终身受益的优质课程，以更好地满足大学生接受高质量、多样化大学英语教学的需求，更加适应国家经济社会发展对人才培养的要求"。会议主要聚焦以下议题：（一）大学生外语能力评价与国际标准；（二）"综合英语"与"学术英语"的作用与关系；（三）大学英语课程的"工具性"和"人文性"的内涵与关系；（四）"输入为基础，输出为驱动"教学理念在大学英语课程中的实施与策略；（五）教育技术与优质课程建设；（六）"语言生态观"的内涵与构建；（七）提高教学质量的"核心任务"的落实；（八）更新教师观念、提升教师能力。会议邀请专家学者作主旨、专题报告。南京大学教授、大外教指委主任委员王守仁作了主旨报告《新形势下大学英语教学改革与发展中的若干问题》；北京外国语大学教授、中国外语教育研究中心主任文秋芳作了题为《大学英语教学方法与策略》的专题报告；浙江大学外语学院院长、教授，教育部大外教指委副主任委员何莲珍作了题为《演讲与写作在大学英语教学中的地位与大学生语言输出能力的培养》的专题报告；随后高校大学英语优秀骨干教师就"教师教学能力的提高与职业发展"展开了广泛交流；全体参与人员进行了分组讨论。

6. 西部地区外语教育研究会 2014 年年会暨第十一届学术研讨会

2014 年 7 月由西部地区外语教育研究会主办、西北师范大学外国语学院承办的"西部地区外语教育研究会 2014 年年会暨第十一届学术研讨会"在兰州召开。来自重庆、四川、云南、贵州、广西、陕西、甘肃、宁夏、新疆、内蒙古、北京、上海、浙江、江苏、辽宁、广东、湖北等 17 个省、市、自治区高校的代表 120 余人参加会议,此外还有英国大使馆文化教育处专家与官员,《解放军外国语学院学报》、外语教学与研究出版社、上海外语教育出版社、高等教育出版社、科学出版社以及句酷批改网等会议协办单位代表参加了会议。本次研讨会以"西部地区外语教育面临的挑战与机遇"为主题。随着国家"桥头堡"战略、"丝绸之路"经济带建设战略、中国—东盟自由贸易区建设等一系列促进西部经济、文化发展,加强国际交流合作战略的实施,西部社会、经济的发展也迎来了新的机遇,西部更需要与外面的世界交流往来,因此西部高校外语人才培养同样面临新的机遇与挑战。在新的环境下,专家学者们就如何更好地建设西部外语教学展开了深入的研讨。

五、结语

如今大数据技术已经渗透到教育的核心环节,教育者需要革新教学思维,转变影响教育模式,并重新构建教育的评价方式。[9] 这无疑对高校外语教师提出了新的要求与挑战。但我国大学英语教师这一群体还存在着一些问题。王守仁、王海啸(2011)认为我国大学英语教师的主要特征是:学历层次总体偏低、研究能力整体较弱、高级职称比例极小、女性教师数量过多,她们承担着繁重的基础课程教学任务,且科研能力相对较弱,发表纯学术性论文和申请到课题的人数较少。[10] 大学英语教师队伍中存在"结构性短缺"和"低水平过剩"问题,以及如何突破职业发展困境、确定发展定位、选择发展路径等问题。[11] 2014 年在新的形势下,面临新的问题,高校外语教师踊跃参加多样的教学、学术研讨会,积极努力提升自身的教学与科研能力,谋求自身长远的职业发展。

[1] 刘润清,2014,大数据时代的外语教育科研 [J],《当代外语研究》(7):1-6。

[2] 陈金平,2014,大数据时代的大学英语教师职业发展 [J],《当代外语研究》(4):35-38。

[3]　信息来源：http://www.fltrp.com/trainingnews/14872（2015 年 1 月 15 日读取）。

[4]　信息来源：http://heep.unipus.cn/special/special20140611/index.html（2015 年 1 月 16 日读取）。

[5]　信息来源：http://www.sinoflt.com/swpx/indexNews_tagExe.action?newsType.tag=%E7%A0%94%E4%BF%AE%E5%8A%A8%E6%80%81&news.id=3086&newsPageInt=1&pageInt=1&pagesize=24（2015 年 1 月 16 日读取）。

[6]　信息来源：http://news.xinhuanet.com/edu/2014-11/23/c_1113364253.htm（2015 年 1 月 18 日读取）。

[7]　信息来源：http://www.teacherclub.com.cn/tresearch/channel/company/hot/21083.html（2015 年 2 月 20 日读取）。

[8]　信息来源：http://elt.celea.org.cn/2014/（2015 年 1 月 18 日读取）。

[9]　喻长志，2013，大数据时代教育的可能转向 [J]，《江淮论坛》（4）：188-192。

[10]　王守仁、王海啸，2011，我国高校大学英语教学现状调查及大学英语教学改革与发展方向 [J]，《中国外语》(5)：4-11。

[11]　肖巧慧，2012，大学英语教师职业发展困境与路径选择 [J]，《疯狂英语》（教师版）(4)：136-146。

第二节　基础外语教师[1]

改革开放以来，中国的英语基础教育一直处于快速发展的状态。各个层次、各种类型的英语教育都取得了显著成绩，国民的整体英语素养有了明显的提高。然而，我们也应当认识到，英语教育目前仍不能完全满足国家和社会的需要，英语教育本身还有进一步完善的空间。2014 年，基础外语教育领域的关键词是"改革"，基础外语教师面临全新的机遇和挑战。改革的趋向是更加强调提高学生的语言综合运用能力，对此，基础外语教师教育研究者和决策者不断探索如何进一步提升基础外语教师的专业素质和理论素养，同时更加注重培养新形势下英语教育的国际化视野并有效地开发和实践了新型教学模式。

一、基础外语教师教育的发展动态

2014 年，随着我国基础外语教师培训模式进一步改革，培训质量得到了明显提升。我国教师体系不断完善，但仍存在着教师培养的适应性和针对性不强、课程教学内容和教学方法相对陈旧、教育实践质量不高、教师教育师资队伍薄弱等突出问题。针对这些情况，为推动教师教育综合改革，全面提升教师培养质量，教育部于 2014 年 8 月 18 日发布了《教育部关于实施卓越教师培养计划的意见》（教师［2014］5 号），要求深化教师培养模式改革，建立协同培养新机制，推动教育教学改革创新，整合优化教师教育师资队伍，努力培养出师德高尚、专业基础扎实、教育教学能力和自我发展能力突出的高素质专业化中小学教师。

该文件的发布为基础外语教师整体素质的提高、外语教师培训机制的改革与创新、培训质量的提高以及基础外语教师教育体系的完善提供了极为有利的制度支撑。

1　本节作者：刘青文、李清漪、崔琳琳，首都师范大学。

二、基础外语教师培训项目与活动

2014 年基础外语教师教育的培训项目与活动十分丰富，呈现出更加贴近教学改革实际、更加重视参训教师需求、培训内容广泛、模式灵活多样的特点。

1. "国培计划"

中小学国家级培训计划，简称"国培计划"，是由教育部、财政部于 2010 年全面实施的全国最高水平和最大规模的中小学教师培训项目，是国家提高中小学教师特别是农村教师队伍整体素质的重要举措，对于推进义务教育均衡发展、促进基础教育改革、提高教育质量具有重大意义。"国培计划"包括"中小学教师示范性培训项目"、"中西部农村骨干教师培训项目"以及"幼儿教师国家级培训项目"三项内容。2014 年 4 月 2 日，为进一步推动教师培训改革，充分发挥示范引领作用，教育部办公厅、财政部办公厅联合发布《两部办公厅关于做好 2014 年国培计划实施工作的通知》（教师厅〔2014〕1 号），就做好 2014 年中小学幼儿园教师国家级培训计划示范性项目、中西部项目和幼师国培项目实施工作，提出以下要求：一要认真做好培训调研，按需设置培训项目；二要推进综合改革，破解重点难点问题；三要推行混合式培训，提升培训实效性；四要强化项目管理，确保培训质量和水平。

教育部在 2014 年 3 月份时随机抽取了 16 万名学员对 2013 年国培绩效进行网络匿名评估，总体满意率为 90.46%。2014 年 4 月，两部印发通知部署 2014 年国培实施工作，经费增加至 21.5 亿元。2014 年承担外语基础教育学科相关项目的培训高校有北京外国语大学、广州大学、杭州师范大学、河南大学、安徽师范大学、华南师范大学等多所高校。各承担培训项目的高校积极创新，在总结过往的培训项目经验的基础上，结合当前基础外语教育领域中出现的新问题有针对性地开展本年度培训项目。

北京外国语大学自 2010 年起开始连续五年承办"国培计划"，外语教学与研究出版社作为北外"国培计划"的实施单位，除教育部直属示范性项目外，还承办了吉林、河北、山西、陕西、甘肃、重庆、四川、新疆、西藏、广西等地区的中西部项目，截至2013年底，累计培训达4,024人。2014年北京外国语大学继续推进"国培计划"，实际参训人数为1,089人。2014年9月13日，"国培计划（2014）"——农村中小学教师短期集中培训北京外国语大学英语学科甘肃、河北研修项目拉开了2014年北外"国培计划"的序幕。10月10日，"国培计划（2014）"重庆市农村义务教育教学名师异地脱产研修项目开学典礼在北京外国语大学隆重召开。10月15日，"国培计划（2014）"——农村中小学教师短期集中培训北京外国语大学英语学科西藏、河北研修项目开学典礼在外研社国际会议中心举行。与此同时，10月15日在广西马山和横县举行了"国培计划（2014）"广西农村学科教师送教下乡项目。在11月3日和11月12日，北京外国语大学分别举行了国培计划"示范性集中培训项目"和"示范性教师工作坊高端研修项目"开学典礼。与往年相比，今年的培训项目注重开展线上与线下培训相结合的混合式培训模式，在训前、训中和训后充分利用"北京外国语大学国培计划平台（bfsugp.nse.cn）"的功能和资源，实现了作业上传及互评、在线研讨、日志共享等活动，为学员们量身定制科学合理的研修课程；加大了实践性课程比例，安排学员走入北京市中小学进行实践观摩。针对具有高级职称的一线优秀英语教师，项目组则将通过系统研修与丰富的下校观摩考察相结合的方式，来更新学员的教学理念，全面提升学员的教学设计、教学资源开发与整合能力，从而提高其课堂教学有效性，培养有特色的教育风格。

为探索混合式培训的合理模式，教育部教师司自2013年起进行"'国培计划'教师工作坊研修"试点项目。北京外国语大学作为英语学科的全国两所承办院校之一，与英国大使馆文化处、中国教师研修网三方合作，由外研社负责组织实施。该项目汇聚多方专家，由线上预热E-Moderator课程、集中培训与网络研修三个阶段相互起承，有效衔接。而培训对象，即工作坊坊主，来自全国的13个省、市、自治区。他们当中一线骨干教师、教研员、高校教师按照1:1:1选拔，各占三分之一。其中，山东省、湖北省、河南省、天津市、重庆市等省市级教研员直接参与项目当中，为常态化、线上线下混合式的教师培训模式，作出了有益探索。

全国其他各省市承担"国培计划"英语学科项目的单位也积极响应教育部

号召，有效探索并很好地落实了本年度的培训项目。2014年是广州大学承担"国培计划"项目的第三年。11月10至19日，来自西藏、新疆、云南、四川等七个省、自治区的50名学员在广州大学参加了广州大学"国培计划（2014）"——一线优秀教师培训技能提升研修项目。17至18日，项目组按照课程计划安排全体学员赴澳门观摩学习，希望参训教师回到工作岗位后能够充分发挥"种子"引领示范作用，将"国培"所学带回当地，使更多人受益。来自新疆生产建设兵团的40位初中英语教师赴江苏省盐城市参加了盐城师范学院承担的新疆建设兵团初中英语国培班项目。2014年11月26日，来自甘肃省的52名农村骨干初中英语教师齐聚西北师范大学，与其他学科的一百多名学员一起参加了"国培计划（2014）"——甘肃省农村中小学学科教师短期集中培训项目。

2. "歆语工程"

"歆语工程"是北京外国语大学推出的一项教育扶贫计划。该计划的推广实施，充分调动和有效整合了全国一流的英语教育资源，并通过师资培训、支教帮扶和志愿服务等方式，帮助英语教育落后地区转变英语教学观念，改进教学手段和方法，提高中小学英语教学水平。"歆语工程"师资培训部分由全国基础外语教育研究培训中心和外语教学与研究出版社承办。"歆语工程"自2006年实施以来，在服务区域上不断扩展，从最初的京郊地区、河北平山县革命老区，到如今的北京、湖南、广西、陕西、海南和山东六个省市和地区，几年来，"歆语工程"取得了良好的社会效益和示范带动效应。"歆语工程"延安项目的开展对于全面提升延安市英语教师整体素质和教学水平，推进新课程改革和素质教育，产生了重要作用和深远影响。

2013至2014年，北京、江苏、山东等地相继发布英语高考改革的消息，教育部提出的英语高考实行社会化一年多考的改革等引发全社会对于英语教育的价值、目标以及如何改革等问题的热议。如何认识英语教育的价值及领会英语教育改革的精髓和理念，对于一线英语教师来说，尤为重要。2014年6月30日，贵州省遵义市、六盘水市"2015届高三英语学科骨干教师高级研修班"在外语教学与研究出版社国际会议中心举行。作为2014年"歆语工程"的首批学员，来自遵义市和六盘水市的 123 名高三英语骨干教师参加了开学典礼。多名专家学者在此期培训中同学员们一起把脉高考英语改革，探讨科学教学方法。7 月 18 日，2014 年"歆语工程"北京京郊中小学英语骨干教师培训拉开帷幕。在为期 10 天的培训中，项目组采用了"国际化教师创新培训课程"，并将开拓学员的国际化视野及了解国际课堂的教育体系与理念作为此次培训的重点任务。7 月 21 日，2014 年"歆语工程"湖南省民族地区英语教师研修班在北外举行了开学典礼。今年该项目的培训本着"接地气，结合教学实践，满足教师实际需求"的原则，各相关单位就课程设计方案反复沟通，对课程做了精心的设计和安排。

3. 其他培训项目与活动

2014 年 7 月 21 至 25 日，由全国基础外语教育研究培训中心主办的"中学英语课程设计与研究方法高端研修班"在北京圆满结束。来自全国各地的 30 多名中学英语教师参加了此次研修班。在当前英语中高考改革的背景下，全国基础外语教育研究培训中心举办此次高端研修班，旨在通过邀请国内外知名的培训专家授课，结合外研社引进与自创的师训图书所倡导的教学理念与先进的教学方法，通过骨干教师的学习，渗透到各地一线教学中，一起探讨如何将英语教学真正落实在培养学生的综合语言运用能力上；面对考试改革，如何应对新的挑战；如何促进英语教师的专业发展，提升教育质量等诸多亟待解决的问题。

"翻转课堂——先学后教"这一新型的教学模式于 2007 年起源于美国，2013 年"翻转课堂教学模式"在国内受到了一流学校的高度欢迎，得到了教育界广大同行的充分认可，在先期一些优质学校的学科实践中取得了显著的效果，得到了印证。英语学科有其特殊性，"翻转课堂"与中小学英语教学的结合存在着一定的实践难度，广大教师从理论到实际操作尚存在不少模糊认识，包括不同课型翻转课堂实践技巧，翻转课堂课前、课中、课后环节的设计要点，微视频的制作，翻转课堂的课堂评价等，需要教师理清概念，掌握实践要点，避免盲目"翻转"。因此，由全国基础外语教育研究培训中心主办，外语教学与研究出版社协办的"全国中小学数字化教学系列高端研修班第一期——

翻转课堂"于 2014 年 11 月 7 至 10 日在北京举行。本次研修班采取专家讲座、实践操作、点评分析和交流互动的形式,对"翻转课堂"这一概念进行了解读与探讨,并介绍了英语学科微视频制作技巧、测评工具资源等内容。另外,研修班项目组还选拔部分优质学校进行重点指导和跟踪,从宏观和微观上把这项课堂教学的革新完整、系统地渗透到教学当中。

为进一步提高中小学教师的教学素质和业务水平,学习和借鉴国外先进的教学理念及教学方式,全国基础外语教育研究培训中心积极响应教育部文件精神,精选并整合优质的国际研修资源,每年在全国范围内选拔和组织一批优秀中小学英语教师赴英国参加 ELT 国际高级研修项目。项目由专业的 ELT 课程及与之相关的教学实习、学校考察、文化考察等活动模块组成。课程由中心英国培训基地、英国大使馆文化教育处全球英语培训合作机构奇切斯特大学提供。2014 年,项目选拔了 50 名优秀教师赴英国学习。

三、基础外语教师教育专业活动与学术交流

1. 专业活动

2014 年度基础外语教师教育专业活动主要包括教学和科研论文比赛两个方面。

为了配合教育部实施卓越教师培养计划,推动教育教学改革创新,切实提高教师教学实践能力的要求,2013 年度基础外语教师教育开展了内容丰富、形式多样的教学赛事,激发了广大教师提高教学理论、教学技能的热情,增进了教师群体之间的合作与交流。2014 年的教学赛事主要包括第八届全国小学、初中、高中英语教师教学基本功大赛暨教学观摩研讨会,第三届中小学外语教师教学能手评选活动、2014 年全国中学英语教师教学技能大赛(NTSCETMS)以及 2014 年"21 世纪杯"全国中小学教师英语报刊课堂教学设计大赛等。

全国小学英语教师教学基本功大赛是由国家基础教育实验中心外语教育研究中心主办,检验全国各地小学英语教学水平和质量的一项重要权威赛事,是全国英语小学教学战线的教学培训和研讨盛会。作为全国小学英语教学科研的

品牌赛事，此活动自 2007 年至今已连续成功举办八届，它汇集了全国小学优秀一线英语教师，集课堂教学、实践交流、教学理论和学习研讨于一体，形式新颖，内容丰富，引领了当前全国小学英语教学的发展趋势。"第八届全国小学英语教师教学基本功大赛暨教学观摩研讨会"于 2014 年 5 月 18 至 23 日在云南省昆明市隆重召开。本届大会的主题是"推行教育改革创新实践，提升小学英语教师素质，关注教师发展，切实提高小学英语课堂教学效益，促进义务教育均衡发展"。本届大赛继续坚持参赛教师自选教材、赛课类型、赛课内容，任选教学方法和教学模式，给予老师充分的自由发挥空间。国内权威英语教育教学专家、语言学专家，各地、各级英语教研员，一线初中英语教师代表，各省推荐的参赛教师及其他有关教育工作者共计 800 余人参加了本届观摩和研讨活动。

由国家基础教育实验中心外语教育研究中心举办的"第八届全国初中英语教师教学基本功大赛暨教学观摩研讨会"于 2014 年 5 月 12 至 15 日在广州举行，全国各省、市、自治区推荐的 31 名选手参加了本次比赛，来自全国各地的六百余名英语教育专家、教研员、教研组长与骨干教师参与了现场的观摩与探讨。总体来看本次基本功大赛体现了以下特点：1）授课教师综合语言素质普遍较高；2）授课教师的教育理论水平有所提高，教学理念有所提升；3）授课教师的教案设计逐步科学规范；4）教学方法多样，多媒体运用丰富多效。

本着关注教师发展、助力教师成长、搭建教师交流学习的专业平台，提升教师综合素质和强化教师立德育人能力的培养，激励并表彰在高中学段教学业绩突出、业务精湛的一线英语教师的目的，国家基础教育实验中心外语教育研究中心于 2014 年 10 月 19 至 24 日在海南省三亚市举办了"第八届全国高中英语教师教学基本功大赛暨教学观摩研讨会"活动。本次活动的主题是：全面深化高中英语课程改革，夯实和提高高中英语教师语言和教学基本功，促进高中英语教师专业发展，切实提高高中英语课堂教学效益，落实立德树人根本任务。教育部和各省、市、自治区的教育、教研部门的有关领导，英语教育、教学专家，各地、各级英语教研员，全国各类高中一线英语教师代表各省、市、自治区选拔推荐的全国高中英语教师教学基本功大赛参赛教师等参加了本次大会。本次大会包括教学基本功大赛、优秀课展评、现场观摩、教学反思、专家点评、评议互动、教学研讨、名家座谈会、论文交流与评比以及教学教研资源展。

2014 年 12 月 6 日，国家基础教育实验中心外语教育研究中心于在北京举办了"第三届全国中小学外语教师教学能手专家评审会议"。该评选活动由中国教师发展基金会和国家基础教育实验中心外语教育研究中心联合举办，每两年评选一届。该奖项的设立旨在奖励和表彰我国基础教育阶段教学、教研成绩突出的骨干中小学外语教师和在一线从事教学工作的外语教研员，是我国基础教育界针对中小学外语教师所设的国家级单项奖和荣誉之一，激励中小学外语教师和教研员不断提高专业素质和职业修养，不断提高外语教学、教研质量，推动我国基础教育外语教学改革和发展，为国家的人才培养作出更大贡献。本次评选根据分配名额和评选条件采取了自下而上逐级评选的方式。省级教研部门统一推荐省级候选人，报送全国评委会终评，经全国评委会专家评审最终有来自全国各省、市、自治区共计 207 名教师获奖。

根据教育部、教育部基础教育司、教育部师范司有关文件精神及加强教师培训的规划，为了检验广大英语教师教学理论和实践水平，全面提高和展示英语教师综合素质和课堂教学技能，国家基础教育实验中心外语教育研究中心于 2014 年 11 月 23 日在全国各地同一时间举办了第七届全国中学英语教师教学技能大赛初赛，初赛胜出的选手参加了 12 月份由各省组委会统一组织的说课比赛。大赛的宗旨是落实科学发展观，全面推进素质教育；以竞赛为教师继续教育的手段，促进中学英语教师的专业技能和综合素质的发展，帮助他们多渠道地接受优秀中学英语教师的继续教育，以推动英语教师专业化的建设。大赛的目的在于推动广大中学英语教师积极学习国家推行素质教育的方针、政策、义务教育法和教育部有关英语课改、教改的文件，自觉地进修英语外语教育教学理论和反思自己的教学实践，用以提高英语教学技能、英语综合运用能力等复合型英语教师的综合素质，并宣传、交流广大教师在该方面的成就和经验。

为了促进全国中小学英语教育教学的改革与创新，展示"十二五"科研规划课题开展以来各地课题学校的研究成果，全面推广英语报刊课堂教学的先进理念与方法，中国日报社《世纪英语》报于 2014 年 3 月全面启动 2014 年"21世纪杯"全国中小学教师英语报刊课堂教学设计大赛。大赛自 2014 年 3 月 1

日开始至 2014 年 5 月 31 日结束，每月评比一次，优秀参赛作品发布于大赛专题网站（elt.i21st.cn/nie），供专家网上点评和教师交流学习。

其次，为促进全国基础英语教育教学的改革和发展，鼓励广大外语教师自觉将教学成果科研化、理论化，2014 年度科研论文比赛活动广泛调动了基础外语教师的科研热情，提升了科研意识和科研能力。

2014 年，在成功举办第九届"新标准杯"基础英语教育教学论文大赛的基础上，全国基础外语教育研究培训中心 与《山东师范大学外国语学院学报》（基础英语教育）编辑部决定继续联合举办第十届"新标准杯"基础英语教育教学论文大赛。 论文的选题范围包括：课堂教学实践与探究、教师专业发展、教材使用与探究、教学评价与测试以及专家评课。大赛组委会邀请了英语教育领域的专家组成大赛评委会，按照评审标准对参赛论文进行评选，最终产生一等奖 8 名，二等奖 20 名，三等奖 20 名。此项活动激发并提升了广大一线基础英语教师的科研意识和科研能力，促进外语教师以"研究者"的身份重新审视教育教学，以理论自觉的态度深入教学实践，引导他们更好地将教学实践成果学术化、理论化。

2. 学术交流

2014 年度有关基础外语教师教育的学术交流活动十分丰富，内容广泛，对于深化基础教育改革、外语考试制度改革，帮助基础外语教师应对新形势下出现的新问题，探索自身发展新途径起到了十分积极的作用，并对推动基础外语教育的改革与发展起到了良好的作用。

1）2014 年外语高考改革论坛

由上海外国语大学《外国语》编辑部与北京师范大学外国语学院联合主办的"2014 年外语高考改革论坛"于 6 月 14 日在北京举行。陈琳、胡壮麟、胡文仲、戴炜栋、刘道义、杨惠中、杨治中、文秋芳、王初明、王守仁、石坚、龚亚夫、王蔷和程晓堂等国内外语界知名专家学者与会，从不同角度就英语高考改革发表意见建议。与会的专家学者认为，外语高考改革是对党的十八届三中全会《决定》中全面深化教育改革之重大决策的回应，无疑将成为中国外语教育史上一次重要事件，对中国外语教育尤其是对基础阶段外语教学将产生深远影响。外语学术界有责任和义务引导教育界和社会公众准确解读和评估此次英语高考改革决定的背景和意义，帮助细化与完善相关改革方案，尽量减少该项改革可能带来的负面效应，使该项改革收益最大化，促使外语教学与评估方式回到理性科学的轨道上。与会专家学者提出，英语高考改革的初衷与意义应在于减轻中小学学生负担，绝非削弱外语教学的地位和作用。如何实施真正意义上的社会化考试，如何保证考试信度与效度，减少一年多考和提前考试对正常课堂教学的冲击，是外语学术界应密切关注并提供具体研究成果、应对举措的重要课题。

2）第四届全国少数民族地区中小学英语教学与教师发展研讨会

随着我国基础教育阶段大面积开设外语课程，特别是在农村及少数民族地区开设英语课程，少数民族地区的英语教学与教师发展已成为目前亟待解决的课题。为了进一步提高少数民族地区英语教师的教学理念、英语教学理论和自身素质，解决在实际教学中出现的一些问题，研讨少数民族地区英语课堂教学的方式、方法，国家基础教育实验中心外语教育研究中心于 2014 年 9 月 21 至 25 日在甘肃省兰州市举办了主题为"推动少数民族地区中小学英语教学改革，促进少数民族地区中小学英语教师发展"的"第四届全国少数民族地区中小学英语教学与教师发展探讨会"。来自全国城乡少数民族地区中小学英语教师，少数民族地区自治区、自治州的英语教研员，从事少数民族地区英语科研课题研究的科研人员，相关学校、教科研机构主管英语教学的领导以及教育部有关部门领导、中外语言学专家、英语教学法专家、教研员等参加了本次研讨会。会议内容包括针对少数民族地区中小学英语教学的专家报告和学术研讨，会议期间开展了教学观摩与优秀课展评、论文评选并进行了教学实地考察。

3）2014 年中国外语教育高层论坛

2014 年 12 月 14 日，北京外国语大学中国外语教育研究中心、北京师范大学外国语言文学学院、首都师范大学外国语学院共同主办了"2014 年中国外语教育高层论坛"。论坛主题为"考试招生制度改革与高考英语改革"。来自教育部考试中心、教育部教育发展研究中心、北京外国语大学、北京师范大学、首都师范大学、华东师范大学、广东外语外贸大学等机构和高校的20多名专家、学者及全国部分地区的教研员应邀与会。会议还邀请了10多名北京市中小学名师发展工程英语骨干教师。北外副校长孙有中出席会议并结合教育部有关教育及考试改革的一系列政策和精神，从国家外语能力测评体系建设和外语学习规律的角度出发，介绍了此次论坛的意义。教育部考试中心副主任刘建达教授、教育部教育发展研究中心教育体制改革研究室主任王烽研究员、华东师范大学邹为诚教授和北京外国语大学中国外语教育研究中心副主任韩宝成教授在论坛上分别作了题为《基于标准的测评与英语改革》、《高考英语改革的政策逻辑》、《从国际比较的视野看中国基础英语课程、评价和教材难度》、《高考改革与高考英语考试的目标、内容与方法》的主旨发言。在圆桌会议上，与会代表就新形势下高考英语改革、外语能力测评体系建设、课程标准制定、教师专业发展等问题进行了深入探讨与交流，一致认为高考英语改革在追求公平性的同时，更应注重科学性。

4）"考试招生制度改革与基础外语教育教学发展"研讨会

2014年12月4日，由全国基础外语教育研究培训中心和外研社共同主办，麦克米伦科学和教育集团协办的"考试招生制度改革与基础外语教育教学发展"研讨会在上海成功召开。本次会议注重学术研讨及方向引领，有来自全国各地的省、市、自治区级外语教研员320余人报名参会。2014年9月《国务院关于深化考试招生制度改革的实施意见》正式颁布，这在基础外语教育教学领域引起热烈讨论和深入思考。本次研讨会的一大特色就是将英语教育的国际化视野呈现在了一线教育工作者面前。华东师范大学的邹为诚教授从各国中小学课程设计及教材难度比较入手，深入论述了这些比较结果对我国教育政策、教育研究、教材编写和外语教学的影响；麦克米伦科学和教育集团的国际培训师 Jack Hsiao 先生则从全球化、数字化角度对21世纪应培养什么样的人和如何培养学生的"终生技能"做了详尽阐述。基础英语教育教学研究领域的泰斗级人物张连仲教授和鲁子问教授分别从实际案例入手，结合英语教育教学的本质和规律，深入地分析了考试招生制度改革对外语教育教学的影响，探讨了基础外语教育教学深入、健康、持续发展的有效途径。

5）全国小学英语教育教学改革高峰论坛

2014 年 11 月 15 至 16 日，"全国小学英语教育教学改革高峰论坛"在山东聊城东方双语小学隆重举办。来自全国各地各级教学研究人员、学校校长和英语骨干教师 600 余人参加了论坛。本次论坛探讨了新形势下基础英语教育改革与发展方向，展示了中小学英语教育教学成果，交流、分享了特色学校的先进经验与做法，对于全国基础英语教育改革发展将起到良好的推动作用。

6）基础英语教育改革与民办教育发展研讨会

2014 年 4 月 10 日，由北京外国语大学、外研社和全国基础外语教育研究培训中心联合主办的"基础英语教育改革与民办教育发展研讨会"在北外举行。研讨会上，外研社发布了《基础英语教学暨师资情况调查报告》，系统分析了当前的基础英语教学行为特点和教师发展方向。报告指出，民办教育机构间存在"软件"配置不均衡的现象，未来，外研社将凭借优质的英语教育资源和培训师、教师队伍，专注于为培训机构提供课程设计、教程研发、教师培训和跟踪指导一系列专业教学服务。

7）第二届教育国际化趋势下的双语教学研讨会暨小学双语科学教学观摩会

"第二届教育国际化趋势下的双语教学研讨会暨小学双语科学教学观摩会"于 2014 年 4 月 24 至 25 日在成都市锦官新城小学成功举办。此次会议由中国教育学会"十二五"双语研究课题组（全称：中国教育学会"十二五"重点课题——中小学"汉语，英语，汉英双语"教学整合研究课题组）、成都市教育科学研究院和外语教学与研究出版社联合主办。此项研讨会旨在探讨目前教育国际化的趋势，推动基础教育阶段的双语教学深入开展，推广"内容与语言整合学习（Content and Language Integrated Learning，简称 CLIL）"的教学理念与实践，促进双语教师专业发展，加强对双语教材使用的指导力度。

8）第三届全国外语教师教育与发展专题研讨会

2014 年 11 月 1 至 2 日，由中国高等教育学会外语教学研究分会主办，四川师范大学外国语学院承办的"第三届全国外语教师教育与发展专题研讨会"在成都隆重召开。本次大会以"在职外语教师专业发展：理论、途径与方法创新"为主题，邀请到了国内外知名学者，包括美国 TESOL 主席 Sun Yilin 博士、英国曼彻斯特大学 Julian Edge 博士、澳大利亚新南威尔士大学 Anne Burns 教授以及中山大学夏纪梅教授、广东外语外贸大学欧阳护华教授等作主旨发言。北京师范大学王蔷教授、程晓堂教授等也莅临大会作团队展示和专家点评。美国 TESOL 主席 Sun Yilin 博士从自身的教育经验出发，论述了关于外语教师的教育和专业领域发展的主要趋势以及英语教师的责任与角色。此次研讨会在激发教育工作者的学术思想，拓展视野，进一步促进外语教师教育的发展进程等方面都起到了很好的作用。

9）第四届全国小学英语新课程探索研讨会

由北京师范大学外文学院、北京师范大学《中小学外语教学》编辑部主办，北京教育学院国际语言与文化学院承办的"第四届全国小学英语新课程探索研讨会"于 2014 年 7 月 11 至 12 日在北京举办。本次会议的主题是"促进学生发展的有效教学"。来自全国各地的 400 余名小学英语教师和教研人员参加了此次研讨会。此次研讨会采用大会发言与工作坊相结合的方式，专家在大会的发言内容涉及儿童英语阅读、小学英语听说教学、教师专业化发展以及课堂教学品质等热点问题。此次研讨会邀请了一批长期关注小学英语教学的教研人员，开设了 16 个不同主题的工作坊研讨。本次研讨会期间，《中小学外语教学》编辑部还举办了"第五届小学英语教学优秀论文评选"活动，共评出一等奖论文 35 篇，二等奖论文 57 篇，三等奖论文 42 篇。

四、基础外语教师教育教材与专著

2014 年外语教学与研究出版社——基础外语教学与研究丛书系列出版了由王蔷、张虹编著的《英语教师行动研究》（修订版）和由兰良平、韩刚编著的《英语写作教学——课堂互动性交流视角》。

《英语教师行动研究》（修订版）旨在鼓励和支持英语教师参与到行动研究的行列中，并提供研究的方式和方法。本书的主要内容包括有关英语教师行动研究的基本理论以及研究方法、操作建议等，并提供了真实的案例分析。

兰良平、韩刚所著《英语写作教学——课堂互动性交流视角》是一本通过课堂教学分析来讨论写作教学的书。该书基于对我国当前英语写作教学问题的调查，以课堂教学分析的视角从教学的目的、内容、结构、方法、策略和评价六个方面对英语写作教学进行分析与讨论。在每一章采用"主题—案例—分析—小结"的写作模式，结构清晰，具有很强的实践性和针对性，可以帮助教师较为系统地了解与写作课程相关的知识，对广大教师有直接的指导意义。该书试图用一种新的方式使写作理论、课程理论、写作教学理论和课堂写作教学实践等不同层面的知识融合在一起。

此外，浙江大学出版社出版了周启加编著的《基础教育英语教师教学能力及其发展研究》。该书以相关教师教学能力理论为基础，通过对优质教学视频的分析及对优秀英语教师的问卷调查，归纳总结出基础教育中英语教师教学能力的构成；建构了英语教师教学能力发展的基本架构；借鉴教师教学档案袋管理模式对教师教学能力发展进行评估，作为教学能力发展的重要保障。

五、科学研究项目

云南财经大学的周晓梅于2014年度申报了名为"中国西部地区少数民族双语教学师资建设研究"课题，是2014年国家社会科学基金中涉及基础外语教师教育的获批项目之一。

全国教育科学"十二五"规划2014年度课题立项名单中涉及基础外语教师教育的课题有：来自宜春学院的宋卫民负责的"高考英语学科社会化考试一年多考命题机制研究"，以及天津农学院的袁友芹申报的题为"我国英语能力测试等级量表研制"项目，上述两个项目均为教育部重点项目。

此外，2014年度教育部人文社会科学研究基金获批项目中属于基础外语教师教育的立项项目包括：由咸阳师范学院赵婉莉负责的"基于'两个标准'的西部中学英语教师胜任力评价及其发展途径研究"；由江苏科技大学王栋负责的"专业发展视角下教师行动学习研究——以中小学英语教师为例"；由湘潭大学王伟清负责的"英语教师直供输入式反馈与诱导输出式反馈的对比研究"，以及由南通大学徐巧娣负责的"大陆、台湾与香港现行中小学英语教科书比较研究"。

六、基础外语教师教育面临的挑战与机遇

改革开放 30 多年来，外语逐渐受到社会大众的重视，外语能力成为升学、就业、晋升的重要考察内容。然而，近年来围绕外语特别是英语教学与考试的争论一直不断。争论的主要焦点集中在考试成绩与实际语言运用能力相脱节的现象，外语学习投入精力与产出不成正比等。对此，教育部和各地教育部门相继出台一系列改革措施，旨在扭转这一局面。

2014 年 9 月 4 日，国务院新闻办举行新闻发布会，教育部副部长杜玉波、刘利民以及部长助理林蕙青介绍了《关于深化考试招生制度改革的实施意见》有关情况，并回答了记者提问。教育部表示，外语考试将不在统考时举行，实行社会化考试，一年多考，由学生自主选择考试时间和次数，将最好成绩计入统考总分。2014 年度，各地针对自己的情况，积极响应教育部号召，纷纷出台了一系列改革措施，如北京市高考科目分值将下调 50 分，同时向"一年两考"过渡，考试将侧重对英语实际应用能力的考查。上海市新出台的《上海市深化高等学校考试招生综合改革实施方案》中明确表示，英语仍为必考科目之一，英语考试将包括笔试和听说测试，引导英语教学注重应用能力的培养。浙江省公布的考试新办法也对英语实行一年多考，以最好的成绩计入总分，避免"一考定终身"。

在这场高考英语改革大潮中，很多专家学者理性地审视了中国的英语教育，积极反思英语教学。全面认识英语教育的意义有利于国家教育主管部门作出科学、合理的决策。随着时代的发展和社会的进步，英语教育需要进一步改革，英语教育的目的、目标和内容都需要重新考虑，英语教育的意义也要重新认识。[1] 通过改革，让英语教育占据其应有的地位，促进英语教育良性发展。高考英语的改革并非是要降低英语的重要性，考试是教学的风向标，考试改革必然会使当前的英语教育体系发生变化，因此我们要确保考试对教学的正向反拨作用。可以说此次高考英语改革必将给外语基础教育带来种种机遇和挑战，

而解决好改革可能面临的挑战正是改革是否能成功、是否能抓住机遇的关键。[2] 那么作为改革的直接利害人——外语基础教育教师来说，英语教育该何去何从呢？

首先，正确对待考试改革，避免陷入认识误区。[2] 英语高考实行社会化考试，英语学科的重要地位并未动摇，改革的目的与动机是要让英语回归其本然之态。英语是一门工具性学科，今后的英语教育应在提高操作性与应用性上多下功夫。英语教学应本着获得语言交际能力的目的开展。因此作为一线教师，首先应当端正心态，正确解读改革背后的原因及改革趋势，避免走入思想误区。

其次，遵循社会化考试导向，顺应英语教学变革。[3] 广大基础英语教师应当树立正确的教育教学观，在社会化考试的引导下，灵活作出改变，将"重考试、轻技能"的错误倾向转变过来，彻底从教学的"应试"目的转变为提高语言的综合应用能力。

再者，正确客观审视自己，努力提高自身专业素养。英语高考的社会化改革需要一批自身专业素质过硬，教学创新意识高、能力强的英语教师队伍。如何做才能在这场改革中不被淘汰，抓住机遇，成为能成功应对新型考试的教学能手是广大一线教师需要思考的问题。因此从事英语基础教育的教师们应当在正确客观地审视自己的前提下，继续充实提高自己的专业素养，这正是迎接并积极面对挑战的正确之路。

教育部要求实施卓越教师培养计划，那么作为外语基础教育教师的培训部门又该怎么做才能培养出符合时代要求、满足国家需要的外语教学师资队伍呢？

首先，教师培养、培训单位应当改革教师教育的培训模式。传统的培训模式采取集中培训等方式，这使得时间、地点很难统一。因此，教师培养单位应当学会利用并积极探索、建设多样化的培训教学模式，如网络教育，形成共建共享优质教师教育课程与课件资源的协作组织和教师教育网联的有效运作机制。[4] 教师的培训过程也可继续进行形式多样化的探索，加强培训效果。

其次，积极努力构建交流平台，鼓励教师积极参加，交流、分享自己的教学实践成果。比如，通过开展"示范课"、"教学比赛"和"互评课"等，有效促进教师间的交流和学习，找到自己的不足并加以改进。[4]

最后，完善合理有效的教师教育评价机制。教师的教育过程和发展过程呈现出一定的阶段性，因此有关部门应当不断探索，完善合理有效的教师教育评价机制，促进教师不断提高专业素养。[4] 鉴于当前高考英语考试制度的改革，考试制度中"重语言运用能力"的特点将引导外语教师改变其教学策略和教学思路，而教学结果的评价机制也会发生改变，相应的教师评价机制也将需要作出改变。

---

[1] 程晓堂，2014，关于当前英语教育政策调整的思考 [J]，《课程·教材·教法》(5)：58-64。

[2] 王蔷，2014，英语社会化考试的利弊分析与思考 [J]，《外国语》(6)：21-23。

[3] 罗卫东，2014，社会化考试背景下的高中英语教学 [J]，《英语教师》(8)：46-47。

[4] 崔淑丽，2014，中学英语教师教育改革策略研究 [J]，《考试周刊》(25)：8-9。

第六章 信息技术与外语教育

第一节 外语教育技术[1]

在当下大数据的时代背景下，信息技术不再仅是辅助工具，而是与外语课程整合形成了外语教育的一种范式，现阶段外语教育技术研究已经基本形成了学科雏形[1]，信息技术对课程设计、教学改革的推动力愈加显著，2014年见证了该趋势的发展。综合2014年出台的政策、相关的学术论文以及课题研究，我国外语教育技术的发展可以从以下几个方面进行综述：（1）教育信息化发展成果；（2）外语教育技术研究发展态势；（3）外语教育技术相关研讨会的召开；（4）数字化资源建设。

一、教育信息化发展成果

2014年伊始，为深入贯彻落实党的十八届三中全会精神，教育部研究制定了《2014年教育信息化工作要点》，信息化重点工作特别强调了"优质数字教育资源的开发与应用"，"深入研究MOOC对高等教育的深刻影响，支持985工程高校开设开放在线课程，组织部分地区实现高校公共基础课、专业基础课的网络共享。继续开展精品视频公开课和精品资源共享课建设，继续开展虚拟仿真实验教学中心建设。启动200门左右国家开放大学网络核心课程建设，探索基于网络的教学模式和教师团队的运行机制"[2]。

2014年《中国教育报》信息化专刊、中国教育技术协会、《中国电化教育》杂志社、教育技术学科网、江苏省教育信息化工程技术研究中心联合评选推出年度"教育信息化十大新闻"。一大新闻是2014年百项教育信息化成果获评国家级教学成果奖，这充分体现了信息技术对我国教育教学改革的巨大推动作用。

---

1 本节作者：刘燕，北京外国语大学。

另外，2014 年是中国教育和科研计算机网 CERNET 建设 20 周年，值此之际，CERNET 总结了 2014 年高等教育信息化十大"关键词"，其中与外语教育领域息息相关的有三点，如下：

1）教育治理的信息化之路：2014 年 1 月，全国教育工作会议再次提出了"教育治理"的理念，并把今后一阶段我国教育工作的目标确定为"深化教育领域综合改革，加快推进教育治理体系和治理能力现代化"。

2）翻转课堂和慕课进校园：翻转课堂和慕课仍然是高等教育领域热点话题，在这一年中，中国出现百余门 MOOC 课程，有成百万学习者在 MOOC 平台上进行了学习。

3）网络安全战略与人才培养：2014 年初，中央网络安全和信息化领导小组成立，组长是国家主席习近平。网络安全将正式摆在国家重要战略位置上。

二、外语教育技术研究发展态势

在 2014 年，有多项与外语教育技术相关的项目获得国家和教育部人文社科课题立项，并有数十篇论文发表在外语类核心期刊上。本小节通过综述国家课题立项情况以及核心期刊中"外语教育技术"论文发表情况，一定程度上可以捕捉"外语教育技术"的研究热点及发展态势。

1. 国家社会科学基金项目

2014 年国家社科基金年度项目立项共计 2,776 项，其中有 197 个语言学项目，2014 年国家社科基金青年项目立项名单共计 1,044 项，其中语言学项目 63 个。

笔者以"外语教育"与"信息技术"为关键词，人工排查并发现与外语教育技术相关的项目共计 7 项，如表 6.1 所示：

表 6.1　2014 年与外语教育技术相关的国家社会科学基金项目

一般项目	农科英语语料库的建设与其在 ESP 写作教学中的应用研究
	基于语料库的汉语教材词汇多角度研究
	基于大型赋码语料库的中国学者英语学术论文诊断性研究
	基于语料库的学术英语元话语特征对比研究
	基于语料库的美国主流媒体上的"中国英语"研究
青年项目	多模态汉语二语教学模式的认知机制及教学实践研究
	英汉网络科普新闻语篇的多模态对比研究

无独有偶，5 项与外语教育技术相关的国家社会科学基金一般项目都是与语料库相关的研究项目，涉及语料库在教材编写、学习者英语研究以及 ESP 领域的应用，而国家社会科学基金青年项目里面两项与外语教育技术有关，这两项研究均与多模态研究相关。

2. 教育部人文社会科学研究基金项目

在 2014 年教育部人文社会科学研究规划基金、青年基金项目当中，与"外语教育技术"相关的研究课题如表 6.2 所示。在 16 项课题当中，明确表明与语料库研究范式相关的课题有 6 项，与学习者英语相关的研究有 3 项，其他各类研究项目有 7 项，这说明了语料库研究方法作为一种可靠有力的信息技术，被学者重点关注进行研究探讨。

表 6.2　2014 年与外语教育技术相关的教育部人文社会科学研究基金项目

规划基金项目（3 项）	基于语料库（COCA）的《英语搭配词频词典》的研编
	基于中介语语料库的汉语框式结构研究及其教学
	基于学习者写作失误的英语专业写作教学模式研究

（待续）

（续表）

青年基金项目 （13 项）	中国英语学习者语言意识的特征与发展规律研究
	中国英语学习者词汇搭配认知机制研究
	面向中国学生的英语动词语法错误自动检查研究
	声音条件下阅读认知加工机制的研究
	基于语块韵律特征的口语流利性研究
	基于语料库英汉二语习得中时空概念迁移研究
	基于汉英双语平行语料库的外宣翻译规范研究
	中国大学生计算机辅助英语写作过程研究
	"微"时代下微博语言的互动特征及规范化研究
	基于英美英语写作教材的语篇类型共生关系模式构建
	外语自主学习评价模式研究
	基于历时英汉平行语料库的医学文献翻译研究
	基于自主学习的多模态教材设计理论研究

3. 第七批"中国外语教育基金"项目

大外教指委、外指委英语分委会、北京外国语大学中国外语教育研究中心于 2014 年 3 月联合启动第七批"中国外语教育基金"项目：从收到的 400 余份申请书中，审核批准了 129 个课题（中标率达 32.2%）。

在获准立项的课题当中，笔者筛选出与外语教育技术相关的课题（共计 31 个），并按照课题研究重点不同，分为四大类：慕课与翻转课堂、多模态 / 以网络为核心的外语教学研究、外语测评以及语料库在外语教学与科研中的应用研究，具体分布比重如表 6.3 所示。

四类外语教育技术研究课题共有 31 个，占所有课题的 24%，这说明了信息技术在外语教学研究领域占有足够重的分量，是学者研究和关注的重点问题之一。而在四大类外语教育技术研究课题中，又属慕课与翻转课堂与语料库的应用研究所占比重最多，均占全部课题总量的 8.53%，这在一定程度上说明了这两类研究是外语教育技术研究的重中之重，是该领域的研究热点。

表 6.3　第七批"中国外语教育基金"项目中外语教育技术相关课题分类

课题类型	数量	占比
慕课与翻转课程	11	8.53%
多模态 / 以网络为核心的外语教学研究	6	4.65%
外语测评	3	2.33%
语料库在外语教学与科研中的应用研究	11	8.53%
TOTAL	31	24%

4."外语教育技术"相关的论文

笔者在中国知网上检索 2014 年发表在外语类核心期刊（14 种）上的论文，发现与"外语教育技术"相关的论文多达数十篇，其中慕课与翻转课堂 5 篇，聚焦于测评工具的论文有 5 篇，探讨多媒体 / 多模态网络环境研究的论文有 12 篇，基于语料库的教学研究有 5 篇左右，其他还有探究信息化资源的整合以及信息技术与外语教育改革之间的关系等。

三、外语教育技术相关的研讨会

2014 年外语教育技术领域的研讨会聚焦在微观层面的主题探讨，通过强化微观层面信息技术的使用，达到提升教学效果的目的。具体举办的研讨会及研讨内容如下所示：

1）2014 年 8 月 4 至 5 日，高等教育出版社国际语言研究与发展中心和教育部全国高校教师网络培训中心共同举办全国外语教师教学科研能力提升系列研修班课程十："外语教学微课设计制作及应用工作坊"，研修的目的主要是了解当前外语教育技术发展及外语教学方式变革的现状与趋势、高校英语教学引入翻转课堂模式的必要性与重要性，掌握外语微课设计、制作与评价的原则和方法。

2）2014年9月26至28日，上海外国语大学《外语电化教学》编辑部主办的"MOOCs时代的高等外语教学研讨会"（以下简称研讨会）在山东鲁东大学召开。大会除慕课与翻转课堂为专题以外，还包括了两个研究主题：语言技术研究、大数据与外语学习分析。

华东师范大学祝智庭教授在研讨会上作了《信息化促进教学变革与创新：走向智慧教育》的主题报告，祝教授指出：要进行信息化学习和教学创新，必须实现三个突破，即突破时空限制、突破思维限制和改变教师角色。面对信息化教育对教师形成的挑战，他建议教师们应该努力做到如下三点：（1）选用适当技术，解决实际问题；（2）提升自身能力，改变角色定位；（3）革新教育观念，创新教学方略。

北京大学现代教育技术中心著名MOOC研究专家汪琼教授建议老师们可以通过借鉴MOOC的精细化教学设计功能来丰富学院的数字资源，丰富学生的学习体验。此外，汪教授总结出MOOC课程的特征及其理论依据：基于信息加工理论的短小视频、基于行为主义和认知主义的穿插性即时思考问题、基于社会建构和行为主义的讨论问题、答疑空间和基于体验/情景教学，以及建构主义的集成模拟练习、开放作业同伴互评等等[3]。

3）由中国语料库语言学研究会和西北工业大学联合主办、西北工业大学外国语学院承办的"2014语料库语言学与ESP研究专题研讨会"于2014年10月18至19日在西安举行。来自国内50余所高校的80多位专家和学者参加了本次研讨会。会议议题包括以下几个方面：（1）基于语料库的ESP理论研究；（2）基于语料库的ESP语言研究；（3）语料库在ESP教学中的应用；（4）专门用途（商务、科技、旅游、军事等）语料库的开发与应用；（5）语料库与专科词典编纂；（6）学习者语料库与中介语研究；（7）双语语料库与英汉对比及翻译研究；（8）教材语料库的建设与评估研究。

4）2014年11月7至8日，"2014计算机辅助外语教学国际研讨会"在北京成功举办。该会议的主要分议题包括以下几个方面：新技术与外语教育、计算机辅助外语教学的基础设施和环境构建、计算机辅助外语教学与外语教师教育、基于网络的外语教学设计、基于网络的语言测评、学习者的研究、学习模态的研究、基于网络资源的外语学习、基于语料库的语言研究和教学以及基于移动信息技术的研究等。

5) 由中国社会科学院语言研究所、英国兰卡斯特大学、上海交通大学外国语学院联合举办的"首届中英语料库语言学论坛"暨"首届中英语料库语言学讲习班"于 2014 年 12 月 13 至 18 日在上海交通大学举行。论坛主题包括：(1) 语料库语言学基本理论研究，(2) 基于语料库的话语分析，(3) 基于语料库的批评译学研究，(4) 多模态语料库研究，(5) 基于语料库的外语教学研究。

四、数字化资源建设

外语教育技术研究包含外语教学的信息化设计和教学资源的信息化整合，而现阶段数字化资源主要以开放的大型在线课程为主。2014 年教学资源的数字化主要表现在以下两个方面：

1) 2014 年 5 月 8 日，"爱课程"网中国大学 MOOC 平台正式开通。全国高校可通过此平台进行 MOOC 课程建设和应用。爱课程网已上线 572 门视频公开课和 1,032 门资源共享课，初步建成惠及广大高校师生和社会学习者的国家级大型优质课程资源共享和学习平台。首批在中国大学 MOOC 平台上线的16 所高校包括：北京大学、浙江大学、复旦大学、武汉大学、哈尔滨工业大学、中国科技大学、山东大学、湖南大学、中山大学、西北工业大学、四川大学、国防科技大学、北京理工大学、中国农业大学、中央财经大学、北京协和医科大学，上线课程 56 门，其中 10 门在 5 月下旬开课，其他课程也将在 2014年陆续开课 [4]。

2) 2014 年 10 月 18 日，外研社推出 Unipus 外语数字化教学平台。外研社全国高校外语教学发展研讨会在北京举行，会上，外研社正式发布了全新的数字化教学共同校园（Unipus）。Unipus 是推动多方联动、多维空间的开放校园（Universal Campus）。此外，Unipus 依据科学能力测评体系，汇聚国内外优势资源，优化在线互动教学环境，提升个体学习体验与效果，是师生创新发展的智慧校园（Unique Campus）。Unipus 同时为高校创新教学模式、开展课题研究、推进跨校合作提供支持保障，是共建资源、共享成果、共赢未来的共创校园（United Campus）[5]。

[1] 胡加圣、陈坚林，2013，外语教育技术学论纲 [J]，《外语电化教学》（2）：3-12。

[2] 教育部教育管理信息中心，2014，教育部办公厅关于印发《2014 年教育信息化工作要点》的通知 [OL]，http://emic.moe.edu.cn/edoas2/emic/messageView.jsp? id=139538 1477372633&infoid=1366185539419160（2015 年 5 月 1 日读取）。

[3] 向平、卢东民，2014，慕课（MOOC）时代的高等外语教学学术研讨会综述 [J]，《外语电化教学》（5）：79-82。

[4] 高等教育出版社，2014，爱课程"网中国大学 MOOC 平台上线 [OL]，http://www. hep.com.cn / news /details?uuid=76937933-145d-1000-9314-3fafc67de19c（2015 年 5 月 1 日读取）。

[5] 外语教学与研究出版社，2014，Unipus：创造外语教育新时代——外研社数字化教学共同校园（Unipus）正式发布，http://www.fltrp.com/news/15608（2015 年 5 月 1 日读取）。

第二节 信息技术与外语教育

一、大学[1]

国务院发布的《国家中长期教育改革和发展规划纲要（2010—2020 年)》[1] 指出"信息技术对教育发展具有革命性影响，必须予以高度重视"，"在信息技术运用越来越普遍的今天，以计算机科学和通信技术为代表的教育信息技术对中国外语教学正发挥着越来越重要的作用和影响"[2]。美国高等教育信息化协会（EDUCAUSE）[2] 主席戴安娜·亚伯林格博士在采访中提到："信息技术要为高等教育提供支持，有时它还可以引领高等教育的发展。未来，我们不应继续以现实与虚拟或者面授与在线的二元框架进行思考。这不是一个非此即彼，而是既此亦彼的问题。"

本研究的关键文献来源包括 2014 年 CSSCI 期刊（含扩展版）(《外语教学与研究》、《外语与外语教学》、《现代外语》、《外语界》、《现代教育技术》、《外语教学》、《外语电化教学》）和教育类核心期刊《中国远程教育》以及常设"网络与远程教育"专栏的《电化教育研究》、《中国电化教育》、《现代教育技术》等教育技术专业期刊，作者统计得出，信息技术在教学中应用的实证研究依然是本领域的热点（见表 6.4）。

表 6.4 信息技术在大学英语教学中的应用相关论文主题分类及数量

类别	数量	比例
信息技术影响下的新的教学理论和模式	19	22%
现代信息技术在教学中应用的实证研究	34	40%
现代信息技术对于大学英语学习者的影响	6	7%
现代信息技术对于授课教师的影响	4	5%
其他	22	26%
合计	85	100%

---

1 本部分作者：胡晓娜、崔伟，北京外国语大学。

2 美国高等教育信息化协会（EDUCAUSE）是最具国际影响力的高等教育信息化专业组织，拥有以北美为主、遍布世界各地的 2,400 个成员单位，以高等学校为主，同时涵盖信息技术产业界。

作者又将此表与 2013 年度信息技术领域的论文数目比对，发现"教学理论和模式研究"、"信息技术对授课教师的影响"和"其他"这三个类别的文章数量有明显增加，由于"其他"中对慕课和移动教育的研究点呈现多样化特征，增加了该类别比重。本文将围绕表 6.4 分三部分介绍 2014 年度信息技术与大学英语教学情况，具体为：第一部分介绍信息技术在大学英语教学应用的概况和研究成果；第二部分列述本年度领域内重点科研立项项目和学术活动；第三部分总结全篇并指出今后研究的方向。

1. 信息技术与大学英语教学

教育部《国际教育信息化发展报告（2013—2014）》[3] 指出，高等教育信息化的重点在于推进信息技术与高等教育的深度融合、培养创新人才、探索新型科研组织和社会服务模式。继续教育信息化的重点在于建设网络环境下终身学习公共服务体系。因此，"现代教育技术所带来的方法手段的变化将成为外语教育现代化的突破口 [4]"。《大学英语课程要求（2007）》提出"应大量使用先进的信息技术，开发和建设基于计算机和网络的课程，为学生提供良好的语言学习环境 [5]"。

1）教育信息化与外语教学改革

以往基于信息技术的大学外语教学改革实践过分专注于信息技术的作用，而忽视了社会文化因素，《信息技术推进大学外语教学改革的"行动者网络"研究》[6] 一文作者通过分析本校长达七年的实践案例，指出信息技术环境是大学外语教学改革的必要前提，协作式、探究式、自主学习等学习理念均是建立在信息技术基础上。同时，信息技术实践又受社会文化因素制约，其本身不能改变大学外语教学现状，只有信息技术、决策者、教师以及学生等处于"行动者网络"内的各种教育教学因素相互博弈才能推动大学外语教学改革不断前行，然而，"行动者网络"也并非固定的，而是开放的，基于此，信息技术所构建的网络效应才可以不断扩大，使越来越多的人参与到教学改革实践中，扩大外语教学改革的影响。

2）教育信息化提出新的教学理论和教学模式

信息技术和语言技术结合，在国内外语教学中，得到了普遍重视。

张小红、熊秋娥在《论高等教育信息化的十大关系》[7]一文中指出，由于网络大学的开办和在线学习的兴起，移动学习被更多的人接受，非正式学习逐步普及且成为主流，开放式高等教育将成为一种泛在的、终身的、大众化的教育。

《技术环境下英语学习影响因素研究——对近十年来我国英语学习实证研究的元分析》[8]一文作者对国内近十年来技术环境下影响英语学习的关键因素进行分析，说明信息技术对于英语学习有一定的促进作用，但效果并不十分显著。反而技术支持的非正式学习方式（如基于移动端的娱乐化学习方式）对英语学习更有效。这也印证了刘传杰的研究。

如何吸引学习者参与网络学习过程，一直是网络课程设计的核心问题。下图（图 6.1）列举了美国异步在线教育总结的 36 种常见的在线教学活动。《网络课程类别分析——基于互联网教育传播模型的分析视角》[9]一文指出师生 /生生交互教学活动对于提高网络教学质量有着显著影响。

- Pop a quiz测验
- Guest speaker嘉宾演讲
- Quiz or self-test自测
- Conduct a survey做调查
- Debate辩论
- Demonstration示范
- Discussion谈论
- Field Trips参观访问
- Film/Video制作视频作品
- Group activity小组活动
- Keep a journal写（连续的）日记
- Simulations模拟
- Games游戏
- Interviews访谈
- Laboratory实验
- Take a poll民意测验
- Learning Teams学习小组
- Memorizations默记
- Panels专门小组
- Peer Review同侪评议
- Problem Solving问题求解
- Projects研究项目
- Puzzles字谜游戏
- Report报告
- Review文献综述
- Student summaries总结
- Direct an observation观察
- Brainsorming头脑风暴
- Build consensus建立共识
- Buzz groups小组讨论
- Role Playing角色扮演
- Storytelling讲故事
- Symposium专题讨论会
- Testimonies撰写证词
- Questions and Answers问答
- Student lead discussion学生引导的讨论

图 6.1　在线学习活动

在新理论提出的同时，新的教学模式和模型也不断被提出来。例如，张振虹[10]等人尝试建立大学公共英语小型多模态语料库，项目组选取了总长约为100 小时的英语音视频材料，并用 Elan（EUDICO Linguistic Annota-tor）软件对语料进行标注和检索。研究发现多模态语料库的真实性有助于实现"以学生为主，教师为辅"的新型教学模式，对推进我国大学英语教学改革具有重大意义（如图 6.2 所示）。

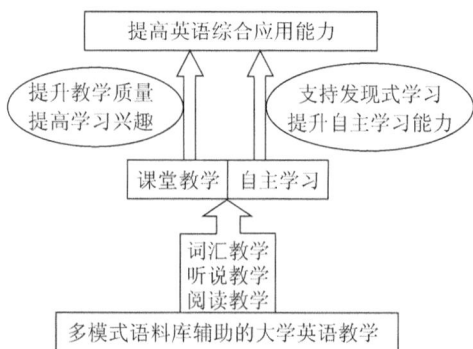

图 6.2　多模态语料库辅助的大学英语教学模式

教育"大数据"以及学习分析技术的出现，将掀起人类教与学的又一次变革。如将基于云计算的数据挖掘技术应用于教育领域，必能更好地推进教育信息化发展的进程。

《电子书包中基于教育大数据的个性化学习评价模型与系统设计》[11]一文作者把课程内容学习、参与互动交流、考试与作品和课外资源学习四个方面进行了细分和聚类，构建了基于电子书包的个性化学习评价模型(如图 6.3 所示)。

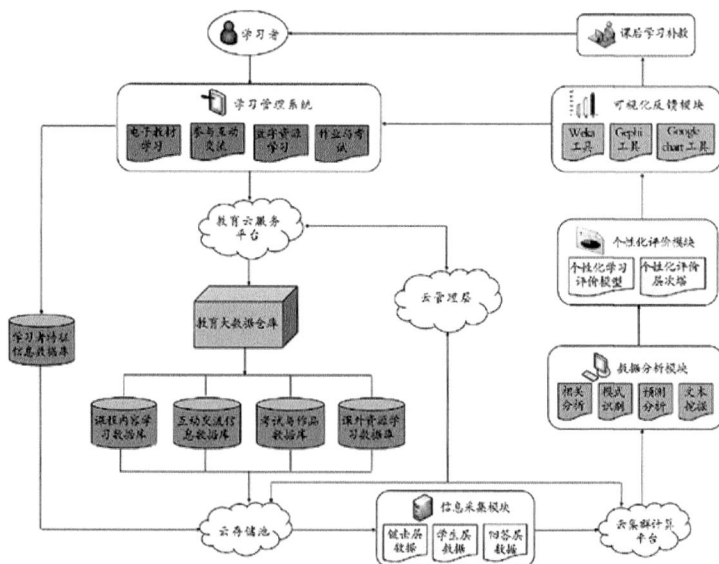

图 6.3　基于教育大数据的个性化学习评价系统模型 [11]

　　此外，微课是一种新型的网络教学模式，它将学科知识碎片化，内容简短，结构完整，既可用于课堂上的集体教学，又可用于课堂外的个别化教学，有效应用于移动学习、在线学习、混合学习或翻转课堂、电子书包、MOOCs等多种网络学习环境中。如何鼓励专业技术人员、教学名师、教育服务商等协作制作高质量的微课，是微课资源建设中不容忽视的一项工作[12]。

3）课堂教学实践

　　信息技术在大学英语课程中的运用在近几年也取得了一定的研究进展。例如，清华大学外文系"快乐英语写作"课程采用"单周写作，双周评议，期间多元反馈评改，然后阶段性反思自评"的过程化施教方案，提出了信息技术在大学英语课程中的综合运用框架（见图6.4），从而探索出新时期英语教学的改革出路[13]。

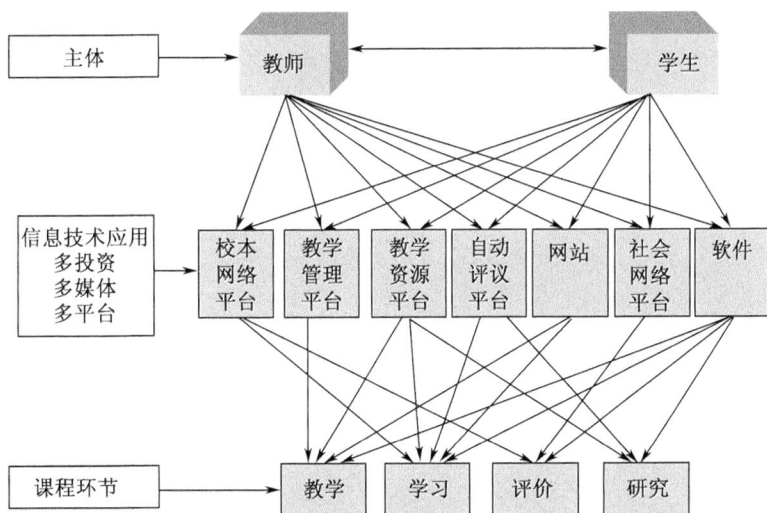

图 6.4　信息技术在大学英语课程中综合运用框架（拟图）

　　在"云存储"技术迅速发展的网络环境下，出现了新一代的多媒体课件制作软件 Prezi，这为实现互动式口译教与学提供了新途径。教师利用 Prezi 自由布设不受尺寸拘束的画框，自主设定互动资源存储区域，学生上传自己口译的音视频资源，师生还可同时在线对同一项目进行编辑和共享，这就形成了师生、云端网络和离线终端之间的信息交互，促使制作者之间实现教与学的资源共享与创新[14]。

相较2013年度教育技术在国内的勃兴，2014年度的研究论文在理论模型和设计思路上更进一步，越来越多的研究者在探索慕课、微课、微信等技术在教学领域的应用模型，例如《基于MOOC理念的微课资源网站设计》[15]、《基于移动学习的大学英语写作反馈模式构建要素分析》[16]、《探索MOOCs与现实课堂结合的教学模式——系统科学与圣塔菲网络课程的个案研究》[17]和《高校微课建设的现状分析与发展对策研究》[18]。经过2014年的冷静分析和理论准备，信息技术的应用将更加符合中国国情，对推动大学英语教育更加具有指导意义。

4）对学习者的影响

网络环境下学生的外语学习策略有何不同？学习者的性别、性格、学习水平、学习兴趣和信心等对学习策略使用的影响如何？对于这些问题，有学者专门作了研究[19]。结果显示，男性比女性更频繁地使用元认知策略；不同性格的学生采取的学习策略有所不同；学生学习水平越高，使用的学习策略越多；学生学习外语的兴趣越浓，就越多地采用元认知策略、认知策略和社会策略，兴趣低的学生则更多地使用补偿策略；学生对语言学习越有信心，就越多地使用元认知、认知和记忆策略。这些研究结果启示我们在网络环境下，教师要加强对元认知、社交以及情感策略的指导，以帮助学生提高自主学习能力，克服网络学习中的技术困惑、情绪干扰等问题；要借助QQ群或网络教学平台，建立监督和评价机制；采用多样化的教学方式，提高学生的兴趣，增强他们的信心。

现在，移动终端已成为人们交流、学习的主要方式之一，如微信，借助其丰富的功能、广泛的用户，它在移动教育领域具备很大的潜力。既然微信能够发送语音短信、视频、图片和文字等，可否利用这个平台进行英语听说教学？通过调查发现[20]，学生认为将微信应用于英语学习是一种有创意、前景好的学习方式，认为通过智能终端进行口语练习和交流是一种非面对面的学习方式，能减少说英语的紧张心理。针对当前大学英语视听说中存在的问题，如教学模式单一，视听说活动开展不足，教学环境无法满足学生听说练习的需要等，微信教学能够补充现有的视听说教学体系，打破以教师为中心的单项教学模式，且能引导学生合理利用碎片时间，便于实施个性化学习模式。然而，微信教学不是简单利用微信工具和平台上传英语学习音频、视频而后学生观看的单向学习过程，而应是教师、学生、微信平台相互作用的教学过程。教师应开展设计良好的学习活动。

作为中国网民生活中最常用的网络交流工具之一，QQ 网络交际平台被应用于《基础英语》教学实践，教师组织学生在 QQ 群进行教学材料研讨并定期撰写阅读报告，这一过程中，语言学习并非停留在浅层的字词句层面，随着个人意义协商、集体意义协商、相互评价反思的动态发展，批判性思维、创新思维等高级思辨能力得以培养和形成[21]。

在对学生问题意识的研究中发现，当前研究局限于英语课堂学生的口头提问，忽略了书面提问这一形式，且忽略了"元问题"本身，也就是"问题意识"，即发现和形成问题的一种倾向和过程[22]。而问题意识是衡量学生思维和能力发展的标尺，应当予以重视。现代信息技术突破了"书面表达"的纸、笔等原始概念内涵，通过键盘操作的"书面表达"更为便捷，使得教师和学生在同一时间、不同地点进行交流和反馈。通过网络环境下对英语专业和非英语专业部分学生的测试和问卷调查，发现学生提问习惯缺失的主要原因在于学生自身，其综合素质和观察能力有待提高。利用现代教育技术，可以及时、高效地将学生的问题意识引发出来，形成高质量的"元问题"。问题意识的培养和提升需要进行课程、方法和内容的立体化构建。

学生的英语实践能力除了对词汇和语法规则的掌握，还包含对文化交际、社会规则、语言功能和心理加工等过程的亲身体验[23]。信息化语言情境能够更加真实、多样化地表征言语材料，提供更为广泛的英语教学资源，交流也更加便捷与多元化。研究发现，网络的交流互动能够有效促进学生英语实践能力的提高。为促进学生的网络交互，教师要设计更为丰富的网络教学活动，调动学生的热情，采用讨论、辩论等方式加强学生间的交流，从而促进英语实践能力的提高。

5）对教师的影响

外语教师能力除了一般构成，如外语专业知识、汉语基础知识、教育与心理基础知识等，还有一项特殊构成，即在教学中使用现代信息技术的能力。根据调研，大多数的 PPT 课件还停留在用文字提纲或段落呈现课本内容的水平上，大多数的大学课件还采用静态方式。研究认为在外语教学中应用信息技术，应考虑学生的认知能力、内容需要、数量方式三个因素，遵循多媒体外语教学的设计原则。为提高外语教师应用信息技术的能力，研究建议从内容培训、分级培训、组织培训三个方面开展 [24]。

对教师来说，学会技术并不意味着就能运用技术来进行有效教学。要想促进和加强学生的学习，需要教师把技术、学科内容和教学法进行整合，获得且发展整合技术的学科教学知识 [25] (Technological Pedagogical Content Knowledge, TPACK)。在翻译课程的实证研究中，有教师将"学生使用语料库、网络工具等现代技术查询资料的能力、运用社交网络平台进行交流的能力"和"学生的实际工作／就业能力"纳入翻译能力之中，通过创建资源丰富、形式多样的翻译课程的生态学习环境，开展仿真"翻译工作坊"和虚拟实践共同体，建设翻译网络课程平台等手段，探索了 TPACK 框架下教师的专业发展。论文指出，学生不是课件的欣赏者，教师也不是"放映员"，信息技术与课程要常态化融合，不能为了使用技术而使用技术，只有当信息技术真正地同课程进行学科性的融合，技术才会"失去独立的身份，不再作为一个独立教学要素存在，完全融入教学各要素中"。因此，教师要重新审视教学实践并进行反思，根据当时的教学情景来设计新技术，或利用新技术发展新的教学空间。

在大规模生产、分享和应用数据的大数据时代，学习分析在高等教育中被广泛应用已成必然趋势 [26]，高效教师应具备较强的数据分析能力。学习分析技术是测量、收集、分析和报告有关学生及其学习环境的数据，其目的是理解和优化学习及其产生的环境。对学生学习生成的相关数据进行分析，并利用实时和基于数据决策的工具进行决策，可以提高教师课堂教学效率，并增强相关学习服务。

网络培训是提高教师专业化水平、培养高素质教师队伍的重要途径。积极推广网络培训是适应社会发展趋势、满足广大教师不断增长的继续教育需求的必然要求 [27]。目前针对教师专业成长和培训学习的网络平台有很多，但不足之处是培训后的评价环节没有跟上，因此不利于后续培训的改进与提高，科学的网络培训评价将有助于评估参加培训的教师知识与能力的提高情况，了解培训的不足及问题，为后续培训提供经验借鉴与数据支持。通过对部分大学英语教师的调查发现，当前网络培训评价中存在着实践匮乏、评价内容单一、评价材料单一、评价主体不全面等问题。针对这些问题，研究指出要构建一个网络培训评价体系，并遵循评价层级完整化、评价内容多元化、评价材料丰富化、评价主体全面化的原则。

2. 信息技术辅助外语教学类立项课题

表 6.5　全国教育科学"十二五"规划 2014 年度立项课题与 2014 年度国家社科基金立项课题

立项类别	课题批准号	课题类别	课题名称	工作单位及负责人
全国教育科学"十二五"规划 2014 年度立项课题	ACA140009	国家重点	教育信息化与大型开放式网络课程（MOOCS）战略研究	北京师范大学 陈丽
	CCA140154	国家青年	基于大数据学习分析技术的大学生适应性调节学习技能的评价与干预策略的实证研究	北京师范大学 郑兰琴
	DGA140208	教育部重点	大数据时代我国考试评价的机制创新与发展战略研究	重庆市教育考试院 杨鸿
	DCA140230	教育部重点	基于教育大数据的学习分析工具设计与应用研究	北京师范大学 武法提
	DCA140235	教育部重点	"翻转课堂"在高校课堂教学中应用的理论与实践研究	河南大学 郝兆杰
	DCA140236	教育部重点	基于电子书包的师生互动分析与设计研究	江南大学 刘向永

（待续）

（续表）

立项类别	课题批准号	课题类别	课题名称	工作单位及负责人
2014年度国家社科基金立项课题	DIA140292	教育部重点	高校教师身份认同与教学能力提升研究	淮南师范学院 龚孟伟
	DIA140305	教育部重点	教育国际化视阈下大学生跨文化学习能力影响因素及其对策研究	南京农业大学 宋葵
	2226	一般项目	中国大学英语大规模开放在线课程（CEMOOCS）建设范式研究	四川外国语大学 马武林
	2232	一般项目	英语学习者书面语语篇连贯自动评价系统研究	河南师范大学 刘国兵
	2233	一般项目	英语作文自动评分系统效度研究	海南大学 百丽芳
	2235	一般项目	农科英语语料库的建设与其在ESP写作教学中的应用研究	华中农业大学 刘萍
	2244	一般项目	两岸三地英汉科普历时平行语料库的创建和研究	上海交通大学 郭鸿杰
	2308	一般项目	基于大型赋码语料库的中国学者英语学术论文诊断性研究	华中科技大学 潘璠
	2309	一般项目	基于语料库的汉英会话自我修补对比研究	广东外语外贸大学 权立宏
	2310	一般项目	基于语料库的学术英语元话语特征对比研究	河南师范大学 娄宝翠

3. 信息技术辅助外语教学的学术活动

2014 年 5 月 23 至 25 日，由国际华人教育技术学会亚太分会、浙江大学教育学院主办，浙江大学现代教育技术中心承办的"开放教育资源与教学改革国际研讨会暨浙江大学第五届教育信息化论坛"在浙江大学紫金港校区举行。本次会议的主题为"开放教育资源与信息化环境促进教学变革"，旨在组织海内外的教育研究者和实践者，就开放资源建设与应用的前沿、热点问题展开深入交流与讨论，分享有关教学资源与环境建设的研究成果与实践经验，以推动数字化学习进程，有效提升我国教育信息化水平。海内外教育技术领域 300 余人参加了此次会议。

2014 年 5 月 26 至 30 日，"第十八届全球华人计算机教育应用大会"（Global Chinese Conference on Computers in Education, GCCCE 2014）在华东师范大学召开，会议主题为"智能技术，智慧学习：教育技术的新景观"。大会由主题报告、子会议、工作坊、中小学教师论坛、博士生论坛和专家论坛等部分构成。共有近 300 名学者参加了学术交流活动。如今，GCCCE 大会已成为一个信息与通信技术（ICT）教育应用领域内的全球华裔学者和教育工作者的重要学术聚会。

2014 年 11 月 7 至 8 日，"2014 计算机辅助外语教学国际研讨会"在北京交通大学举行。中国计算机辅助外语教学专业委员会（ChinaCALL.www.chinacall.org.cn）、北京外国语大学网络与继续教育学院和北京交通大学语言与传播学院联合主办本届学术盛会，会议主题为：信息技术与大学外语教学—机遇与挑战。大会分为主旨发言、分会场研讨和专题研讨。会议为探索新技术与外语教学的融合和发展提供相互交流、研讨、提高和合作的平台。来自海内外 30 多所高校、研究机构和教育技术企业的 200 多人参加了此次会议。"2016 计算机辅助外语教学国际研讨会"将在山东青岛召开。

2014 年 11 月 7 日，中国英语教学研究会计算机辅助外语教学专业委员会在"2014 计算机辅助外语教学国际研讨会"期间举行了第三次全体委员会议。与会委员认真研讨了数据挖掘技术、大数据研究、新技术（移动终端、慕课、微课等）对大学英语教学的影响，如何激励教师使用计算机技术进行教学，教学资源的优化建设等信息技术领域的热点问题。会议还部署了 2015 年度委员会工作，确定主办"2016计算机辅助外语教学国际研讨会"，该研讨会定于2016年在山东青岛召开。

2014年12月1日，由中国教育技术协会高校理工科专业委员会、中国教育技术协会技术标准委员会、清华大学《现代教育技术》杂志社、北京雅森国际展览有限公司联合主办的"第二届中国教育信息化（教育技术）行业新年论坛暨2014中国国际智慧教育展览会学术峰会"在北京国家会议中心举行。本届论坛的主题为"智慧校园中的教学变革"。来自全国近百所高校、20余家行业企业和十余家媒体单位的两百余位代表共同参与了本次新年论坛。中国教育信息化（教育技术）行业新年论坛每年一届，已经发展成为教育信息化（教育技术）领域极具影响力的盛会之一。

2014年12月25日，"中国多语言多模态语料库暨大数据研究中心成立大会"在北京外国语大学举行，该中心由北京外国语大学与中国社会科学院语言研究所共建。大数据研究中心旨在利用当今多模态语料库语言学的最新理论与数字化技术，以中国境内和外国语言为研究对象，建立多语言多模态语料库暨大数据库。多语言多模态语料库为基础工程，可广泛用于网络课件开发、基于语料库的各类科研、混合型课堂教学、外语教学法研究、外语教学的方针政策的科学制定等。

4. 结语

2014年，开放课程、开放数据、开放资源、开放教育、开放存取、开放思想等观念进一步深入人心，为信息技术在教育中的应用带来真正价值[3]。

信息技术在大学英语教学中的应用研究更加深入，越来越多的学者开始探索如何将信息技术整合到大学英语教学当中。MOOC、微课、翻转课堂、微信、QQ平台等这些创新的教学手段，正在被越来越多的教师所使用。在信息技术辅助的大学英语教学中，教师需要探索如何将技术、学科内容和教学法进行有效整合，充分发挥教师的引导作用，积极利用信息技术所提供的开放资源和即时通讯的功能，促进师生、生生之间的人际交流，提高学生的参与度，从而真正将信息技术融合到教学中，使技术不再是一种独立的辅助手段。

在这样的要求下，教师作为学习的引导者，需要加强信息技术素养的培养，利用新技术设计并开发多种教学资源，组织各种在线教学活动。同时要加强对移动终端非正式学习的研究，以提高学习的有效性。

在大力发展教育信息化和大数据变革教育的今天，高校应加强对外语信息资源的整合和优化，达到资源的充分利用和共享。作为信息技术的使用者，期待外语教师探索创新更多的教学理论和模式，并进行实证研究，让信息技术成为教学的有力辅助。

[1] 新华社，国家中长期教育改革和发展规划纲要（2010—2020年）[N]，解放日报，2010-7-30（6）。

[2] 郑旭东，2014，高等教育信息化及其发展趋势——访美国高等教育信息化协会主席戴安娜·亚伯林格博士 [J]，《开放教育研究》（6）：4-9。

[3] 张进宝、黄荣怀、吴砥，2014，国际教育信息化发展报告：内容与结论 [J]，《开放教育研究》（4）：76-83。

[4] 冯媛，2014，外语教育技术学初建背景下高校外语课程的机遇与挑战——2013第十届全国教育技术与外语教学学术研讨会述评 [J]，《外语电化教学》（155）：76-80。

[5] 教育部，大学英语课程要求大纲 [Z]，北京，2007。

[6] 刘传杰、翟继友，2014，信息技术推进大学外语教学改革的"行动者网络"研究 [J]，《中国教育信息化》（16）：35-37。

[7] 张小红、熊秋娥，2014，论高等教育信息化的十大关系 [J]，《中国电化教育》（335）：43-49。

[8] 孙众、宋伟，2014，技术环境下英语学习影响因素研究——对近十年来我国英语学习实证研究的元分析 [J]，《中国远程教育》（2）：41-45。

[9] 郭文革，2014，网络课程类别分析——基于互联网教育传播模型的分析视角 [M]，《远程教育杂志》（5）：41-46。

[10] 张振虹、何美、韩智，2014，大学公共英语多模态语料库的构建与应用初探 [J]，《山东外语教学》（7）：50-55。

[11] 牟智佳，2014，电子书包中基于教育大数据的个性化学习评价模型与系统设计 [M]，《远程教育杂志》（5）：90-96。

[12] 孟祥增、刘瑞梅、王广新，2014，微课设计与制作的理论与实践 [M]，《远程教育杂志》（225）：24-32。

[13] 张文霞、黄静，2014，构建信息技术在大学英语课程中的运用框架 [J]，《现代教育技术》（24）：75-83。

[14] 李洋、刘卓，2014，基于 Prezi 的云存储构建互动式多媒体课件的探索——以《基础口译》课件设计和制作为例 [M]，《现代教育技术》（24）：52-57。

[15] 周艳、李育泽、徐义东，2014，基于 MOOC 理念的微课资源网站设计 [J]，《现代教育技术》（24）：113-118。

[16] 胡茶娟、张迎春，2014，基于移动学习的大学英语写作反馈模式构建要素分析 [J]，《现代教育技术》（24）：71-78。

[17] 李曙华、李洋、桑新民，2014，探索 MOOCs 与现实课堂结合的教学模式——系统科学与圣塔菲网络课程的个案研究 [J]，《远程教育杂志》（5）：17-23。

[18] 胡铁生、周晓清，2014，高校微课建设的现状分析与发展对策研究 [J]，《现代教育技术》（24）：5-13。

[19] 熊苏春、张文华，2014，网络环境下影响学习者学习策略使用的因素研究 [J]，《外语电化教学》（160）：57-75。

[20] 柴阳丽，2014，基于微信的非英语专业大学生英语听说学习诉求的调查研究 [J]，《外语电化教学》（159）：34-39。

[21] 阮全友，2014，基于 QQ 平台的实践共同体对学生思辨能力的培养 [J]，《外语电化教学》（156）：48-54。

[22] 刘重霄，2014，信息技术环境下英语课堂互动环节学生的问题意识分析及策略培养研究 [J]，《外语电化教学》（158）：39-43。

[23] 荣芳，2014，大学生英语实践能力培养的网络教学交互研究——基于社会网络分析的视角 [J]，《外语电化教学》（160）：63-70。

[24] 蔡龙权、吴维屏，2014，关于把信息技术作为现代外语教师能力构成的思考 [J]，《外语电化教学》（155）：45-53。

[25] 舒晓杨，2014，TPACK 框架下教师专业发展的全程透视：从教学辅助到课程常态化的融合 [J]，《外语电化教学》（165）：63-70。

[26] 张进良、何高大，2014，学习分析：助推大数据时代高校教师在线专业发展 [J]，《远程教育杂志》(1)：56-62。

[27] 郭遂红、陈元骊，2014，大学英语教师网络培训评价研究 [J]，《外语电化教学》（158）：69-74。

二、中小学[1]

1. 相关政策调研

继 2011 年《国家中长期教育改革和发展规划纲要（2010—2020 年）》及 2012 年《教育信息化十年发展规划（2011—2020 年）》两个纲领性文件颁布之后，在各地区各层级教育信息化管理部门的倡导和推动下，教育信息化逐步从概念普及、基础建设走向实际应用，多范围、多层次、多角度的尝试和实践已取得初步的成果，教育信息化进入新的阶段，2014 年相关政策的重点均着力于信息技术与教育教学深度融合的应用层面。

《2014 年教育部工作要点》的第 19 条指出"以教育信息化扩大优质资源覆盖面"。强调"充分发挥市场作用、调动社会各方面力量，加快促进信息技术和教育教学的深度融合"。通过"宽带网络校校通"、"优质资源班班通"、"网络学习空间人人通"和国家教育管理、教育资源公共服务平台建设的全面推进，努力形成覆盖城乡各级各类学校的教育信息化体系，逐步缩小区域、城乡、校际差距。通过巩固"教学点数字教育资源全覆盖"成果，帮助边远、农村地区适龄儿童就近接受良好教育。通过加快推进教育装备标准化建设，提高公共教育装备服务水平。

2014 年 3 月，教育部发布《2014 年教育信息化工作要点》。"扩大优质教育资源覆盖面"和"加大教育信息化培训力度"是其中两项重要工作。在"扩大优质教育资源覆盖面"方面，具体措施包括："全面推进基础教育数字教育资源开发与应用。鼓励企业以符合新课标的义务教育阶段教材为重点，系统开发配套的基础性数字教育资源，逐步实现基础性数字教育资源的全覆盖，形成基础性数字教育资源持续开发应用的新机制"以及"启动'一师一优课、一课一名师'活动，充分发挥学校、教师的主体作用，推动信息化手段在课堂教学中的广泛应用，在应用中逐步汇聚形成系统的优质个性化数字教育资源"。此外，印发《中小学教学信息化指导纲要》、研制《中小学电子交互教学设备教学应用指南》、成立中小学教学信息化专家指导委员会、全面实施中小学教师信息

1　本部分作者：宋杰青，外语教学与研究出版社；唐莹，首都师范大学大兴附属中学。

技术应用能力提升工程等，也包含在 2014 年教育信息化的重点工作列表中，其目的在于全面推动中小学利用信息技术开展教学活动，促进教育教学方式的变革。

作为具体承办单位，教育部基础教育二司在其 2014 年工作要点中也强调要"加强优质数字教育资源建设和教学应用"，搭建中小学教学信息化应用平台，促进信息技术教学应用落到实处，推动信息技术与教育教学深度融合。

以上所述的相关政策，综而观之，核心就是信息技术与教育教学的深度融合。对于中小学外语教学来讲，则是信息技术与外语学科教学和发展的深度融合。

2. 相关课题研究及活动

在政策引领以及教育实践的推动下，信息技术在中小学外语教学中的应用也逐步深入，相关的研究和活动逐步增多。

虽然在全国教育科学"十二五"规划 2014 年度立项课题、2014 年国家社会科学基金教育学课题和 2014 年国家社科基金语言类课题立项中仍没有以信息技术在中小学外语教学中的应用为主要研究对象的课题，但外语学科与信息技术相结合的研究项目已显现出增长趋势。因外语学科特点一定程度上适合于信息技术的应用，中小学外语教学实践中涌现出大量的相关案例，这也成为相关科研的推动力之一。在全国教育信息技术研究"十二五"规划 2014 年度立项课题中，中小学外语教学中信息技术的运用在数量上和比重上都比 2013 年有所提高。在所有 760 个立项课题中，以信息技术与中小学外语教学相结合为主题的课题有 23 项（2013 年 16 项），占课题总量的 3.0%（2013 年 2.7%）。课题研究内容和类型如下列表：

表 6.6　全国教育信息技术研究"十二五"规划 2014 年度立项课题（单位申报）（中小学外语教学相关）

编号	课题名称	关注点	类别	承担单位及负责人
1	基于移动互联网环境下，农村中学英语常态教学的研究	教学模式	重点	北京市怀柔区电化教育馆

（待续）

（续表）

编号	课题名称	关注点	类别	承担单位及负责人
2	信息技术环境下开展中英文数码故事制作的研究	教学过程	重点	山西省太原市迎泽区双语实验小学
3	基于外语特色的智慧校园建设与应用研究	教学环境	重点	广东省广州市第二外国语学校
4	数字教育资源在英语学科教学中的应用研究	教学过程	重点	福建省莆田第一中学
5	智能听说训练系统在中小学英语教学中的应用研究	教学过程	重点	苏州清睿信息技术有限公司
6	高中英语写作教学中运用混合学习的行动研究	教学过程	专项	浙江省杭州第九中学
7	数字教育资源在我校英语教学的应用研究	教学过程	专项	江西省奉新一中
8	电子书包教与学资源应用的案例研究——以小学语数英学科为例	教学过程	专项	江西省南昌师范附属实验小学教育集团
9	网络环境下英语资源库建设与应用的研究	资源建设与应用	专项	山东省枣庄市峄城区吴林街道中学
10	信息技术渗入初中英语课堂教学实践研究	课堂教学	专项	贵州省遵义航天中学
11	数字教育资源在高中英语教学中的应用	教学过程	专项	贵州省龙里中学

表 6.7　全国教育信息技术研究"十二五"规划 2014 年度立项课题（个人申报）（中小学外语教学相关）

编号	课题名称	关注点	类别	所在单位及负责人
1	基于信息技术的语料库辅助高中英语教学的研究与实践	教学过程	重点	广东省佛山市南海区桂城中学　王宗迎

（待续）

（续表）

编号	课题名称	关注点	类别	所在单位及负责人
2	数字教育资源在教学点学科教学（英语、音乐、美术）中的应用研究	教学过程	重点	福建省宁德市电化教育站　肖克成
3	信息技术环境下初中英语习作个性化教学研究	教学模式	专项	河北省张家口市下花园中学　高秀英
4	网络环境下小学英语学科资源库建设与应用	资源建设与应用	专项	山东省滕州市东沙河镇小学教研室　张芹
5	微课嵌入英语课堂教学的探究与实践研究	课堂教学	专项	山东省滕州市第二中学　殷晓波
6	信息技术环境下高中英语教学资源的整合	教学过程	专项	河南省南乐县职业中等专业学校　李自强
7	信息技术在英语写作教学中的应用	教学过程	专项	广东省阳春市第一中学　刘丽
8	信息技术支持下减轻农村中小学生英语课业负担的研究	教学效果	专项	贵州省黔东南州丹寨县长青二小　王廷坤
9	利用博客提高小学生英语写作能力的研究	学生学习	青年	江苏省连云港市赣榆县黄海路小学　徐进霞
10	贫困地区现代化教学设备在高中英语教学中的使用及其对策	教学过程	青年	江西省瑞金第一中学　刘雁容
11	信息技术环境下创设口语交际有效情境的策略研究	教学过程	青年	江西省崇义县章源中英文实验小学　谢建春
12	电子书包背景下小学英语课堂学习共同体的实践研究	课堂教学	青年	广东省深圳市龙岗区龙城小学　刘洋

上述课题研究绝大多数来源于教学一线，充分反映了在一线教师当中，信息技术的应用已获得较高的关注度。而各项相关竞赛、案例征集等活动中涌现出的外语教学案例表明，信息技术与外语教学的结合已成为外语教学中比较普遍的应用。

在第三届全国中小学教师教育技术能力建设计划应用成果评比活动中，专家组从 735 件参评作品中评选出"优秀教学设计方案"获奖成果 378 件，其中，外语学科的获奖成果为 44 件（一等奖 4/39 件、二等奖 9/75 件、三等奖 13/112 件、优秀奖 18/152 件），占所有获奖成果的 11.6%，相较于中小学阶段的所有学科数量，该比例高于平均水平。

在第五届全国基于网络的教师实践社区 COP 学术研讨会上，共评选出 38 堂（申报 85 节）展示公开课，其中有 4 堂是英语学科的优质课，占比 10.5%。

中央电化教育馆 2014 年向全国征集网络环境下教与学的创新应用案例，从中评选出 30 个优秀案例，其中一例为外语学科的教学案例。其案例内容为"网络云学习平台支持下初中英语翻转教学实践探究"。

从以上课题研究和活动成果来看，信息技术在外语教学中的应用正从实验性逐步向常态化发展。

3. 相关学术著作和论文

教育信息化已成为教育改革和发展进程中不可或缺的一部分，在近几年来历年的教育部工作要点中，教育信息化都被列入重要工作。2014 年，《中小学教学信息化指导纲要》即将颁布，其目标在于进一步将"信息化"落实到课堂教学当中。基于各项政策的引导和落实，2014 年信息技术在中小学外语教学中的应用的相关研究成果丰硕。

这些研究既有基于对硬件设施如多媒体设备、电子白板、平板电脑等与英语教学相结合的角度，也有的针对软件系统对教学的影响和支持，如网上自动评价系统、一对一数字化英语教学、翻转课堂等与教学的结合，还有综合运用现代信息技术和多媒体资源与英语教学相结合。

2014 年，在外语和电化教育类核心期刊（如《外语教学与研究》、《外语界》、《外语与外语教学》、《外语教学》、《外语电化教学》、《外语教学理论与实践》、《电化教育研究》）中共收录与网络教学的相关论文 68 篇，与中小学网络英语教学相关的论文 7 篇，主要发表在《外语电化教学》和《电化教育研究》两类期刊上。这 7 篇论文从多个角度阐述了信息化在中小学外语教学中的应用。主要可以概括为以下几个方面：

第一，信息化环境下产生了新型的外语教学及模式。这类的论文有3篇。《"一对一"数字化学习提升小学生跨文化交际素养的研究》[1]一文体现了"一对一"数字化学习具有个性化和层次性的特点，有利于实现因材施教和分层教学，在实证基础上提出了"一对一"数字化学习的策略，如个性化学习资源的设计、注重教学活动的层次性和递进性以及拓宽技术的应用方式，实现技术与教学的深度融合等。该文通过实证研究详细阐释了"一对一"数字化学习策略，这为以后的英语数字化教学提供了新的途径和方法。题为《1:1环境下的小学英语课堂教学特征研究》[2]一文阐释了1:1信息化环境下小学英语课堂教学的重点，即注重学生主体地位的发挥，体现"言语交际为中心"的教学思想，信息技术主要用来创设交际情境和提供拓展听读资源。该研究的亮点在于突出了低、中、高年段课堂教学具有一定的差异性但教学模式与策略又具有某些相似特点等方面的一些基本特征。该研究为以后的小学英语课堂教学提供了指南。《初中英语多媒体课件制作的选题策略研究》[3]一文，主要研究了在信息技术下英语多媒体课件制作的方法以及容易出现的误区，如内容太过复杂花哨，教师成了课件的"放映人"等。

第二，信息化与英语教学评价相结合。从这一角度研究的论文有1篇。在《探究写作自动评价系统在英语教学中的应用模式》[4]一文中，笔者提出了基于自动评价系统的自主写作、多维反馈以及修改于一体的系统的先导方式并应用于两学期的教学试验中，探讨其在实际教学中的有效性。笔者采用量化和质性研究相结合的方法，通过准实验、教师日志和访谈等多种方式探索这种自动评价系统的有效性和可操作性。该模式最大的特点是对评价标准的理解和运用贯穿了该模式的始终，在实验教学中，学生领会标准并自觉运用其指导自己的写作，逐渐获得自评和他评作文的能力，从传统的被评价者转变为评价的参与者；教师运用评价标准指导教学和反馈，写作教学过程成为师生共同努力把握和实践评价标准的过程，评价主体由教师转变为系统＋教师＋学生，学生是多元评价的最大受益者。这一研究为以后学生写作的自我评价提供了一个新型有效的方式。

第三，信息技术影响英语教学。《技术环境下英语学习影响因素研究》[5]分析技术环境对我国学生英语学习的影响。研究采用元分析法，对近十年来我国 64 项技术环境下的英语实证研究进行分析。研究发现，技术环境对我国学生的英语学习有一定的促进作用，其中非正式学习方式、教师本人的技术教学内容知识、人手一机的数字化学习环境、支持人际交流的学习资源对于英语学习的帮助更大。研究据此给出了利用技术环境改善我国英语教学的三点建议：英语教师专业发展要重视"整合技术教学内容知识"，英语教学设计要分析"数字原住民"的学习者特征，使用技术缓解当前我国英语教育发展困境。《中学英语教学新视角窥探》[6] 一文，充分利用信息技术先进功能创设生活化教学情境，还原真实语境，构建听、说、读、写生活化高效教学课堂。笔者结合教学实例《Go for it》分析，分层论述了信息技术结合英语课题研究对英语创新高效教学的促进作用。首先，结合课题研究，运用信息技术创设教学生活化情境，激发兴趣。其次，搜罗网络资源，运用信息技术，编辑教学实践的生活化脚本。再者，利用信息技术，创建课题研究实践的听、说、读、写生活化课堂。笔者运用鲜活的教学案例来研究分析，为读者提供了很好的借鉴作用。

第四，信息技术提出现代外语教师新要求。在《关于把信息技术作为现代外语教师能力构成的思考》[7] 一文中，现代信息技术的能力被纳入现代外语教师的能力构成。文章从现代信息技术与教育的关系探讨了现代教育技术对教育的多维认知、生动认知、客观认知、自动认知的贡献。在回顾外语教师一般能力的构成和言语特殊能力构成的基础上，文章讨论了外语教师的现代信息技术特殊能力框架及其构成要素，并提出了适切学生认知、内容需要、数量方式的应用原则和培养外语教师信息技术特殊能力的要求。

2014 年，在初等和中等外语教育类核心期刊中，仅有 2 篇与中小学网络英语教学的论文收录于《现代中小学教育》中。《小学英语翻转课堂教学模式探究》[8] 一文提出了翻转课堂在小学英语教学中运用的可行性及挑战，并尝试构建符合小学英语教学特点的翻转课堂教学模式。这一模式为，课前活动：自主探究，了解学习内容，激活已知图式；课堂活动：交流互动，进行知识的内化与吸收，搭建新知识支架；课后梳理：归纳，总结，拓展，完善知识框架。这一新型模式的构建在一定程度上给新课程小学英语教学改革提供了一些有价值的参考。《信息技术支持下的农村英语高效课堂构建研究与实践》[9] 一文，以教学案例的方式论述了高效课堂教学构建的一般模式及相关步骤，包括教学目标的分析，教学活动的设计与实施以及教学的多元性，并以实证研究的方式检验该模式的有效性。研究结果表明：通过该模式重构课堂，重建教学，有利于唤醒学生学习的主体意识，从而促进农村英语效益的有效提高，具有一定的借鉴意义和推广价值。该研究通过教学案例的形式给读者展示了一个完整的教学模式及其实施的全过程，给广大的教学工作者提供了重要借鉴。

2014 年，中国期刊网上还收录了 6 篇硕士论文，这些研究都与中小学网络英语教学紧密相连。研究主要包括两大角度：第一，信息技术在语法、词汇和阅读等英语学习专项技能方面的巨大作用，《如初中英语语法体系化学习平台设计研究》[10] 等；第二，信息技术与英语学科整合方面所面临的困难及相关的建议，如《现代信息技术与中学英语教学的整合研究》[11] 等。

2014 年关于信息技术与外语教学相结合方面探索很多，但针对中小学外语教学的论文相对还比较少，特别是针对农村中小学信息化方面的研究成果更不多见，这与教育信息化的基础建设进程有关，也与研究者和实践者的着眼点相关。随着信息技术与中小学外语教学的深度融合过程不断推进，相关研究成果也会逐步增多，从而反向促进中小学外语教学信息化朝着更为科学的方向发展。

4. 相关数字产品

2014 年是信息技术教学应用的深入之年，外语教育数字类产品的应用范围更为广泛和深入。产品总体上仍分为数字课本、教学辅助、教学平台等几种类型。各类产品在近年的实际应用中不断获取新的反馈，发现更为精准的需求，进而迭代更新，不断改进。例如外语教学与研究出版社的"新标准数字教材"经过多次创新，目前已能够适用于多个终端，因此能够应用于多种教学场景。

同时，信息技术在教学中的应用并不仅局限于成型的数字产品，对于一些数字工具的运用，如网络、通讯工具、社交 app 等的应用，也同样成为外语教学方式方法变革的动力之一。翻转课堂、慕课、微课、智慧教育、混合式学

习、探究式学习等理念和实践在外语教学领域也已被关注和重视，并在实践中
逐步探索出与外语学科相适应的路径和模式。

[1]　王济军、余胜泉，2014，"一对一"数字化学习提升小学生跨文化交际素养的研究
　　　[J]，《中国电化教育》（5）：64-79。

[2]　陈玲、胡智杰、周志，2014，1:1环境下的小学英语课堂教学特征研究——基于视
　　　频案例分析的视角 [J]，《中国电化教育》（2）：88-94。

[3]　马维凤，2014，初中英语多媒体课件制作的选题策略研究 [J]，《中国教育信息化》
　　　（10）：62—66。

[4]　唐锦兰，2014，探究写作自动评价系统在英语教学中的应用模式 [J]，《外语教学理
　　　论与实践》（1）：49-94。

[5]　孙众、宋伟，2014，技术环境下英语学习影响因素研究——对近十年来我国英语
　　　学习实证研究的元分析 [J]，《中国远程教育》（2）：41-45。

[6]　陈琳，2014，中学英语教学新视角窥探——以信息技术为载体，以课题研究为牵
　　　引的教学实践探索 [J]，《海外英语》（4）：63-65。

[7]　蔡龙权、吴维屏，2014，关于把信息技术作为现代外语教师能力构成的思考 [J]，
　　　《外语电化教学》（1）：45-53。

[8]　徐苏燕，2014，小学英语翻转课堂教学模式探究 [J]，《现代中小学教育》（11）：
　　　52-57。

[9]　温小勇、黄伟玲，2014，信息技术支持下的农村英语高效课堂构建研究与实践 [J]，
　　　《现代中小学教育》（5）：82-86。

[10]　刘睿，2014，初中英语语法体系化学习平台设计研究 [D]，硕士学位论文。沈阳：
　　　东北师范大学。

[11]　孙琳，2014，现代信息技术与中学英语教学的整合研究 [D]，硕士学位论文。辽宁：
　　　辽宁师范大学。

第三节　网络外语学历教育[1]

　　经过一个时期的快速发展，我国网络高等教育在近几年来逐渐出现了若干重要的新态势。首先，网络教育的参与主体更加多元化、有组织化，由此形成新的网络高等教育市场竞争格局。目前，参与网络高等教育或对网络高等教育生源构成影响的不仅包括普通高校，还包括企业大学、职业教育集团等多种形式的机构和组织。2013 年，我国企业大学数量已超过 2,000 所，近 5,000 万人接受了企业大学的教育。[1] 同时，近年来职业教育快速发展，目前我国已经组建各类职业教育集团近千家。企业大学和职业教育集团或者开设网络高等教育课程或者以其他方式参与生源竞争，从而对普通高等学校网络教育形成强有力的市场冲击。与此同时，中国高等教育整体受到人口结构变化的重要影响，院校之间、各种教育形式之间面临更激烈的竞争。随着高等教育适龄人口的逐年下降，我国高等教育的毛入学率已经提升至 35% 左右，未来几年很快将达到 40% 的水平。在这样一个高等教育大众化时代，网络高等教育的发展面临的挑战前所未有。

　　在此背景下，我国网络外语学历教育必须对发展环境保持清醒的认识。2014 年度，网络外语学历教育的规模有什么变化？网络外语学历教育在教学、助学、教师培养等方面以什么方式来提升自身竞争力？这些问题是本次年度报告要重点回答的内容。

一、网络外语学历教育发展规模

　　网络学历教育包括高起本、高起专、专升本等三类网络教育。2013 年的统计数据显示，我国网络本专科教育招生规模已经超过 220 万、在校生规模已经超过 614 万。

　　网络外语学历教育主要是指各个外语语种的高起本、高起专、专升本等三类网络教育。从本科教育的招生规模和在校生规模来看，网络外语教育的绝对

1　本节作者：陈丽萍、唐锦兰，北京外国语大学。

规模和相对比重都是逐年下降的。网络外语本科教育 2013 年招生数仅有 7,977 人，所占比重不到网络学历本科教育招生总数的 1%。

　　图 6.5 和图 6.6 是根据 2011 年至 2013 年招生规模形成的折线图。[2] 可以看出，整个网络学历教育一直持续、稳步增长，而网络外语学历教育却呈现出逐年下降的势头。

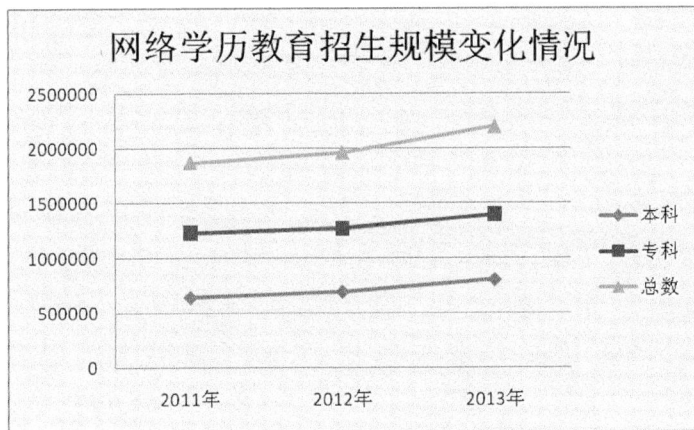

图 6.5　网络学历教育招生规模变化情况

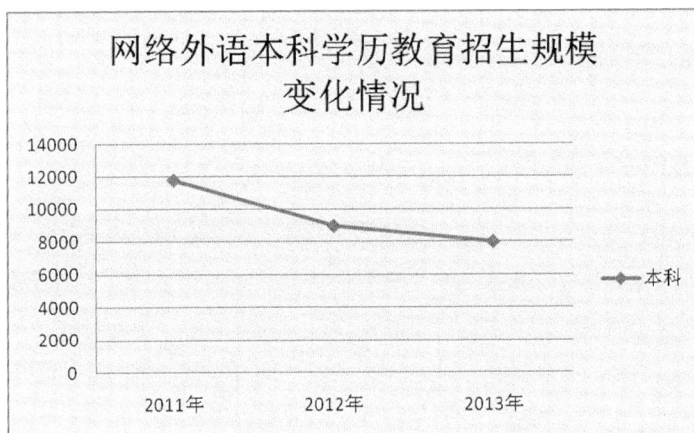

图 6.6　网络外语本科学历教育招生规模变化情况

二、网络外语学历教育的改革和研究

2014年度，网络外语学历教育的改革和研究大致包括教师专业发展、学生支持服务及教学改革等几个方面。从对相关改革做出的研究来看，本年度的研究成果较为有限，其中以网络外语学历教育为主题的CSSCI论文仅2篇、硕士学位论文1篇。这些研究分别由北京外国语大学、华中师范大学、兵团广播电视大学等完成。北京外国语大学的研究和改革关注点主要在于提升英语网络教学效果及促进英语网络辅导教师队伍的专业化发展。华中师范大学对常德广播电视大学英语专业网络教育试行导师制的改革做了深入的研究。兵团广播电视大学则从比较教育研究的视角出发，对英国开放大学和我国国家开放大学的外语本科课程展开了深入的研究。总体看来，虽然本年度的研究成果较少，但是研究质量极高、而且与网络外语学历教育的改革一线紧密结合，值得重点关注。

需要特别说明的是，本报告主要通过检索中国知网数据库（尤以CSSCI期刊和学位论文为主）来筛选各高校的网络学历教育改革和研究。囿于作者水平与信息条件，其他重要的、有意义的研究和改革可能未被涵盖在本报告中，请相关研究者和改革者见谅。尤其是国家开放大学等重要机构的改革和研究面向一般性的网络学历教育和网络非学历教育，而不是直接针对网络外语学历教育，因此其改革成果和研究成果并未纳入到本年度报告中来。

1. 教师队伍的专业化发展

作为网络教育的核心要素，教师的专业素质直接影响网络教育质量，网络教育教师的专业化发展正成为网络教育领域的焦点课题之一。区别于校园面对面式的教育，网络教育要求教师具备网络环境所需要的知识和技能，从而对教师角色和能力提出了新的挑战和要求。但是，网络教育教师的知能行为仍然缺乏统一的认定和评判标准。同时，在我国网络教育实践中，尽管网络可以支持同伴互助和个性辅导等方式，但网络教学在较大程度上仍停留在信息发布、知识分享和被动答疑的水平。网络的优势未能充分发挥，是我国网络教育亟需改善的一个薄弱环节。因此，近年来，北京外国语大学网络外语学历教育的改革把教师专业能力建设和网络教学优势挖掘两个重点结合起来。

2014 年度，北京外国语大学网络与继续教育学院蔡静研究了英语网络学历教育中优秀辅导教师的专业能力。结合文献与北京外国语大学网络与继续教育学院的实践，蔡静[3]提出了网络外语学历教育教师的 4 方面、30 项专业能力。(1)助学能力，具体构成为：提供满足学生学习需求的网络学习资源；及时回复学生学习疑问，明确学习目标、特点和要点；帮助学生掌握有效的学习方法；引导学生合理使用各种网络学习资源；熟悉学生的学习需求、外语水平和网络条件；设计和实施多样的线上和线下学习活动；丰富学生的外语知识；提高学生的外语实践水平；将外语网络教学的最新理论用于教学实践。(2)社会能力，具体构成为：明确师生和生生之间的沟通渠道；通过多种沟通工具与学生保持定期互动；尊重不同职业、背景和年龄的学生；营造和谐的线上和线下师生和生生互动氛围；鼓励和引导学生以小组形式开展合作学习；尊重和宽容学生不同的学习需求和方式；鼓励和引导学生通过多种工具保持定期互动；洞察学生的情感困惑，及时给予引导和鼓励。(3)评估能力，具体构成为：对学生的作业和考评提供及时反馈；反馈语言明晰具体，肯定进步，提供建议；综合网络学习过程评价学生学习表现；实施与学生工作经历相关的作业或考评方式；鼓励和引导学生利用网络工具进行互评；根据学生不同的学习需求提供多种考评方式；鼓励和引导学生利用网络工具进行自我评估。(4)技术能力，具体构成为：熟练操作网络工具实施教学；结合课程特点灵活使用网络教学工具；帮助学生向学习中心寻求技术问题解决方案；帮助学生掌握网络工具的使用；熟悉网络工具的优势和局限。

蔡静通过问卷调研发现，北京外国语大学参与网络外语学历教育的师生关于优秀辅导教师专业能力的认识具有广泛的一致性，即个性化、时效性、注重互动和以评促学，这被认为是优秀辅导教师专业能力的 4 个重要特征。根据北京外国语大学网络与继续教育学院的实践和研究，个性化学习是网络教育优势的关键。优秀辅导教师的各项专业能力中都应体现个性化教学的意识和行为，包括分析学生个体的知识水平与特点，提供有针对性的学习资源、沟通方式和评价标准。个性化学习实质指"在适当的时间以适当的方式将适当的资源提供给学习者"，其中适当的时间即教师行为的时效性。研究表明，优秀辅导教师在助学、社会和评估三个维度上的适时行为均受到了师生双方的高度重视。但是，教师行为的介入时机尚未有统一标准，如何保证教师适时介入，及如何平衡教师干预与学生自主学习能力的发展等问题都需要进一步探索。受建构主义影响，教育界愈加注重学习情景性和社会互动性，两者在网络教育中也受到了广泛研究。研究证实，优秀辅导教师能够与学生保持定期有效的沟通。在师生互动中，学生不仅满足情感交流，更注重围绕专业学习的合作性互动。未来北京外国语大学网络外语学历教育的改革和研究将进一步结合课程特点探讨教师如何将线上和线下的交互工具综合使用，为学生创造建构专业知能的互动体系。评估是实现个性化学习的核心环节，能够帮助教师获取学习者的知识与技能水平，是学习者认知特征信息的主要来源。研究显示，学生非常重视教师的评估能力。目前网络教育的评估仍以结构性评估为主，形成性评价应用仍然较少。虽然网络技术为记录学生的学习过程提供了可能，但整体评估体系的设计和执行仍需要教师的专业能力。蔡静的研究还发现，不同年龄、不同学习阶段的网络外语学历教育的学生对教师专业能力的认识倾向程度不一致。网络教育对象的复杂性使得年龄、性别和学历背景等因素都影响着学生的认知能力和学习风格。因此，研究建议，在网络教学过程中应考虑年龄、阶段等因素可能导致的不同学习需求，制定出适合不同层次学习者的多元助学体系，教师也需灵活运用自己的专业技能，满足学生的个性需求。此外，教师是网络教育规律探索的主力，特别是优秀教师在实践中积累的宝贵个人实践性知识是发展网络教学理论体系的基石。因此，应更多重视和探索网络教育以辅导教师的个人实践性知识，以期早日建立这支教师队伍的专业能力标准和培养体系。蔡静对上述研究作出了严谨、科学、规范的设计，并且发放了 500 份学生问卷和 50 份教师问卷，此外还作了若干重要的访谈。这些问卷和访谈都是针对网络英语专升本学历教育的。同时，蔡静在北京外国语大学网络与继续教育学院实践的基础上提出了 4 方面、30 项教师专业能力的要求，这一框架可以用于指导网络外语学历教育的教师队伍建设，其对应的问卷、访谈则可以用于测量和评价教师队伍建设。因此，北京外国语大学的实践和蔡静的上述研究对于整个网络外语学历教育的发展将具有重要的、长远的意义。

2. 中英网络外语教育在线交互文本的比较研究

2014 年度以网络外语学历教育为主题、成果发表在 CSSCI 期刊的另外一项研究是由兵团广播电视大学刘铭等完成的。该项研究以网络外语教育的在线交互文本（即师生的网络发帖）为研究对象，分别选取我国国家开放大学和英国开放大学的一门外语类本科课程为研究对象。该研究团队采用 Garrison 小组开发的探究性学习社区模式（CoI）作为在线交互质量评价的工具，从教学存在对辅导教师的交互记录进行分类统计，从认知存在、社交存在对学习者交互的文本进行分类统计。[4] 通过定量研究和定性研究，刘铭等发现：在教学环节，英方明显比中方课程的发帖量少；在社交和认知等两方面，英方课程则明显比中方课程的发帖量多。结合发帖内容可以发现，中方课程面临以下问题：在教学存在方面面临内容缺失、学习资源更新不足等问题；在社交存在方面则面临情感交流匮乏、同伴激励和集体凝聚力不够等问题；在认知存在方面则面临学生认知和学习积极性不高等现实。

针对上述对比，结合中国远程教育平台的设计结构特点，借鉴英国在线交互的设计管理经验，刘铭等从"教学存在"的视角设计网络外语学历教育的在线交互，以促进学习者"认知"及"社交"的有效存在，并提出了以下建议：

1）明确网络外语学历教育的课程设计及组织原则。在课程要求环节，明确课程在线交互规则，明确在线交互的时间要求，建立在线交互礼节，介绍学习资源及使用方法等，为开展在线交互做好前期准备。结合课程特点设计利于学习者积极投入讨论的问题或活动，设计明确的在线交互主题周期表，明确在线交互的推进周期及当前进度，置于课程辅导栏目。建立学习小组，推选小组长，负责该小组协作学习，讨论结束时提交小组学习总结汇报，辅导教师及时予以评价。

2）加强讨论推进策略的设计。刘铭等对网络外语学历教育讨论推进环节的时间设计为一周以上，用于学习者和辅导教师的熟悉环节，以及学习者的学习计划设定和开展该课程学习的构想。在线交互导入属于热场环节，目的是创建轻松、和谐的学习氛围，消除学习者的恐惧心理和距离感，增进彼此间的信任，辅导教师切勿"板着面孔"说教，而是与学习者平等对话，多鼓励少说教；每周及时更新讨论主题，明确学习者需要参加的在线活动，置顶于讨论区。辅导教师对于学习者的提问或回复，多问跟进问题，尽量避免直接回答学习者的提问，尽量避免"问答式"的一层交互模式，更多的是为学习者彼此间的讨论创设脚手架，促进学习者的讨论解决问题，而不是教师"代劳"，直接公布所谓的标准答案；随时注入新的学习资源，根据讨论进展程度，随时调整资源补给，利于讨论跟进及深入。

3）加强在线讨论的方向引领。刘铭通过研究建议，网络外语学历教育中辅导教师有必要及时调整学习者问题讨论的方向，聚焦专门问题，适时地指出学习者理解问题的程度，适时地总结、评价学习者讨论问题进程及结果；对于学习者在在线学习过程中遇到的技术问题，辅导教师可以及时予以正面回复。

长期以来，英国的网络教育发展水平保持在世界一流水平。兵团广播电视大学对中英网络教育的比较研究以外语课程为研究对象，具有重要的学术价值和政策意义。

3. 导师制的探索

在常德广播电视大学等机构，导师制被引入到网络外语学历教育中。对此，华中师范大学杨朝娟 [5] 作了典型案例研究。导师制起源于英国牛津大学，是一种强调对学生进行个别辅导的教学模式，对英国牛津大学本科生人才培养有重大意义。在现代远程开放教育英语专业试行导师制，有利于对远程学习者提供个性化教育、提高学习者的素质、深化远程开放教育教学模式改革。

长期以来，导师制被认为是英国古典精英教育的一个显著特征。对于导师制是否适用于开放大学，国内一度有诸多争议。目前，导师制的优点和重要性已经被很多从事远程教育的专家和学者认同。《教育部关于加强高校网络教育学院管理、提高教学质量的若干意见》提出："试点高校要加强学生学习过程的指导和服务，要利用网络技术和专兼职教师逐步建立和实施导学制度，保证每位学生都有指导教师及时提供指导和服务。试点高校要对参加导学制度的指导教师提供培训和管理。"在谈到教师导学的重要性时，远程教育专家任为民指出：以学生自主学习为主和强调教师在教学中的引导作用是远程教学的两个重要方面，缺了哪方面都不行。学生的自主性离不开教师的引导和支持服务。离开教师引导，学生的主体作用不能发挥出来。

杨朝娟总结认为，网络外语学历教育实施"导师制"具有以下优点：(1)实施"导师制"加强了学生与远程教育机构的联系，改善了学生与远程教育机构的关系。学生通过导学活动与远程教育机构有多次交互，如"入学教育"、"面授教学"、"学习计划"、"课程导学"等，在这些导学活动中，导师充当学生与教育机构联系的媒介。导学活动使学生的学习时刻处在远程教育机构的密切关注下，学生与远程教育机构的关系更为紧密。(2)实施"导师制"提高了远程教学质量。导师全程参与英语专业学生开学时的学习准备、学习过程中的辅导与监督、期末考试的引导与答疑，充分掌握学习者的学习动态并适时为学生提供支持与帮助，在加强学习过程助学与监控方面有很大改善。(3)实施"导师制"提高了学生自主学习能力。学习者在远程教育机构和导师的帮助下，积极主动地探索有效的学习方法、科学安排学习时间、严肃认真地对待学习与考试，自主学习能力和自身素质明显提高。

同时，网络外语学历教育实施"导师制"的过程中也暴露出若干问题：(1)网络教育机构提供的学习支持服务有限，无法全面满足学生的需求。学生散落在社会各个角落，而导师只能在学校提供服务。当学生在学习上遇到问题时，基本上是通过电话、QQ向导师咨询。如果问题无法解决，学生的学习积极性会受很大影响。(2)这一制度对导师的专业要求很高。网络教育机构在安排重大教学活动时难以充分了解学生具体、实际的情况。因此，实施"导师制"对导师要求很高，导师不仅要对学生进行专业知识教学，还要帮助学生应对学习和社会生活之间的各种矛盾，因此导师不仅需要具备很高的专业水平，还需要具备良好的综合素质。事实上，导师制在校园面对面式教育中都面临诸多问题。在中国网络教育活动中推进导师制则更需要改革的勇气和智慧。因此，常德广播电视大学的改革和华中师范大学的研究具有重要的意义。

三、网络外语学历教育的重要活动

为进一步推进中国外语教育技术研究的发展、提高高等学校继续教育教师素质和教学能力、提高学生外语应用能力，我国网络外语学历教育的各个机构加强了相互联系，举办了各项会议和活动。如"2014 计算机辅助外语教育国际研讨会"和"中国多语言多模态语料库暨大数据研究中心专家论证会"，详情请见前文 6.2.1。

四、总结

2014 年是网络高等教育备受关注的一年，也是其持续繁荣的一年。但是网络外语学历教育的招生仍然面临比较严峻的形势。以北外网院等为代表，一批网络外语教育机构正在着力于研究行业共性的问题和改善教育质量。这些努力主要表现为完善助学体系、提高师生互动水平等方式。显然，整个网络外语学历教育需要同舟共济、广泛参与，持续改善生存和发展环境。

[1] 信息来源：http://finance.people.com.cn/n/2013/1211/c1004-23804671.html（2015 年 3 月 1 日读取）。

[2] 信息来源：http://www.moe.gov.cn/publicfiles/business/htmlfiles/moe/s8492/index.html（2015 年 2 月 14 日读取）。

[3] 蔡静，2014，英语网络学历教育优秀辅导教师专业能力探究 [J]，《现代教育技术》（2）：55-62。

[4] 刘铭，2014，中英远程学习者在线交互文本比较研究 [J]，《电化教育研究》（7）：66-71。

[5] 杨朝娟，2014，现代远程开放教育英语专业试行导师制的行动研究 [D]，武汉：华中师范大学。